教育部人文社会科学研究一般项目资助
（项目名称：俄罗斯传统经济文化与当代市场经济建设；项目号：10YJA850034）

俄罗斯传统经济文化与市场经济建设

宋艳梅 著

对外经济贸易大学出版社
中国·北京

图书在版编目（CIP）数据

俄罗斯传统经济文化与市场经济建设 / 宋艳梅著
.—北京：对外经济贸易大学出版社，2015
ISBN 978-7-5663-1424-6

Ⅰ.①俄… Ⅱ.①宋… Ⅲ.①市场经济-研究-俄罗斯 Ⅳ.①F735.12

中国版本图书馆 CIP 数据核字（2015）第 183158 号

俄罗斯传统经济文化与市场经济建设

宋艳梅 **著**

责任编辑：强晓洁

对外经济贸易大学出版社
北京市朝阳区惠新东街 10 号 邮政编码：100029
邮购电话：010-64492338 发行部电话：010-64492342
网址：http://www.uibep.com E-mail：uibep@126.com

北京九州迅驰传媒文化有限公司印装 新华书店北京发行所发行
成品尺寸：170mm×240mm 13.25 印张 252 千字
2015 年 9 月北京第 1 版 2015 年 9 月第 1 次印刷

ISBN 978-7-5663-1424-6
定价：39.00 元

序

20世纪90年代初俄罗斯开启了政治、经济和社会的激进转型进程，经济上彻底摒弃本国的计划经济体制，移植西方的市场经济制度。然而俄罗斯市场经济建设的实践却违背了自由派经济学家的预期，在国际范围内引起专家学者们的广泛关注。面对独具特色的俄罗斯经济转型现象，单靠传统的经济学无法给予合理的解释。一个国家的经济转型是一项宏大的社会历史进程，与政治和社会转型紧密相关。因此，经济转型受挫的原因绝不是单一的，不仅需要从传统的政治学、经济学、历史学、社会学和哲学等大学科知识领域出发进行分析，而且应该从一些新兴的、本身具有交叉学科性质的学科门类入手，对转型现象进行认知。本书正是依据经济文化学这一前沿交叉学科理论对俄罗斯经济转型进行认知的有益尝试。

作者宋艳梅在攻读博士学位期间开始从经济文化学的角度来探讨俄罗斯的经济转型问题。博士论文《俄罗斯传统经济文化与20世纪90年代的经济转型》以其新颖独特的视角、丰富翔实的资料、科学严谨的求证、完整合理的结构以及客观中肯的结论得到评审专家的一致好评。本书是她在博士学位论文的基础上加工和补充而成的。本书具有以下特点：首先，依据经济文化学理论来阐释俄罗斯经济转型产生诸多问题的原因，研究视角新颖；其次，作者在书中对俄罗斯传统经济文化特点作了全面细致的梳理，论述了其对当代市场经济建设的巨大影响力；再次，分析俄罗斯传统企业文化中的民间规则的文化根源，论述了民间规则对俄私有化企业发展的影响，给予其公司治理问题以合理的解释，分析了俄罗斯村社文化影响下的农民心态，解释了土地制度改革问题的文化根源。

回顾历史，俄罗斯在专制制度、村社体制和东正教文化的影响下历来倾向于国家垄断经济，经济主体法制观念淡漠，农民大众排斥土地私有制，民族心态重集体主义和平均主义而轻视财富积累和个人进取等价值取向。这些经济文化特点与市场经济文化的竞争意识、私有观念、法制观念、提倡个人主义和理性经济等截然对立。“文化是体制之母”，任何一种经济制度的建立必须充分考虑到社会文化因素。忽视本民族历史文化特点，硬性移植与本民族经济文化特点相悖的外来经济制度，导致了俄罗斯市场经济制度的“移植失灵”和“闪电般经济改革”的失败。

需要指出，虽然本书主要论述了俄罗斯传统经济文化与市场经济文化的对立之处，但作者并不赞同“文化决定论”，而是强调文化是影响经济发展的重要因素，认为传统和现代并不是互相排斥的，而是互相渗透、互相支持的两个方面。这种辩证的观点增强了研究的客观性。

他山之石，可以攻玉。中俄两国经历了相似的发展道路，有过近似的意识形态，又都经历计划经济向市场经济过渡时期。相信本书的研究成果能够为我国经济文化建设提供有益参考和借鉴。

李英男

2015 年 7 月　北京

目　　录

绪　论

一、问题的提出

20世纪90年代初期，俄罗斯开始了以制度移植为主的激进式社会转型进程。政治上移植西方的民主制度，建立三权分立的政体和多党制，消除意识形态的垄断状态，取消新闻检查制度；经济上移植西方的市场经济制度，摒弃计划经济体制，彻底改变所有制形式，从法律上确认私有制。但同时激进的社会转型又引发了经济衰退和社会灾难，导致贫富两极严重分化，大多数居民生活极度贫困化，人口状况急剧恶化，社会福利大幅降低，民族冲突日益加剧，国家痛失强国地位，社会情绪消极紧张，各种犯罪肆意横行。总之，激进转型给俄罗斯造成严重的经济和社会后果，损失程度超过当年苏联卫国战争时期以及美国1929~1933年的经济危机。①

私有化是20世纪90年代俄罗斯经济转型的核心内容，然而其主要预期目标均未实现：大规模的快速私有化没有造就出广泛的私有者阶层，没有创造出良性的竞争环境，企业经营效率没有得到提高，国家资产没有被交到有效能的所有者手中，却催生了一批肆意攫取国家资产、垄断国家经济命脉的新富寡头。原因何在？俄国内外专家学者们进行了多角度的解析，其中颇具共性的结论就是俄罗斯走了一条不符合本国国情的道路。那么，俄罗斯的国情是什么？所选择的改革路径与国情的冲突点在哪里？有千年文化底蕴的俄罗斯何以作了这样的选择？为什么“休克疗法”在别的国家取得成功，而在俄罗斯却导致严重的经济衰退？20

---

① 王春生.“关于俄罗斯制度移植的评析”//俄罗斯中亚东欧研究，2007（4）：36.

世纪70年代，英、法等西方国家实施了大型企业私有化，资本主义显示出勃勃生机，为什么同样的私有化却给俄罗斯带来了深重的经济和社会灾难？为什么俄罗斯按照西方经济模式进行的改革却违背了西方的经济学原理，没有产生经济学所预期的结果，反而产生了一系列俄罗斯独有的经济现象？

俄罗斯经济转型引发的诸多问题促使国际范围内对经济学理论的重新审视。法国著名经济学家、调节学派的奠基者罗伯特·博耶（Robert Boyer）指出："俄罗斯的大变革提出了许多现有经济学理论不能提供明确解释的问题，……这个史无前例的历史插曲迫使所有经济理论彻底转型或者最终丧失自身的意义。"[①]这说明，要解释世界范围内不同时代、不同经济区域的诸多经济问题和经济现象，仅靠经济学理论是远远不够的。于是，学者们开始关注与经济发展密切相关的其他因素，而文化成为关注重点。

文化与经济发展的内在联系属于经济文化学的研究范畴，因此，我们确定依据经济文化学理论来研究俄罗斯经济转型进程中传统经济文化与市场经济文化的冲突，旨在强调一个民族的传统经济文化是经济现代化进程中不可忽视的重要因素之一。

二、本课题研究的新意、理论和实践意义

研究的新意：

1. 我国学者对俄罗斯的经济转型给予了高度关注，尤其注重研究转型失败的原因，可谓成果颇丰。然而，从经济文化视角对此进行系统分析的著作甚少。本课题依据经济文化学理论阐释俄罗斯经济转型产生诸多问题的原因，希望为此类问题的研究提供新视角，为推动我国经济文化学理论研究的深入发展尽绵薄之力。

2. 系统梳理俄罗斯的传统经济文化特点，尤其是与市场经济文化对立的重要因素，使该国经济转型和市场经济建设过程中两种经济文化冲突有根可循。

3. 分析俄罗斯传统企业文化中的民间规则产生的文化根源，论述民间规则对俄私有化企业发展的影响，给予其公司治理问题合理的解释。

4. 强调对传统经济文化应该采取辩证的态度，这对所有经济转型国家来说意义非凡。

理论和实践意义：

1. 研究俄罗斯经济文化是其社会发展的现实需要。

"俄罗斯的经济文化还是一个未经充分研究的问题。同其他国家一样，俄罗

---

① Буайе Р. Теория рекуляции：критический анализ. М.，Наука для общества，1997：31.

斯具有自己独特的经济文化。由于俄罗斯的经济潜力和它在世界经济中的作用，对俄罗斯的经济文化进行研究就具有十分重要的意义。”① 20 世纪 90 年代俄罗斯的经济转型没有达到预期目标，被公认为不成功的范例。以经济学的视角审视这一进程存在着诸多难解之谜，例如虽然移植了西方的基本经济制度，从法律上确立了工业企业和土地的私有制，但产权改革并没有带来高效能的发展。经济文化学恰好为解释该难题提供了理论依据，使我们能够对俄罗斯经济转型和市场经济建设存在的问题进行深度剖析。

2. 从经济文化学的视角研究俄罗斯的经济转型问题，对中国来说具有极强现实意义。

中国学者对俄罗斯经济转型和市场经济建设给予了高度关注，因为两个国家曾有过相似的经济体制，又都在经历着从计划经济向市场经济过渡时期。进入 21 世纪，中国和俄罗斯又都在继续深化经济改革。因此，及时总结俄罗斯经济转型和经济建设的经验教训，以史为鉴，对正在深化改革的中国来说意义重大。正如俄罗斯著名政论家罗伊·麦德维杰夫（Рой Медведев）所说：“中国和俄罗斯这两个相邻的大国，在 20 世纪经历了相似的发展道路；它们曾给自己提出相似的任务，并有过近似的意识形态。所以，中国的经验对俄罗斯有着巨大的意义，而俄罗斯的经验对中国来说意义也十分重要。”②作为中国的研究者，尤其是研究俄罗斯企业文化时，面对改革过程中体现出的俄罗斯国有企业文化特点，总有一种似曾相识的感觉。因为我们的国有企业模式，几乎是照搬苏联计划经济体制建立起来的。因此，在我国的国有企业改造过程中，企业管理者和俄罗斯经理人的心态几乎如出一辙。“它山之石，可以攻玉”，研究俄罗斯的经济文化，总结其经济改革的经验和教训，使我们在改革中可以扬长避短，少走弯路，对加强我国的经济文化建设有重要的借鉴意义。

3. 有益于中俄经贸合作事业的发展。

对俄罗斯企业文化特点的研究，有助于从事中俄经贸合作的中方公司了解俄企业和投资环境特点，加深对俄企业文化尤其是民间规则的了解，从而制定符合双方利益的方针、政策和措施，避免重大损失，促进两国经贸关系的顺利发展。

4. 进一步丰富经济文化学理论。

经济文化虽然较早就已经受到人类学家和社会学家的关注，但形成理论的历史并不长。20 世纪 90 年代开始的俄罗斯私有化运动“被认为是世界历史上规模

---

① ［俄］A. Ю. 莫罗佐夫. 俄罗斯经济文化研究的基本任务. 国外社会科学，1995（8）：47.

② ［俄］罗伊·麦德维杰夫. 俄罗斯往何处去——俄罗斯能搞资本主义吗. 徐葵，张达楠，等，译. 北京：新华出版社，2000：1.

最大的一次所有制革命，是一场罕见的社会经济运动”。[①]以经济文化学理论为依据对俄经济转型进行深层次的解读，能够为经济文化学的理论研究提供典型佐证，使经济文化学理论得到进一步阐释和丰富。

三、国内外研究成果综述

表面看来，俄罗斯的经济转型和市场经济建设主要涉及经济问题，而经济文化学又是相对年轻的交叉学科，故无论我国还是俄罗斯乃至于西方学界，从经济文化学视角研究的成果不算丰富。然而在经济学解释不通时，部分学者转向经济文化学研究视角并取得了一定的成果。

1. 中国的研究情况

由于中俄两国曾有过相似的经济体制，又都处于由计划经济向市场经济转轨的过渡期。因此，我国学者对俄罗斯经济转型和市场经济建设的研究给予高度关注，但多数学者的研究是从经济学视角出发，运用经济文化学理论研究的学者为数不多。

社科院张树华研究员的《过渡时期的俄罗斯社会》（新华出版社，2001 年）是我国学者从社会学角度论述俄罗斯社会 10 多年来变化的第一本专著。其中探讨的一些问题，如苏联和俄罗斯政治转轨与俄罗斯激进主义思想传统及思维方式的关系问题，民众对经济改革的心理适应问题，对我们了解精英文化心态是如何影响经济改革路径的选择以及民众对改革的适应状况颇有启迪。其另外一本专著《私有化是祸？是福？——俄罗斯经济改革透视》（经济科学出版社，1998 年）结合俄罗斯改革的大背景，联系社会现实和普通百姓的体验，动态地关注经济改革进程，再现了社会各阶层对改革的反应。

社科院李景阳研究员在《基本经济制度转变中的社会冲突——对俄罗斯的实证分析》（东方出版社，2002 年）一书中，以附录的形式专门介绍了“经济制度变更中的文化冲突”，探讨了在引进市场和私有化两大动力机制后，俄罗斯经济反而出现萎缩的文化原因，其中包括制度与观念的冲突、转制中的“性格障碍”和思想障碍，市场秩序的“文化干扰”和公有制传统的抵抗等。

《十年巨变——俄罗斯卷》（中共党史出版社，2004 年），是我国研究俄罗斯问题专家们集体智慧的结晶。其中的第六、七、八章的执笔者是许新研究员。在总结“休克疗法”失败的原因时，“脱离国情”和“照抄西方模式”被列在头两项，由此可见作者对俄罗斯传统文化心态对经济政策的影响是非常关注的。

---

① ［俄］罗伊·麦德维杰夫．俄罗斯向何处去—俄罗斯能搞资本主义吗．北京：新华出版社，2000：200.

冯绍雷与相蓝欣主编的《俄罗斯经济转型》（上海人民出版社，2005 年）是一部理论性较强、论述系统全面的著作。作者中不仅有国内知名学者，还包括俄罗斯和美国学者。学者们主要依据经济学、制度学、社会学和文化学理论，分别从宏观和微观角度论述了俄罗斯经济改革路径的选择、经济发展演变、俄罗斯区域经济与部门经济、微观经济的治理与调整等问题。尤其娄芳和张养志执笔的第十章“俄罗斯的土地改革与农业发展”和第十五章“俄罗斯的公司治理结构与企业文化”，分别从文化学的角度分析了俄罗斯土地关系改革和公司治理失败的原因，对本课题的研究颇有启发。

研究苏联和俄罗斯经济问题的著名专家陆南泉研究员的《苏联经济体制改革史论——从列宁到普京》（2007 年，人民出版社）是一部系统研究苏联乃至俄罗斯当代经济体制改革的力作。虽然该书的主线是经济体制改革，但在分析斯大林体制模式的弊病、苏联历次经济改革失败的原因以及 90 年代经济转轨的严重危机时，作者都强调了经济主体的传统观念和习惯的作用，读后受益匪浅。

其他学者如娄芳（《俄罗斯经济改革透视——从“休克疗法”到“国家发展战略”》）、关雪凌（《艰难的历程——俄罗斯经济转轨八年》）、汪宁（《俄罗斯私有化评说》）等也都从经济学、社会学角度对俄罗斯 20 世纪末的经济改革进行了精辟的论述，对本课题的研究有很大的帮助。遗憾的是，上述著作大多从经济学、社会学的角度评述俄罗斯的经济改革，虽然其中或多或少都涉及影响经济改革的文化因素，说明学者们对俄罗斯文化在改革中的作用有了一定的认识，但真正运用经济文化学理论、从文化学角度审视 20 世纪 90 年代俄罗斯经济转型的专著目前尚未得见。

可喜的是，不少学者发表文章，从文化学的角度解读俄罗斯的宏微观经济改革问题。

黑龙江大学的张建华教授是我国较早论及俄罗斯经济文化及其对现代化影响的学者。在《俄罗斯经济文化传统的形成及其对现代化的影响》（《求是学刊》，1991 年第 6 期）一文中，作者对俄罗斯传统经济文化的特点及形成的历史文化原因进行了梳理分析，并强调了这些特点的文化张力，使我们对俄罗斯经济文化有了一个较为宏观的认识。

社科院李景阳研究员撰文《俄罗斯改革的文化困境》（《东欧中亚研究》，2000 年第 6 期），对俄罗斯改革以来所陷入的文化困境进行了描述和分析，指出俄罗斯政治经济转轨中所遇到的一系列文化难题和文化障碍。文章在文化冲突的描述中论及俄罗斯特有的文化传统及其在当代的影响。

黄军甫、姜琦在《俄罗斯土地改革的困境》（《当代世界社会主义问题》，2001 年第 4 期）一文中，指出俄罗斯文化几乎所有的特征都是在村社基础上形成的，并将其作为解读俄罗斯土地改革的重要依据。

冯舜华在《俄罗斯的股份制和公司治理》（《世界经济》，2001 年第 11 期）一文中，从俄罗斯转轨时期特有的制度环境和经理人员目标趋向方面分析了公司治理消极后果产生的原因。

林精华教授在《俄罗斯现代化困境的经济学描述》（《俄罗斯研究》，2002 年第 2 期）一文中指出，俄罗斯的经济困境严重影响了其现代化质量，而经济问题难以解决的原因并不在于具体经济策略，而是根源于俄罗斯人的经济理念是反现代化的。俄罗斯现代化困境远不只是政治体制所为，而且还是俄罗斯文化本质所在并通过扭曲的经济结构反映在各个时代生活过程中。

张养志通过《俄罗斯公司治理结构的文化分析》（《俄罗斯中亚东欧研究》，2004 年第 4 期）一文，分析了俄罗斯公司治理中“内部人控制”的企业文化特点，以及这种特点产生、存在的历史文化渊源。

另外，其他学者也从文化视角解读俄罗斯经济改革，如《“休克疗法”为何在俄罗斯失败？——一个文化解读的视角》、《俄罗斯经济文化传统的形成及其对现代化的影响》等，对本课题的研究都有一定的启发作用。

2. 俄罗斯的研究情况

“走什么样的路”是俄罗斯永恒的命题。该命题曾引发俄罗斯历史上著名的西方派和斯拉夫派之争。20 世纪 90 年代俄罗斯制度移植的无效性再次提出这个永恒的命题，并引起哲学、历史学、社会学、文化学专家们的深刻反思。其中最早依据经济文化学理论解读俄罗斯社会经济转型的学者是俄罗斯著名的社会学家扎斯拉夫斯卡娅（Т. И. Заславская）和雷夫金娜（В. Р. Рывкина）。

扎斯拉夫斯卡娅在《当代俄罗斯社会——转型的社会机制》（莫斯科：事业出版社，2004 年。Современное российское общество—социальный механизм трансформациию. М.：Дело，2004.）一书中指出：俄罗斯传统的历史文化特点和民族性格对不同经济主体适应社会转型产生了重要影响。

雷夫金娜对 20 世纪 90 年代俄罗斯社会经济转型的经济文化学研究体现在以下三本著作中：(1)《社会主义和市场之间：俄罗斯经济文化的命运》（莫斯科：科学出版社，1994 年。Между социализмом и рынком：судьба экономической культуры в России. М.：Наука. 1994）；(2)《俄罗斯过渡时期的经济社会学：人与改革》（莫斯科：事业出版社，1998 年。Экономическая социология переходной России：люди и реформы. М.：Наука，1998.）；(3) 与 Л. Я. Косалс 合著的《俄罗斯：转型时期的经济与社会》（石天，董英辅译，经济科学出版社，2000 年。Социология перехода к рынку в России. Издательство《Эдиториал УРСС》，1998.）。基于大量的社会调查和深刻的思考，雷夫金娜研究了三个重要问题：俄

罗斯社会转型的推动力、转型的结果以及未来俄罗斯的道路选择问题。她认为20世纪90年代俄罗斯社会经济转型失败的主要原因在于国家无视70多年的苏联经济文化历史，指出俄罗斯所继承的社会遗产对社会转型产生了实质性的影响。

苏索科洛夫（А. А. Сусоколов）著有《文化与交换——经济人类学导论》（Культура и обмен: Введение в экономическую антропологию. М.: Русская панорама, 2007）一书。作者描述了文化伴随人类经济发展的历程，论述了宗教等重要文化因素对主体经济价值观和经济意识的重大影响。书中多处以俄罗斯经济发展的文化特点为例，强调说明了文化对经济和管理的重要作用。

鲍彦科（Н. И. Боенко）在《经济文化：发展的问题和趋势》（Н. И. Боенко:《Экономическая культура: проблемы и тенденции развития》. СПб, 2005.）一书中，分析了俄罗斯传统社会历史文化特点对经济文化特点形成的影响，并论述了20世纪90年代社会转型期间企业家、青年等社会群体经济文化价值观中传统因素的影响。

著名历史学家、传记和政论作家罗伊·麦德维杰夫（Рой Медведев）在《俄罗斯往何处去——俄罗斯能搞资本主义吗?》（新华出版社，2000年）一书中总结了俄罗斯历史文化传统和特点，认为要在俄罗斯确立大规模的资本主义生产关系是不可能的。对激进派忽视俄罗斯传统的做法提出尖锐的批评，指出“我们没有任何理由去缩小，也没有任何理由去夸大俄罗斯历史和传统的意义。但是，我们不能容许忽视俄罗斯和居住在这片土地上的各族人民的传统和特点。”①

对俄罗斯经济转型进行经济学分析并展望俄未来经济发展前景的学者有经济学家Л. И. 阿巴尔金（Л. И. Абалкин）、德·С·利沃夫（Д. С. Львов）等。其作品《俄罗斯发展前景预测——2015年最佳方案》（阿尔巴金主编，社会科学文献出版社，2001年）和《通向21世纪的道路——俄罗斯经济的战略问题与前景》（利沃夫主编，经济科学出版社，2003年）虽然是经济著作，但也特别强调了研究经济文化的必要性。前者论述了关注作为经济文化重要因素的人的因素和职业道德的重要性，后者强调了文化因素对俄罗斯企业改造和解决农村问题的重要作用，对本课题的研究有很重要的理论指导意义。

俄罗斯科学院士、著名经济学家О. Т. 博戈莫洛夫（О. Т. Богмолов）在《俄罗斯的过渡年代》（辽宁大学出版社，2002年）一书中，总结了俄罗斯20世纪90年代经济转型失败的教训并指出，西方经过几百年形成的民主制度标准和观念不符合俄罗斯的社会特点，因此不能机械地照搬。

---

① ［俄］罗伊·麦德维杰夫．俄罗斯往何处去——俄罗斯能搞资本主义吗．徐葵，张达楠，等，译．北京：新华出版社，2000：48.

俄罗斯社会活动家科金（М. И. Козин）是一位有丰富管理经验的社会学专家，他在《风雨兼程——俄罗斯转型启示录》（中央文献出版社，2004 年，刘燕明，邢艳琦译）一书的“经济篇”中，对 20 世纪 90 年代自由主义改革派提出了严厉的批评，指出 21 世纪俄罗斯的当务之急是改变 90 年代的发展模式，“不是要改造人，而是要发挥人的潜能。就是说需要另外一种价值体系、另外一种生活方式。这一人类发展的新目标非常符合俄罗斯的传统和民族精神，非常符合俄罗斯崇尚平等和社会公正的特点。”① 一言以蔽之，俄罗斯应该选择符合本民族传统价值观的发展模式。

其他学者如安德兰尼克·米格拉尼扬（Андраник Мигранян）的《俄罗斯现代化之路为何如此曲折》（新华出版社，2002 年），著名经济学家谢尔盖·格拉吉耶夫（Сергей Глазьев）的《俄罗斯改革的悲剧与出路——俄罗斯与新世界秩序》（经济管理出版社，2003 年）等均为典范之作。

俄罗斯著名哲学家亚力山大·季诺维也夫（Александр Зиновиев）从哲学角度对俄罗斯诸多问题进行了反思。《俄罗斯共产主义的悲剧》（新华出版社，2004）是其代表作。在这部作品中作者论及了共产主义在俄罗斯失败的民族心理原因，属于文化学的分析。

这里，笔者还要特别提到由阿纳托利·丘拜斯（А. Чубайс）主编的《俄罗斯式的私有化》（新华出版社，2004 年）一书。该书是私有化的论文集，作者均为当年丘拜斯领导的私有化班子成员。虽然论述中明显带有为私有化辩护的倾向，但是他们的许多自白使我们能够直接了解到私有化推动者的价值观及其行为动机。

3. 西方国家的研究情况

从文化视角对俄罗斯经济转型及市场经济建设进行深刻和系统阐述的当属美国专家和学者们。他们作为西方文化的主体，对俄罗斯与西方文化的差异更为敏锐。即便是经济学专著，作者也会用一定的篇幅来进行文化对比，描述两种文化的冲突，揭示阻碍或推进俄罗斯经济转型的深层文化原因。我们在这里重点介绍几部对本课题研究启迪较深的作品。

美国哈佛大学教授马歇尔·戈德曼（Marshall Goldman）是享誉全球的苏联和俄罗斯问题专家。他在《失去的机会——俄罗斯的经济改革为什么会失败》（上海译文出版社，1997 年）一书中，从宏观经济视角进行考察，详细介绍了前苏联和俄罗斯经济改革的历程，认为改革失败的原因在于俄罗斯忽视了自己特殊

---

① ［俄］米·伊·科金．风雨兼程——俄罗斯转型启示录．刘燕明，邢艳琦，译．北京：中央文献出版社，2004：147.

的历史文化特点。作者强调改革过程中一定要对国情予以充分重视，指出“未来的关于俄罗斯改革的建议还必须考虑到俄罗斯特定的历史、文化和制度。”[①]该书以论述的深刻性而被视为研究俄罗斯问题的权威之作。

《不情愿的资本家》（新华出版社，2004 年）是美国的琳达·兰黛尔（Linda M. Randall）潜心十年（20 世纪 90 年代）对俄罗斯传统企业文化研究的成果。作者考察了俄罗斯传统企业文化特点及成因。该书的理论核心部分指出，“为了更好地了解现存的俄罗斯企业结构及企业对环境的反应方式，我们必须承认内在的制度和传统非常重要。”[②]《不情愿的资本家》是研究俄罗斯微观经济主体文化心态的经典之作，对本课题研究具有重要的参考价值。

另外，美国其他专家学者也不同程度地论述了俄罗斯独特的历史文化传统对经济转型和市场经济建设的影响。例如：苏联和俄罗斯问题专家杰里·霍夫（Jerry. Hough）花费 8 年心血著成《丢失的巨人》（新华出版社，2003 年）一书。虽然书中更多运用的是经济学和制度学理论分析问题，但也论及俄罗斯政治领袖、改革精英和经理人的文化心态，强调市场模式不可机械照搬。

西方记者的纪实性专著是其直接观察和思考的成果，能帮助我们掌握鲜活的资料，了解改革内幕，进而做出更为客观缜密的分析。例如 1995~2001 年期间任《华盛顿邮报》莫斯科记者站主任的戴维·霍夫曼（Davide. Hoffman）在《寡头——新俄罗斯的财富与权力》（中国社会科学出版社，2004 年）一书中详细讲述了俄罗斯政治精英和寡头之间错综复杂的关系，多处论及俄经理人和工人的传统文化心态对私有化方案选择的影响。《世纪大拍卖——俄罗斯转轨的内幕故事》（中信出版社，2004 年）的作者克里斯蒂亚·弗里兰（Chrystia Freeland）1995~1998 年担任《金融时报》驻莫斯科办公室主任，她亲身经历了俄转型历程，采访过许多政要，与俄罗斯新富寡头们有过面对面的接触。作为西方文化的载体，作者以外位的视角对俄罗斯特有的文化特点及文化作用力进行深度剖析。

总之，无论是俄罗斯学者，还是中国和西方的学者都从不同角度审视了俄罗斯的经济转型及市场建设问题，又都不约而同地强调了传统文化在其中的反映和作用。这些研究成果为本课题的研究提供了极具价值的借鉴。

四、课题的研究任务

本课题的研究任务如下：

---

① ［美］米歇尔·戈德曼．失去的机会——俄罗斯的经济改革为什么失败．李轶海，等，译．上海：上海译文出版社，1997：220.

② ［美］琳达·兰黛尔．不情愿的资本家．北京：新华出版社，2004：203.

（1）阐述传统经济文化的作用，首先要梳理俄罗斯传统经济文化的特点，尤其是与市场经济文化对立的传统经济文化要素；

（2）经济价值观是经济文化的核心要素，其形成及演变受到社会文化价值观的影响。因此，描述俄罗斯20世纪90年代社会文化价值观变化影响下的经济文化价值观的嬗变特点是本课题研究的又一重要任务；

（3）宏观的经济转型计划最终要落实到微观经济层面，在俄罗斯表现为大规模的企业私有化和土地制度改革。然而，二者的主要经济目标没有实现，所以，本课题重在分析造成这一结果的经济文化原因；

（4）在解决以上问题的基础上得出结论。

五、研究依据的理论和方法

本课题依据经济文化学理论。经济文化学本身是新兴的交叉学科，因此，在研究过程中我们采用交叉学科的方法。具体方法如下：

（1）社会调查法。社会调查法是文化学最注重的方法，也是最基本的、常用的、该学科最有特色的方法。由于受客观条件和个人能力所限，我们在研究过程中不可能做很多的实地考察。幸运的是我们可以利用许多权威调查机构和研究中心的材料，例如俄罗斯科学院诸多研究所、列瓦达全俄社会舆论研究中心、卡耐基研究中心等。

我们对这些材料的采用依据社会学的“信息再分析”方法，对早期积累的材料进行重新分析，以此深化对已发生的事情的理解。

（2）逻辑方法。归纳法是逻辑方法之一，是从特殊到一般的推理方法，包括简单枚举归纳法、完全归纳法和因果归纳法。本课题在整体把握上采用完全归纳法，尽可能在分析大量材料的基础上说明经济转型的进程深受文化因素的影响，以避免结论的片面性。在分析具体问题如论述私有化后的国企经营效率不高的原因时，则采用因果关系归纳法。

（3）比较法。比较法是文化学研究广泛采用的方法。本课题在研究俄罗斯传统经济文化与市场经济文化、俄罗斯经济文化变化时采用比较方法。

（4）历史方法。文化现象是渐进而成的，考察文化现象就是对历史现象的考证。本课题在研究俄罗斯传统经济文化的形成原因和过程时采用历史方法。

（5）模糊方法。文化学是边缘学科，经济文化学又是交叉学科，甚至学科本身的一些概念学界还没有一致的精准界定，不能像自然科学那样精确分析。模糊方法多用于研究过渡时期和交叉学科中的文化问题。本课题在涉及文化、经济文化和企业文化等概念时采用此方法。

另外，由于本课题研究对象涉及经济问题，无疑会使用经济学的计量方法等。

六、研究思路和主要内容

1. 研究思路

始于20世纪90年代的俄罗斯经济转型是一个极其复杂的过程，文化因素起到了不可忽视的作用。展示对经济转型起作用的所有文化因素不是一个课题能够完成的，因此我们在本书中仅重点阐述与市场经济文化冲突的俄罗斯传统经济文化要素。

我们的研究目的是：通过深入研究俄罗斯的传统经济文化，尤其是传统经济价值观、经济意识和经济行为准则等要素在俄罗斯经济转型和市场经济建设过程中的具体体现及其作用，说明传统经济文化是现代经济转型过程中不可忽视的重要因素。

我们的立场：我们不是“文化决定论”者，但我们强调文化是影响经济发展的重要因素。许多人常将传统经济文化视为稳定的保守力量，认为它是经济现代化的阻力。我们赞同这样的观点：“传统和现代并不是互相排斥的，相反，在所有的文化中，传统与现代都是互相渗透、互相支持的两个方面。”①美国学者C·布莱克（C·Black）也明确反对现代性与传统性截然对立的观点，认为每个社会的传统性内部都有发展出现代性的可能，现代化是传统的制度与价值观念在功能上对现代化不断适应的过程。②我们将传统与现代看作是相互渗透、相互支持的两个方面。我们研究传统经济文化在经济转型过程中的作用，旨在强调这些传统经济文化因素不会因为体制的变化而立刻消亡，相反会与新体制所要求的经济观念发生冲突。无视和否定传统文化的作用必然会使新体制或流于形式或受到扭曲，这是俄罗斯经济改革的教训。

2. 主要内容

包括绪论、正文、结论和参考文献。

绪论中介绍论文的学术价值和现实意义、课题相关研究状况、研究目的和任务、所采用的方法以及主要的内容结构。

第一章是经济文化学理论部分。介绍经济文化学理论的形成和发展状况，界定了经济文化的概念，论述了经济文化的功能及发挥作用的机制等等，为进一步研究奠定理论基础。

---

① A·巴洛齐齐．发展的社会心理学分析//谢立中，孙立平．二十世纪西方现代化理论文选．上海：三联书店，2002：730-731.

② 谢立中，孙立平．二十世纪西方现代化理论文选．上海：三联书店，2002：5.

第二章论述俄罗斯传统经济文化的特点。根据其他学者的论述和本课题研究的需要，我们将苏联之前的经济文化列入俄罗斯传统经济文化范畴，并着重对其中与市场经济文化相对立的要素进行了归纳，使俄罗斯经济转型和市场经济建设期间两种经济文化的冲突有根可循。

第三章论述经济转型时期俄罗斯经济文化嬗变的特点，以及传统经济文化与市场经济文化要素间的激烈冲突，说明传统经济文化在俄罗斯市场建设过程中所显示的文化张力。

第四章进入微观经济层面的具体分析，论述俄罗斯传统企业文化在20世纪90年代企业私有化过程中的体现，以及在市场经济建设过程中对企业发展的影响，其中重点论述传统企业文化中民间规则的作用。

第五章论述传统经济文化对土地制度改革的影响。20世纪90年代俄罗斯土地制度改革的核心是发展家庭农场经济，但由于多种原因家庭农场经济的发展严重受阻，其中传统经济文化的作用不可小觑。21世纪俄罗斯政府充分考虑本国经济文化特点，选择了适合本国国情的农业发展路径，重建农工综合体经济，农业发展成就斐然。

结论是对本论文的研究成果进行总结。20世纪90年代俄罗斯经济转型造成巨大的社会灾难，市场经济建设举步维艰，导致这种结果的主要原因如下：

（1）自由主义改革派实施经济转型的目的是为满足自身的政治诉求，因此他们不顾本国传统经济文化特点，强行移植经济制度，最终使国家陷入了制度陷阱；

（2）传统经济文化在经济转型和市场经济建设中充分展示了自己的影响力，尤其突出地表现在社会主体的传统经济意识对市场经济文化的强烈排斥，以及传统企业文化中民间规则的主导作用；

（3）新世纪以来俄罗斯政府充分考虑本国经济文化特色，对改革路径做出适当调整，促进了经济的恢复和发展。

传统经济文化对市场经济建设的作用是双重的，重要的是如何最大限度地发挥其促进作用，避免阻碍作用。在20世纪90年代经济转型过程中，俄罗斯自由主义改革派恰恰抛弃了传统经济文化的积极因素，而使消极因素的作用得以成倍放大，致使社会付出了沉重的代价。

第一章
经济文化学理论研究

本章介绍经济文化学理论的相关问题，并对所涉及的重要概念作出界定。具体包括文化、传统文化、价值观以及经济文化的概念、要素、功能及其作用机制，并简要论述经济与文化之间的内在统一关系。

第一节 “文化”、“传统文化”以及“价值观念”的内涵

虽然学术界对“文化”概念的界定无一定论，但文化的存在及其对社会发展的重要作用毋庸置疑。在此我们根据研究的需要，借鉴前人的研究成果来定义本课题所研究的文化范畴。

对文化作出科学定义的第一人是英国文化人类学的奠基人爱德华·伯内特·泰勒（Edward Burnett Taylor）。他在《原始文化》“关于文化的科学”一章中指出：“文化或文明，就其广泛的民族学意义来讲，是一复合整体，包括知识、信仰、艺术、道德、法律、习俗以及作为一个社会成员的人所习得的其他一切能力和习惯。”[①]这是综合性的、现象描述性的定义，虽然后人对它褒贬不一，但都不敢忽视它的经典性，是迄今为止最有影响的文化定义之一。

英国功能学派代表人物布罗尼斯劳·马林诺夫斯基（Bronislaw Malinowski）将文化定义为“一个满足人的要求的过程，为应付该环境中面临的具体、特殊的课题，而把自己置于一个更好的位置上的工具性装置。”这是价值认定性的定义，

---

① 夏建中．文化人类学理论流派．北京：中国人民大学出版社，1997：20.

其特点是从文化的意义、功用等方面对文化进行界定。

美国文化人类学家克鲁伯（A. L. Kroeber）和克拉克洪（C. K. Kluckhohn）对1871年到1952年期间有关西方的文化概念进行总结，得到164种关于文化的定义，并在此基础上提出了自己对文化的理解：文化是由外显的和内隐的行为模式构成；这种行为模式通过象征符号而获致和传递；文化代表了人类群体的显著成就，包括它们在人造器物中的体现；文化的核心部分是传统（即历史地获得和选择的）观念，尤其是他们所带的价值；文化体系一方面可以看作是活动的产物，另一方面则是进一步活动的因素。①

中国古人所说的文化，其“文”主要是指“道”、“理”、“德”、“礼”等，亦即社会的意识形态。其“化”是指“变”，“否定”，但不是彻底的排斥、抛弃，而是在原来的基础上加以改造变化，就是以“道”、“理”、“德”、“礼”等意识形态改变人，教育人，使之去掉不符合“道”、“理”、“德”、“礼”的观念。

我国《辞海》对文化的定义是：“从广义来说，指人类社会历史实践过程中所创造的物质财富和精神财富的总和。从狭义来说，指社会的意识形态，以及与之相适应的制度和组织机构。文化是一种历史现象，每一社会都有与之相适应的文化，并随着社会物质生产的发展而发展。作为意识形态的文化，是一定社会的政治和经济的反映，又给予巨大影响和作用于一定社会的政治和经济。在阶级社会中，它具有阶级性。随着民族的产生和发展，文化具有民族性，通过民族形式的发展，形成民族的传统。文化的发展具有历史的连续性，社会物质生产发展的历史连续性是文化发展历史连续性的基础。”②另外还有学者将文化分为“物质、精神、制度、行为四个层面”。③

学术界对“文化”界定的莫衷一是可见一斑。然而，分析这些定义的实质，我们可以肯定以下几点：文化的主体是人，客体是世界；文化涉及自然、社会和思维；文化主要包括物质文化和精神文化，其中精神文化是文化的核心内容。当然，这里的精神文化是广义的，指“一切相对于物质文化而言的存在于人类记忆中的信息，包括人类的知识、风俗、法律、宗教、艺术等”。④鉴于本课题研究的对象和任务，我们所讲的文化主要指向于精神文化，并且重点探讨“一个社会中

---

① 傅铿．文化：人类的镜子——西方文化理论导引．上海：上海人民出版社，1990：12.

② 辞海．上海：上海辞书出版社，1980：1533.

③ 王玉德．文化学．昆明：云南大学出版社，2006：7.

④ 覃光广，等．文化学辞典．北京：中央民族学院出版社，1988：721.

的价值观、态度、信念、取向以及人们普遍持有的见解”①对经济发展的影响。另外，我们的研究还涉及文化的制度层面。

文化的主要功能如下：首先，文化具有凝聚功能。每个民族都是一个共同的文化体，长期历史积淀下来的对民族文化的价值认同感，是传统文化的精华，在任何历史时期都起着凝聚本民族精神的作用；其次，文化具有规范的功能。例如文化中的制度文化本身就具有规范性。同时，文化本身就是价值观，价值观提供人们辨别是非的标准，规范人们的思想行为，使人类社会在一定秩序中发展；再次，文化有认知和传承的功能。每个人、每个民族都只能在前人的文化基础上生存和发展，通过文化而再造文化，文化无疑是具有认知功能的。

“传统文化”是我们要界定的另一重要概念，因为本课题论及传统文化对经济发展的影响。“传”，甲骨文的本意是驿站，后来引申为传承。“统”，本意是丝的头绪，后引申为系统。英文的“Tradition”指历史传承的思想、制度、习惯等现象，是世代形成的、具有民族特色的文化遗产。传统文化，顾名思义是传承下来的成系统的文化。具体是指“由历史沿袭而来的风俗、道德、思想、艺术、制度、生活方式等一切物质和精神文化现象的有机复合体。”②任何民族的传统文化都是在历史进程中形成和发展起来的，随着历史的演变而代代相传，都有其特定的内涵和占主导地位的基本精神。传统文化包含着有形的物质文化，但更多地体现在无形的精神文化方面，体现在人们的生活方式、风俗习惯、心理特征、审美情趣、价值观念上，内化、积淀、渗透于每一代社会成员的内心深处。传统文化有四大特点：一是新旧交融性。传统文化从过去一直发展到现在，是过去与现在交融的结果，渗透了每一个时代的新思想、新血液，并非古人的独创；二是相对稳定性。不可否认，传统文化是在动态过程中不断吸取新内容而形成的，但它是植根于自己民族土壤中稳态的东西，有相对不变的一面，能够超越时代而长久延续。凡不具有这种稳定性的文化现象，必将随着时光的流逝而被历史淘汰，不能称其为传统；三是伦理性。尽管各个国家和民族伦理观念的标准和表现形式不一，但这是传统文化得以延续的力量和原因，是以强制的法律范畴之外的社会道德观念认可而流传的；四是广泛的社会性。传统文化既不是贤哲的观点，也不是少数人的思想倾向，它反映和代表着一个民族、社会的整体意识和倾向。传统文化的核心是人的价值观念。

既然价值观是传统文化的核心，那么经济价值观就是传统经济文化的核心，

---

① 塞缪尔·亨廷顿（Samuel P. Huntington），劳伦斯·哈里森（Lawrence E. Harrison）. 文化的重要作用——价值观如何影响人类进步. 北京：新华出版社，2002：3.

② 覃光广，等. 文化学辞典. 北京：中央民族学院出版社，1988：339.

所以价值观也是本课题涉及的重要概念之一。“价值观”是指对人生的基本目的、态度以及对自己和别人行为的评价。价值观包括社会价值观和个人价值观。社会价值观是在特定历史条件下形成的，带有总体指导性的社会意识，它是个人价值观的集合，又是个人价值观的引导。由于社会矛盾的存在，社会价值观不可能是一个，不同的阶级、阶层，都会有自己的价值观，并以此来制约本阶级、阶层中个人的价值观，进而影响其他个人。社会价值观是总体性的、原则性的，而个人价值观则是个体的、具体的、实用性的，它是社会价值观的存在形式，直接制约着个体人的意识和行为。价值观有两大类：一类是内在的，一类是工具主义性的。内在的价值观是指我们不计较个人得失而均予遵循的价值观。例如，爱国主义作为一种价值观，要求人们做出牺牲，有时就个人得失而言，它是“不利的”。然而自古以来，许多人为了捍卫祖国献出了生命。相形之下，工具主义性的价值观是指那种因为其直接对我们有利，我们才予以遵循的价值观。

价值观是文化的核心内容，它强有力地影响社会主体的态度和行为，从而促进或阻碍社会的发展。“价值观可视作常规象征体系之中的一因子，它能充作一准绳，人们依据它而在一定情况下可供选择的各种行动方针中，做出自己的选择”。[①]价值观能影响到一国经济的发展。“当一个国家从经济发展的一个阶段转入另一个阶段时，经济发展的过程就达到一个转折关头。在此关头会出现各种诱惑。如果该国抵制住了这种诱惑，它就会实现发展。……一个国家必须能以有利于经济发展的方式度过诱惑的关头。如果有一定的价值观占上风，就可以做到这一点。……国家必须具备那种有利于抵制诱惑而做出正确决策的价值观体系，才能实现持续的、迅速的发展。”[②]“一个社会或民族的文化是既定的，任何一种类型的经济如果违背了这个社会的文化价值观念，都不会得到顺利发展；相反，倘若一种经济与这个社会的文化价值观念相一致，那么它就必然会兴盛起来。”[③]可见，价值观念作为文化的核心内容，对经济发展的作用不可小视。

第二节 文化与经济的关系

“文化”的英文是“culture”，其原始意义是“耕作”（husbandry），或者对自然生长实施管理。古拉丁语中的“cultura”一词，意为“培养”、“培植”、

---

① Talcott Parsons. The Social System . New York：Free Press，1959：chap 1.//塞缪尔·亨廷顿，劳伦斯·哈里森．文化的重要作用．北京：新华出版社，2002：81.

② 马里亚诺·格龙多纳（Mariano Grondona）．经济发展的文化分类//塞缪尔·亨廷顿，劳伦斯·哈里森．文化的重要作用．北京：新华出版社，2002：80-81.

③ 姜国．经济发展与文化动因．求是学刊，1993（4）：58.

"栽培"、"修治"、"修养"等。大体上可分为两层含义：一是对自然的动、植物进行"驯化"、"改良"、"栽培"；二是对人的"教育"、"培养"、"训练"等。到近代，英语由其转化出"culture"，包含文化与文明两层含义。[①]俄语中"культура"一词也有"栽培"、"培植"、"栽种"的含义，常用于复数形式，指"农作物"。[②]英国著名学者特瑞·伊格尔顿总结道："从词源学上来说，文化是一个派生于自然的概念……，是从劳动与农业生产活动中派生出来的"。[③] 仅从文化概念的自然属性我们就不可否认二者的这种天然联系。作为文化的核心价值观也与经济有很深的渊源。"价值"一词最初的意义是某物的价值，主要指经济上的交换价值。19世纪以后，在若干思想家和各种学派的影响下，价值的意义才被延伸至哲学方面更为广泛的领域。可见，文化产生于经济，是经济活动的反映和结果。反过来，文化又通过人的活动作用于经济发展。

第一，文化价值观影响经济运行机制。人类创造文化，又受文化的塑造。因为根据我们对文化的定义，文化就可以理解为一个群体或社会所共同具有的价值观和意义体系。人类之所以会采取这样或那样的行为，是因为他们生活在特定的文化环境中。价值观不但诱导着人们的价值追求，推动着社会的消费需要，而且调节着群体的经济行为，影响着经济发展机制。无形的经济发展机制，在物质财富上是表现不出来的，但在人们的意识中却是明确的。从一定意义上说，只有形成文化，经济发展机制才是实在的，才能发挥其作用，不论交换规则，以及统制体制、市场体制和计划体制，都只有经文化的规定，才能为经济中的人所认可和接受。价值观对经济的作用具体表现在对所有制形式、对管理模式以及对群体经济行为等的影响，学者们的研究已经证实了这一点，例如"世界价值观调查"指导委员会主席罗纳德·英格尔哈特（Ronald Inglehart）研究了该组织对世界75%的人口调查资料之后指出："经济发展是与一系列可预见的从绝对社会准则转向日益理性、宽容、信任和后现代的价值观的转变相联系的。文化是轨道所依赖的一个因素。各社会从历史上看，有基督教新教社会、东正教社会、伊斯兰教社会、儒学社会等等，由于这一事实而形成了相应的文化区域，有着非常不相同的价值观体系，当我们对照经济发展的作用时，这些价值观体系始终存在"。[④]英国学者E·柯尼施认为在世界的历史发展过程中，最重要的动因不是物质、政

---

① 特瑞·伊格尔顿（Terry Eagleton）. 文化的观念. 方杰，译. 南京：南京大学出版社，2006：1-2.

② 黑龙江大学俄语语言文学研究中心辞书研究所. 大俄汉词典：修订版. 北京：商务印书馆，2001：886.

③ 特瑞·伊格尔顿. 文化的观念. 方杰，译. 南京：南京大学出版社，2006：1.

④ 罗纳德·英格尔哈特. 文化与民主//塞缪尔·亨廷顿，劳伦斯·哈里森. 文化的重要作用——价值观如何影响人类进步. 北京：新华出版社，2002：128.

治、经济、军事，而是一种起着文化先导作用的观念——文化的观念。人们很难认识到观念的力量，因为他们是无形的，难以估价的。只有用人类智力的血液换来的文化精髓才能构成这种推动历史发展的强大动力。①哈里森也认为发展受到社会基本课题化价值观的影响。

第二，文化活动促进深度的经济交往。文化活动传递社会信息的广泛性和人们需要的多元性，使得文化活动在其存在和发展的过程中，不能不与经济交往相互渗透，促进生产力的进一步发展。首先，经济的交往离不开文化活动作为媒介，文化活动传递的信息引起人们的兴趣、感情、欲望、利益的变化与共鸣，从而使互相间因为共同的兴趣、情感或为了共同的目的、利益而联结起来，共同合作。显而易见，文化活动在这种联系和组合中，起到了粘合剂的作用。其次，各种文化活动可以使潜在的合作各方加深相互了解，增加合作机会。例如文化搭台经济唱戏的联姻与合作，越来越受人们的喜爱，成为经济交往和经济合作的催化剂。同时，人们既然从来都是文化的作为者和文化的行为者，那么，物质财富的创造和经济生活的往来，也就离不开文化活动的参与、相伴和调节，从这个意义上来说，文化活动又是继续经济联系和重要往来的润滑剂。

第三，文化生产推动经济快速发展。一个社会和民族的行为，就是这个社会和民族的文化功能的现实反映。高水平和高效率的物质生产过程，始终需要高水平的文化资源的开掘和发展。文化生产推动经济快速发展，首先表现为科学技术是推动经济发展的重要力量。在现代的经济发展和财富的积累中，科学技术作为文化生产的结晶的贡献率越来越高，作用越来越大，以至于使当前的国际政治、经济竞争表现为综合国力的竞争，而综合国力的强弱又取决于一国科学技术发展水平的高低。其次，文化教育既是文化的传播过程，也是文化的再生产过程，是提高人的素质的重要途径。文化教育通过提高劳动者的整体素质而改造和发展社会生产力，促进社会经济迅速、持续的发展。经济的发展，离不开文化生产的推动。在此，文化作品通过其艺术感染力和主题的生命力，教育、启发和引导人们的思想与行为，促进人的素质全面发展，从而促进社会生产力的提高和经济建设的发展。

总之，经济是人的经济，文化是人的文化，经济与文化内在地统一于人及其社会活动中。经济活动是人的基本活动，文化是从经济中产生的，也首先影响到人的经济意识，从而制约着人的经济行为。社会价值观影响着群体的经济意识、经济行为准则和社会的经济运行机制，是促进经济发展的重要动力。正如斯特斯·林赛（Stace Lindsay）所说："一个国家能否繁荣，文化是一个重大的决定因

---

① 王玉德．文化学．昆明：云南大学出版社，2006：99.

素，因为文化影响到个人对风险、报偿和机会的看法。……在人类进步的过程中，文化价值观确实是重要的，因为它们影响到人们对进步的想法。文化价值观之所以重要，特别是因为它们形成人们组织经济活动所遵循的原则，而没有经济活动，就不可能有进步。”①

第三节 经济文化学理论的主要内容

经济文化学是一门年轻的学科，是经济学与文化学的交叉学科。该学科研究的对象是影响经济发展的文化因素及其与其他非文化因素间的相互作用。

一、经济文化学理论的产生与发展

早期的文化人类学家及部分社会学家看到了文化在人类社会经济发展中的特殊作用，并从不同的角度对经济文化进行了初步研究。但正式将经济文化作为一门学科进行研究则始于近代，理论体系的形成则是在 20 世纪末。较早开始经济文化研究的学者是德国社会学家马克思·韦伯（Max Weber），他在《新教伦理与资本主义精神》一书中展开了对影响经济发展的文化因素的研究，对西方资本主义产生与新教的关系、社会伦理对经济行为的影响进行了详细考察，奠定了社会学和经济文化学的研究基础。自 20 世纪六七十年代以来，随着“东亚经济奇迹”的出现，经济文化在经济现代化及其发展中的地位日益明显。尤其是日本经济的迅速崛起，更显现出现代经济文化在经济发展中的巨大作用，引起世界各国学者的关注。企业文化作为经济文化的重要内容首先成为研究热点。

积极倡导从文化角度研究经济问题的学者大多是原属不同流派的经济学家们。尽管他们关注的重点不同，但各派都强调文化与经济的相互作用。

经济文化学派和历史学派非常关注历史和文化的特殊性以及经济增长的特殊道路。美国著名经济文化学家彼得·伯格（Peter Berger）呼吁关注和重视文化在经济发展中的重要功能；拉尔夫·林顿（Ralph Linton）重点研究了创新者行为模式、社会结构、社会价值观、文化的整合程度与文化变迁等文化诸因素对经济增长的影响，其观点反映在《影响经济增长的文化与人格因素》一文中②；威廉·阿瑟·刘易斯（Arthur Lewis）属于增长与发展学派。他在 1955 年出版的

---

① 斯特斯·林赛．文化、心理模式和国家繁荣//塞缪尔·亨廷顿，劳伦斯·哈里森．文化的重要作用——价值观如何影响人类进步．北京：新华出版社，2002：407.

② 谢立中，孙立平．二十世纪西方现代化理论文选．上海：上海三联书店，2002：621-635.

《经济增长理论》一书中，从态度、制度、知识、资本、人口与资源、政府六方面分析了经济增长原因，其中前三个方面属于文化分析。他认为经济增长取决于"自然资源"和"人的行为"，决定经济增长的人类行为主要包括人们从事经济活动的努力、知识的增长与运用、资本积累和其他资源的增加等，而其背后的原因则是"制度"与"观念"。[①]日本经济学家森岛通夫（M. Morishima）认为，意识形态会影响经济制度和经济政策。不同国家之间，国民气质、行为方式以及所继承的文化资质也会制约经济发展。[②] 自由经济学派的阿马蒂亚·森（Amartya Sen）在《以自由看待发展》一书中强调"发展是一个相互依赖的过程，而且经济的成功不可能与社会、政治和文化的成就相分离"。[③]可以说，学者们越来越重视文化对经济发展的作用。

经济文化学研究在"资本主义精神"、"企业家精神"、宗教价值观、世俗化运动与经济增长方面，企业文化与企业发展方面，文化多样性与全球化方面取得了重大突破。美国波士顿大学于1985年成立了以彼得·伯格教授为主任的经济文化学研究协会（ISEC—the Institute for the Study of Economic Culture），主要研究文化对经济发展的影响。2000年美国又成立宗教与世界事务研究所，仍由彼得·伯格教授任主任，2003年上述两个研究所合并为文化、宗教与世界事务研究所，至此，经济文化学的研究视域不断拓展，研究水平日益提高。

我国经济文化理论研究还是一个新的领域。1988年中国第一本《经济文化》杂志创刊，标志着我国经济文化理论研究的确立。周浩然（《世界经济文化年鉴》总编）主编的《经济文化发展研究》（中国社会科出版社，1995年）一书，汇集了我国学者探讨经济文化理论问题的文章。但总的来说，我国的经济文化理论研究还是落后于实践的，尤其是经济文化学理论的著述很少。可喜的是，一些介绍国外经济文化学理论的翻译著作陆续出版，例如：《二十世纪西方现代化理论文选》（上海三联书店，2002年）、《文化的重要作用——价值观如何影响人类进步》（新华出版社，2002年）等。

目前，学者们以不同的视角对经济文化进行了分类，使得经济文化学的研究范畴不断扩展。例如，经济文化从空间层次分为世界经济文化、各国经济文化、社区或企业经济文化；时间层次上分为原始经济文化、市井经济文化、现代经济

---

① ［美］威廉·阿瑟·刘易斯．经济增长理论．梁小民，译．上海：上海三联书店、上海人民出版社，1994：4、5.

② ［日］森岛通夫．透视日本——兴与衰的怪圈．天津编译中心，译．北京：中国财政经济出版社，2000：193-194.

③ ［美］阿马蒂亚·森．以自由看待发展．任赜，于真，译．北京：中国人民大学出版社，2002：260.

文化；主客体层次上有整体经济文化、群体经济文化、个体经济文化；经济产业分工层次上有工业经济文化、农业经济文化、商业经济文化、交通经济文化、旅游经济文化、金融经济文化、信息文化，以及饮食文化等等。它们之间往往互相联结，互相交错。[①]有学者将经济文化的研究内容划分为两部分：一部分是历史的，可以称之为主经济文化；一部分是单项的，可称之为亚经济文化。主经济文化一般以各经济形态划分，包括原始经济形态文化、农业经济形态文化、工业经济形态文化和知识经济形态文化；亚经济文化主要包括市场经济文化、企业文化、家庭经济文化、消费经济文化、社区经济文化、货币经济文化等。[②]还有学者从经济文化发展的历史将其划分为原始经济文化、古代经济文化或传统经济文化、现代经济文化；又按照所有制特征将其划分为原始公有制经济文化、私有制经济文化、共产主义公有制经济文化。[③]本课题研究的传统经济文化范畴在第二章有所交代。

作为一门学科而言，经济文化学并不认定单一的文化因素能够决定经济发展，也不只重视研究某一种或某几种文化因素，甚至也不局限于研究文化因素，而更重视文化因素与其他非文化因素的协同作用。文化决定论并不是经济文化学的研究导向。但是，一切有关文化影响经济发展的研究，都可以纳入经济文化学的研究视域，视为经济文化学的研究成果。

二、“经济文化”的内涵及特点

20 世纪后半期，尤其是 70 年代以来，随着全球经济增长的反差越来越大，以及其他人文科学纷纷介入经济研究领域，越来越多的学者把目光转向影响经济发展的文化因素，于是经济文化日益成为探索的热点。那么，什么是经济文化？它是如何产生的？经济文化包含哪些重要因素？经济文化有哪些功能？其作用机制如何？这些是我们讲到经济文化时必须回答的问题。

相对于文化的定义来说，学术界对经济文化的概念界定较为统一。哈佛大学著名的工商管理学教授迈克尔·波特（Michael Porter）指出，经济文化“是指那些对个人、单位及其他机构的经济活动有影响的信念、态度及价值观”。[④] B. P. 雷夫金娜（B. P. Рывкина）是俄罗斯最早开始研究经济文化的学者之一。她认为

---

① 张江明．经济文化——一个崭新的研究课题．学术研究，1995（1）：49.

② 李大农，李福钟．经济文化学．北京：北京师范大学出版社，2002：12-13.

③ 缪一德．关于经济文化整体论的哲学思考//周浩然．经济文化发展研究．北京：中国社会科学出版社，1995：154-155.

④ 迈克尔·波特．态度，价值观，信念以及繁荣的微观经济学//塞缪尔·亨廷顿，劳伦斯·哈里森．文化的重要作用——价值观如何影响人类进步．北京：新华出版社，2002：43.

经济文化是“体现在经济领域中，并与人们的经济活动密切相关的传统、习惯以及行为准则”。[①]我国一些从事现代经济文化理论研究的学者也对经济文化的概念作了界定。经济学家杨帆将经济文化表述为“人们在从事物质资料的生产、分配、交换、消费等经济活动中所形成的具有一定稳态的信念、价值观和行为规范。”[②]马仲良在“论加强经济文化理论研究的现实意义”一文中开门见山地写道：“经济文化是经济行为主体或群体的经济利益关系和经济行为规律在人们思想观念中的反映，是指导该行为主体或群体的经济行为的价值观念体系及其表现形式。”[③]张永庆、乔冠华将经济文化定义为“在社会经济实践中发生的，以经济价值取向为核心，以蕴含于主体意识中的心理结构、价值观念、行为模式为基础，包括相应的经济组织、结构、体制、制度以及经济产品在内的文化系统。”[④]

周浩然、张炜对现代经济文化的定义包含了经济文化的定义：“经济文化是经济活动中蕴涵的，具有一定稳态的思维模式、行为规范和价值导向以及文化价值力量。”[⑤]他们对现代经济文化的基本内涵作了以下概括：“（1）经济文化是经济活动中主客体关系上的主体的思维、认识特点、认识结构和认识框架；（2）经济文化是人们在处理人与自然关系上的行为准则和行为规范；（3）经济文化是在一定生产方式下的价值体系和价值观念。它是为群体成员接受（明确或不明确的）并因此影响其行为举止的价值导向；（4）经济文化以物质文化（人及其创造物）为载体，价值系统为内核，内化在人心理结构和思维结构中，形成一定的思维定式和模式，又内控和约束着主体的经济行为。思维模式和行为规范具有相对稳定性（经济活动思维模式指经济活动作为对象所要求的人的思维与之同构，思维对象、思维方法的组合结构状况。这种组合和结构一经形成，具有一定稳定状态，影响着人的行为），但它绝非一成不变的化石；（5）经济文化蕴含于经济实践中，它包括具体制度、体制、理论以及相应的法律、政策、规范、文化价值背景和物质实体形态等内容。”[⑥]经济文化是社会文化的一个重要组成部分，是整个文化系统的一个子系统，从结构层次上大体可以将其分为四个层次：（1）器物

---

① Рывкина Р. В. Экономическая социология переходной России: люди и реформы. М., Дело, 1998. С. 215.

② 杨帆．试论经济文化的内涵//周浩然．经济文化发展研究．北京：中国社会科学出版社，1995：175.

③ 马仲良．论加强经济文化理论研究的现实意义//社会科学辑刊，1995（6）：26.

④ 张永庆，乔冠华．略论经济文化．龙江社会科学，1994（3）：46-47.

⑤ 周浩然，张炜．现代经济运行论//周浩然．经济文化发展研究．北京：中国社会科学出版社，1995：55.

⑥ 周浩然，张炜．现代经济运行论//周浩然．经济文化发展研究．北京：中国社会科学出版社，1995：55-56.

层次。包括工厂、企业、交通设施等社会物质实体以及物质产品、物质生活条件；（2）制度层次。包括经济体制、产业体制、市场制度等；（3）活动方式。包含风俗习惯、交往方式、交换方式、伦理规范等；（4）价值体系。包括市场观念、商品观念、思维模式、科学知识、精神道德等。这四个层次互为制约，各层次各元素之间紧密关联，只有协调耦合才能推进经济文化系统演进。在系统运行中，由于其中一个层次的变化，其他几个层次都必须有相应的调整变化才能形成内部优化结构。一般而论，经济文化系统在开放性运行过程中和环境因素影响下，第一层次——器物层次最易变化，它是经济文化运动的物质基础，而制度层次和活动方式，则相对稳定性较强，是经济文化运行系统变动的基本框架；最后一个层次——价值体系稳定性最强，并具有持久性。特别是其中的信念、观念、价值标准、道德标准等最具稳定性，它包含着民族、心理、历史、自然、社会、政治等众多因素的长期历史积淀，成为经济文化系统运行的主要构成要素。① “总之，经济文化价值体系层次是经济文化本质特征的外化和显化，是现代经济文化系统的主导层和内核，其变化对各层面和整体都有根本影响”。②

上述几个定义都比较准确地反映了经济文化的实质，就是从文化层面对人类经济行为、经济活动过程、社会经济管理体制、经济观念、思想、学说和理论的考察。显然，在研究经济文化时，学者们重点强调的是影响人们经济行为的信念、传统、习惯、价值观等精神因素。应该说，周浩然、张炜对经济文化的界定与概括是比较全面而深刻的，值得本课题借鉴。同我们研究文化的重点一样，本课题主要涉及经济文化的精神层面。

经济文化具有很强的遗传性、继承性和延续性。“经济文化是执著的，不易改变。”③这是因为人们的信念、传统、习惯、价值观等因素具有稳定性。然而，经济文化也不是一成不变的，“尤其是那些妨碍生产率提高的信念、态度和价值观，一旦它们不再受到流行的信念的支持，或是它们所造成的现实迫使公民和企业感到非变不可时，它们就有可能改变。当然，在放弃已有观念之前，总会

---

① 周浩然，张炜．现代经济运行论//周浩然．经济文化发展研究．北京：中国社会科学出版社，1995：44.

② 周浩然，张炜．现代经济运行论//周浩然．经济文化发展研究．北京：中国社会科学出版社，1995：44.

③ 迈克尔·波特．态度，价值观，信念以及繁荣的微观经济学//塞缪尔·亨廷顿．文化的重要作用．北京：新华出版社，2002：57.

出现无知、怀疑或者惰性。”[1]此时，最容易发生两种经济文化的激烈冲突。

应该注意的是，经济文化绝不是经济范畴和文化范畴的机械组合体，它并未涵盖整个经济范畴和文化范畴，它研究的对象是经济领域中起作用的文化因素，或者说，从文化的视角去观察人类的经济活动及其成果。“经济文化”的对象是经济，视角在文化。从上述我们引用的定义中可以看出，经济文化中的文化因素主要是精神文化。经济文化将价值观和利益体现为商品和服务的生产、金融业务、贸易、获得贷款、纳税和采用新工艺等。“毫不夸张地说，经济发展是千百万人遵循外部制度和经济文化本身各方面准则而从事经济活动的最终结果。”[2]

目前，随着经济全球化趋势的加强，经济文化的国际性也日益明显。对经济起作用的一批信念、态度和价值观将成为共同性的，而显然不利于生产率的文化因素将在全球经济的压力下逐渐消失。但从另一方面看，“虽然围绕着生产率范式的全球趋同与日俱进，但文化上的差别肯定仍将存在。全球化不会像某些人担心的那样消灭文化，相反，它们将能促进重要的专业化优势，从而使各国人民在全球经济中繁荣。在全球经济中，许许多多的东西都不难从任何地方获取，在这种情况下，能提供独特产品和服务的文化差别应当是更值得庆贺的”。[3]“在经济繁荣方面，文化的重要作用依然存在，但这很可能是一种更加正面的作用。各个社会仍会有一些独特的需要、技能、价值观和工作模式，这些将构成经济文化的一些各自不同的方面。”[4]目前，广大发展中国家基于本国国情也加快了经济文化现代化的步伐，形成了各具特色的区域或地区经济文化模式，进一步丰富和充实了市场经济文化的内容。

科技的发展使各国经济联系日益密切，协调各国经济行为的各种规则、制度也相应产生，世界贸易组织、国际货币基金组织和国际复兴开发银行的诞生，金融文化、国际商业营销文化等的发展，国际经济领域内的制度创新又进一步加强了各国的经济联系，个人、企业、国家的观念、思维模式越来越带有全球化特点。从许多方面来说，就是一种国际性的经济文化的核心内容开始出现，它跨越各种传统文化的界限，将为越来越多的人所共有。

---

① 迈克尔·波特．态度，价值观，信念以及繁荣的微观经济学//塞缪尔·亨廷顿．文化的重要作用．北京：新华出版社，2002：57.

② Рывкина Р. В. Между социализмом и рынком：судьба экономической культуры в России. М.：Наука，1994. С. 29.

③ 李大农，李福钟．经济文化学．北京：北京师范大学出版社，2002：61.

④ 迈克尔·波特．态度，价值观，信念以及繁荣的微观经济学//塞缪尔·亨廷顿，劳伦斯·哈里森．文化的重要作用——价值观如何影响人类进步．北京：新华出版社，2002：60.

三、经济文化的基本要素

“经济文化在很大程度上是直接或间接由经济所形成的。”[①]经济是如何影响经济文化的形成呢？首先，在一国流行的经济思想或范式，对经济文化有强烈的影响。例如，中央计划经济或者市场经济范式，对社会主体的经济意识和经济行为的选择产生深刻的影响；其次，微观经济背景影响经济文化的形成。文化属性很难脱离总的工商环境和社会体制的影响。在一个社会中，人们行动的方式，与该社会经济制度所给予的信号与诱因有很大关系。例如，一国国民的职业道德与该国总的经济激励制度有关。源于文化的行为，与经济体制所促成或强化的行为是很难分开的。从这个意义上说，历史，无论是“太平盛世”还是“艰难岁月”的经历，都给经济文化留下深刻的印记。按照学者们的普遍看法，高储蓄率在很大程度上是由于战时及战后的艰难岁月给日本人留下深刻印象所致。另一个对经济文化产生强烈影响的因素是社会政策的取舍，因为这方面的政策影响到经济背景。社会保障网方面的政策就是明显的例子，它直接影响到人们的工作态度、储蓄行为等等，还间接影响到一国经济政策的方方面面。实际上，经济政策和社会政策是彼此紧密交织的。除经济因素外，其他因素也影响经济文化的形成，其中包括源于纯粹社会或道义抉择的一些信念、态度或价值观。例如，对待老年人的社会态度、人际交往的准则和宗教信仰的教义等，会间接地影响到经济文化，对国家社会政策的轻重取舍也起很大的作用。“然而，即使是社会、道义方面的态度和价值观，也可能带有以往经济境遇和经济学识的印记”。[②] 因此，在做与经济相关的各种决定时，人们总是遵循一定的价值观、标准，以及文化的其他要素，在这个过程中体现的各要素就是经济文化要素，雷夫金娜将其概括为以下几点：[③]

1. 经济价值观。社会和一些社会团体对财富、关系、权力、地位以及获得收入的来源和方式等的固定价值取向。例如要确定哪些经济利益对自己和家庭来说是非常重要的，而哪些是根本不重要的。社会和一些社会团体总是有这样那样的“经济价值观排序”。在一定条件下，对于一些居民团体来说获得财富比“问心无愧”更重要；而在另一种情况下，对另一些团体来说价值观排序可能是完全

① 迈克尔·波特．态度，价值观，信念以及繁荣的微观经济学//塞缪尔·亨廷顿．文化的重要作用．北京：新华出版社，2002：57.

② 迈克尔·波特．态度，价值观，信念以及繁荣的微观经济学//塞缪尔·亨廷顿．文化的重要作用．北京：新华出版社，2002：57.

③ Рывкина Р. В. Экономическая социология переходой России：люди и реформы. Дело，М. 1998，С. 220–223.

相反的。在一些社会里，商人备受重视，而在另一些社会，商人根本得不到尊重。在不同国家的不同时期，各种所有权、赚钱方式也不尽相同。

人对各种经济制度和经济行为的取向体现出其经济财富价值观。例如，在回答“是否愿意建立自己的企业”时，人们就会表现出对商业和企业活动的态度；回答“如果您赢了一大笔钱，打算怎么花”时，则会表露自己的消费观念。

经济价值观表现在几个层面：（1）家庭层面：个人或家庭利益（赚钱、住房、交通工具等）；（2）企业或公司的劳动集体层面（互相帮助、建立良好的人际关系、劳动环境等）；（3）城市、地区、国家层面。这里人们的价值观体现在人对居住地、工作领域、劳动支付制度等选择的偏好。

2. 经济行为准则或经济领域的社会准则。这里讲的不是生产的技术标准，而是指人们、社会团体在从事经济活动过程中所表现的行为准则。准则具有必需性，是社会所要求的某种义务。它似乎强迫人们实施一定的行为，并以此促进社会关系的整合。例如申报收入就是一种经济准则。准则的实施有两种方式：（1）作为国家的法律规章制度实施，形成法律文件；（2）作为居民大众的行为定式实施。大众的行为准则取决于人们的道德意识。但无论经济准则起源何在，有一点是很重要的，即只有根深蒂固、已成为习惯并因此能世代相传的东西才能称为准则。

总有一些新的经营原则、法律和规定不断产生，与社会公认的经济准则并存，但他们既没获得居民的“习惯力”，也没有形成法律。俄罗斯在20世纪90年代经济改革时期颁布的许多总统令，其中大部分不仅没有形成法律准则，甚至没有在现实的经济关系中得到实施，其中土地法令就是一例。虽然法令已颁布，但在现实生活中没有得到实施，因此该土地法令远远不能使广大居民习惯于土地私有制，因为大多数人没有土地私有的概念。

3. 经济偏好。对工作和居住地点的选择，对收入来源的选择，以及是否参加罢工的决定，都是这方面的例子。不同社会人们的选择偏好不同，例如有些社会妇女倾向于不工作，另一些社会则相反。一些社会是私有制，另一些社会则是公有制。市场销售、选择客户等偏好都有所不同。这些现象在一些国家里历史性地不断再现，因此我们有理由认为这些取向和偏好是经济文化的表现形式。例如，就经济管理来说，俄罗斯大多数居民更偏向于国家管理，而不是私人管理。这种偏好在俄罗斯历史上不断再现并持续数十年甚至数百年。[①]

4. 经济行为动机。行为动机体现了一种文化中生成的价值观和准则。接受

---

① Рывкина Р. В. Экономическая социология переходной России: люди и реформы. Дело, М. 1998, С. 222.

了一定的经济价值观和准则，人们会从中选择能最大限度地允许自己加入到社会经济关系体系中、有利于保持稳定、能实施自己方针的那些价值观和标准，同时不与自己利益的决定者发生冲突。个人同公认的价值体系相一致时，人们就会认同自己所在的社会并融入该社会。如果个人的动机与公认的价值观体系相悖，那他就会成为新的冲突点，等待他的将是对抗和分裂。

以上这些经济价值观、经济准则、经济偏好和经济行为动机等是经济文化的关键要素，既涉及经济的精神文化，又涉及经济的制度文化，它们存在于经济内部并对经济发展产生重大影响。

四、经济文化的功能及其作用机制

经济文化的功能指经济价值观、准则、偏好、动机等经济文化要素对经济的影响性。这种影响必须通过一定的机制才能得以实现，例如，以法律文件的方式体现的经济准则通过国家机构作用于经济，由人们的行为实施的准则通过相应的行为对经济产生影响。

经济文化的首要功能是社会记忆功能。经济文化的社会记忆功能只限于与经济关系紧密相关部分的记忆，而不是整体的社会记忆，表现在：

（1）经济文化选择（剔除或保留）经济生存和发展所必需的价值观和准则。

（2）积累相应的经济行为和经济准则，例如保存了手工业者的传统，集体内部经济互助的传统，同“上层”的相互关系，对各种命令、指令和指示的记忆等。

（3）将劳动、消费、分工和其他经济行为和经济关系中的价值观和准则从过去传承到当代。

（4）更新调节经济发展的价值观和准则。

也可以将经济文化的功能表述为：选择功能、积蓄功能、传播功能和创新功能。

选择功能是指对维护和发展经济所必需的价值观和标准进行筛选。一个国家在其发展的各个阶段都存在对经济原则的保留和摒弃。我们以俄罗斯经济发展为例，1917 年革命以后，凡是私营性质的、不利于中央垄断经济的一切因素，例如商业银行、农民经营管理、手工业、私立学校、私立医院等一律予以取缔。而不妨碍中央经济垄断的，能调动人们积极性的传统得以保留。

经济文化的创新功能体现在更新调节经济发展的价值观和标准上。经济文化是产生新观念、新的经济行为模式的“储存器”。家庭农场、合作公司、合资企业、股份公司极其他市场经济组织，确实包含了很多不同于计划经济的文化因素：不同的原则和规定、法律文件、对产品质量的要求等。在原计划经济国家广泛普及市场经济原则的过程就是经济文化逐渐和不知不觉的更新过程，进而引起了新的经济关系的变化。

在文化对经济的作用中，文化价值观的作用尤其重要。那么，作为经济文化要素的经济价值观、经济行为准则或经济领域的社会准则、经济取向和偏好，以及经济行为动机是如何影响经济活动呢？

第一，经济文化影响人的经济意识，甚至影响一个民族经济类型的选择。经济意识，就是人对经济活动中的动机、利益、关系等的意识和对经济矛盾、经济规律、经济发展机制等的认识的集合。经济文化的认知及传承作用，使人们探索出符合本民族的文化价值观念的经济发展类型。即使发生经济转型，这个民族的经济也必然保留本民族的传统文化特色，否则，转型必将付出沉重的代价。这一点已从“二战”后日本和 20 世纪 90 年代俄罗斯经济转型中得到了证明。马克思·韦伯认为：“现代资本主义精神以及全部现代化的一个根本要素，即以天职思想为基础的合理行为，产生于基督禁欲主义。”①这种“资本主义精神”在韦伯那里，与以禁欲苦行为特征的新教伦理有着密切的姻亲关系。换言之，资本主义作为一种经济类型在新教盛行之地兴起与发展是符合新教的文化价值观念的；亚历克西斯·德·托克维尔断定，美国政治制度之所以行得通，是因为文化适宜于民主；爱德华·班菲尔德说明了意大利南部贫穷和专制的文化根源。

第二，经济价值观影响经济运行机制。传统的经济文化价值观影响人的经济意识，调节群体的经济行为。例如，由农业文明和儒家文化衍生出来的，以群体本位的价值取向、义利兼顾的行为准则、克勤克俭的生活信条为核心内容的东亚价值观，在多元文化异彩纷呈的今天，正以其固有的特质发挥极其重要的社会功效，影响着东亚国家经济的发展。而韦伯认为，惜时如金的时间观念、敬业遵纪的天职观念、诚实守信的信用观念、精打细算的核算观念等是资本主义精神的主要内容，其精髓是经济理性主义，促进了资本主义经济的发展。

第三，经济文化影响经济活动的成本。一个社会的经济文化价值观，如竞争观念、诚信观念、消费观念、创新观念、平等观念、风险回避意识、理性非理性意识、人际关系的重要程度等对经济活动成本产生直接的影响。例如，人际关系重要性较低、对他人信任度较高的社会，经济活动成本相对就低，反之成本则高；一个社会将财富用于生产性投资还是用于非生产性投资对其经济发展速度有着明显的影响。若社会财富更多地被用于生产性投资，就会有力地推动经济的发展。

第四，经济文化影响个人的行为和信念，特别是影响个人的选择，从而影响

① 马克思·韦伯．新教伦理与资本主义精神．西安：陕西师范大学出版社，2002：55.

社会的经济活动。人在以追求自身利益最大化为目标的经济活动中，需要不断地做出理性的判断和选择。但由于人总处于一定的经济文化环境中，其判断与选择不可能摆脱诸如价值观、传统习俗、社会心理等文化因素的影响。因此，个人的经济行为总是受到他所处的经济文化环境的影响，经济文化由此对个人和整个社会的经济活动产生影响。

综上所述，经济文化主要产生于经济活动，又通过经济领域中人的行为体现出来并对经济发展产生重大影响。在经济全球化趋势日益明显的今天，任何国家的重大经济变革都会伴随着传统与现代、本土与外来经济文化的冲突。寻求它们之间的切合点，充分发挥经济文化主体的能动性，重视传统经济文化的重要作用，减少其对经济发展的消极作用，增进促进作用，成功地实现经济文化整合，是改革进程中必须关注的问题。

动中蕴含的、具有一定稳态的思维模式、行为规范和价值导向以及文化价值的力量。”[①]中国社会主义辩证法研究会会长张江明认为：“现代经济文化是研究现代化经济建设和改革开放中经济与文化的相互作用、辩证结合、融为一体、协调演进、整体发展；研究社会生产和经济运行的文化因素、文化氛围、文化价值、文化行为、文化力的作用，以及文化力转化为生产力，促进经济与文化一体繁荣的规律。”[②]可见，从时空层次来看，现代经济文化对于我国来说就是指改革开放以来的经济文化。关于传统经济文化的内涵和经济文化的发展阶段，学界的界定不一。例如，我国学者缪一德将经济文化发展阶段划分为“原始经济文化、古代经济文化或传统经济文化、现代经济文化”。[③] 他将传统经济文化完全等同于古代经济文化，泛指与农业经济形态相适应的经济文化；而周浩然、张炜指出“中国传统经济文化，主要是指自然经济和计划产品经济活动中形成的经济文化”，“目前，市场经济发展正面临着来自传统经济文化中许多落后因素的羁绊和制约，特别是在自然经济和计划产品经济的历史过程中形成的传统经济文化的旧结构和旧观念，正与市场经济现实发生冲突……”[④] 按照他们的观点，传统经济文化主要包括自然经济和计划经济两个时期的经济文化。

俄罗斯著名的社会学家 P. B. 雷夫金娜（B. P. Рывкина）是最早研究经济文化的学者之一。她在总结俄罗斯 20 世纪 90 年代经济转型[⑤]时指出：“从社会记忆的角度去看今天的改革，我们认为，向市场经济过渡受到了两种社会记忆的影响：一是俄罗斯 1917 年革命前的社会经验；二是苏联历史的社会经验。”[⑥]例如，集体化深深地嵌入人们的社会记忆当中，20 世纪 90 年代集体农庄庄员对建立私人农场经济的态度也受到苏联时期消灭私有制的影响。在她看来，十月革命前的俄罗斯和苏联时期的社会记忆对俄罗斯经济转型和市场经济建设产生了极为深刻的影响。

根据以上我国学者对经济文化发展阶段的划分，以及俄罗斯学者对影响经济改革因素的分析，考虑到中俄两国传统经济体制曾存在一定的相似性，因此我们在本课题中将 20 世纪 90 年代经济转型之前的经济文化视为传统经济文化，主要包括两个阶段：1917 年革命以前的经济文化和苏联时期的经济文化。

---

① 周浩然，张炜．现代经济文化运行论．经济文化发展研究，1995：55.

② 张江明．应用邓小平文化思想指导经济文化的发展．经济文化发展研究，1995：138.

③ 缪一德．关于经济文化整体论的哲学思考．经济文化发展研究，1995：148-159.

④ 周浩然，张炜．现代经济文化运行论．经济文化发展研究，1995：40.

⑤ 本课题中的“经济转型”及“转型期”均指 20 世纪 90 年代的转型期。

⑥ Рывкина Р. В. Экономическая социология переходной России: люди и реформы. М., Дело, 1998.

由于经济文化的内容极为丰富，很难在一章中进行全面论述，因此我们将重点研究上述两个阶段中特点明显、与市场经济文化相悖而且对经济转型和市场经济建设影响较大的传统经济文化价值观、经济意识和经济行为。

第一节 沙皇专制时期的经济文化

众所周知，取向于私有制、具有商品意识、尊重国家和法律等被视为市场经济主体的重要价值观。而俄罗斯“与西欧不同，俄国绝大多数居民、自由党派和社会主义党派都不认为私有权是公民的基本权利”。① 1917 年以前的俄罗斯是一个以封建自然经济为主的农业国，由于农民、文化阶层和统治阶层对上述经济文化价值观的否定态度，导致“能够促进社会进步和形成公民权利的私有制度不完善，使得公民法律意识的形成和发展比西方滞后了数百年，这将俄罗斯帝国的封建时期延长至 1917 年”。②以下我们将分述这三个阶层对市场经济价值观的排斥因素。

一、专制政权与经济所有权的融合

“俄罗斯建设资本主义准备不足的根本原因之一就在于其所有权制度。”③ 在俄罗斯的历史上，由于公有制占据了主导地位，国家在经济中占有绝对的主导地位，因而私有制受到官方的强烈排斥。在总结俄国统治阶层对私有制的态度时，美国著名的历史学家、俄罗斯和苏联历史问题专家理查德·派普斯（Ричард. Пайпс，Richard Edgar Pipes）写道：“君主不仅是自己的土地及其居民的管理者，还是其绝对的所有者”。④ “俄罗斯君主极端仇视私有制”⑤，表现在连“在最落后的社会里都被承认的个人财产所有权不可侵犯”⑥的原则都不遵循。斯拉夫主义的代表之一 А. И. 科舍廖夫（А. И. Кошелёв）认为俄罗斯国家经济管理制度非常落后：“我们的国家经济与以前的地主经济十分相像。”⑦ О. 普拉东诺夫（О. Платонов）指出：“接近于政权的农奴主将俄罗斯视为自己的世袭领地，

① Пивоваров Ю. С. Российская политическая традиция и современность. М, 2006, С. 79.

② Н. И. Боенко. Экономическая культура: проблемы и тенденции развития. СПб, 2005, С. 49.

③ Боенко Н. И. Экономическая культура: проблемы и тенденции развития. СПб, 2005, С. 50.

④ ［美］Пайпс Р. Собственность и свобода. М., 2001, С. 211.

⑤ ［美］Пайпс Р. Собственность и свобода. М., 2001, С. 234.

⑥ ［美］Пайпс Р. Собственность и свобода. М., 2001, С. 211.

⑦ Платонов О. Экономика русской цивилизации. М., 2008, С. 496.

他们就像地主管理自己的农奴一样管理国家和各个经济领域。”①俄罗斯排斥私有制的主要原因之一“在于国家政权的专制性和世袭性特点”。②

由莫斯科公国发展起来的莫斯科国家，是俄罗斯历史的关键所在。莫斯科国家受金帐汗国的影响，国家的管理具个人崇拜性。从 15 世纪中期到 19 世纪末，俄罗斯人的意识是绝对服从于保卫祖国的国家任务，因此从农民至贵族必须为国家服役。自此，俄罗斯民族意识中首要的一点就是民众对中央政权的忍耐性和顺从性，将全部希望寄托于政权对国家的管理，对国家军事化功能的“习惯”。③这一时期的俄罗斯保留了原来的世袭性，而封闭的地理位置又加深了世袭性。由公爵世袭制发展而来的国家继承了“世袭”的经济观念，“俄罗斯的领地世袭性，从根本上与私有制不相容，首先与土地私有制不相容……缺乏土地私有权使得俄罗斯社会经济状况具有独特性”。④另外，国土广大并直接与敌人（立陶宛人、波兰人、瑞典人、鞑靼人）为邻，对国家特色的形成起了决定性的作用。该特色表现为军事化和以政治为先，而经济只处于从属地位。来自于外部经常性的威胁迫使莫斯科政府集中精力建立雄厚的武装力量。俄罗斯著名历史学家 B. O. 克柳切夫斯基（B. O. Ключевский）对此总结道：“缺乏新的经济手段迫使政府找到一种非传统的解决办法——建立军功封地制度作为人民防御制度的基础，最终形成了混合制度。”⑤

国家的政治权力与经济所有权融为一体，使得在经济中占有主导地位的是国家，而不是私人企业主。19 世纪上半叶，国家掌握了通讯、交通、国防工业、冶金业、矿业、石油开采以及农业生产。各地平均 40% 的农业用地被国家占有，有的省份该比例高达 80% ~99% 。⑥

俄罗斯中央集权国家是在资本主义企业产生之前形成的，因此，15~16 世纪出现的第一批大型企业就是由国家组建的军工企业。尽管 17 世纪全俄统一市场开始形成，俄罗斯经济中出现了资本主义因素，例如建立了第一批手工工场，开始了资本原始积累的过程。然而“资本是商人在国家强制的不对等贸易中积累的”。⑦ 而且俄罗斯的农奴工人与西方的雇佣工人不同，他们没有人身自由。

---

① Платонов О. Экономика русской цивилизации. М. , 2008, С. 496.

② Боенко Н. И. Экономическая культура: проблемы и тенденции развития. СП6, 2005, С. 60.

③ Боенко Н. И. Экономическая культура: проблемы и тенденции развития. СП6, 2005, С. 60.

④ Пономарева Е. Г. Политические институты и отношения в современной России. М. , РОССПЭН, 2007. С. 63.

⑤ Ключевский В. О. Курс русской истории. М. , 1957, С. 243.

⑥ Помпеев Ю. А. Экономическая культура в истории цивилизационного развития России. Дисс. СП6. , 1999, С. 324.

⑦ Конотопов М. В. , Сметанин С. И. История экономики России. М. , 2007, С. 84.

彼得改革使得俄罗斯开始面向西欧，因此这一时期被视为俄罗斯历史的转折时期。彼得在全国范围内建起了国家手工工场，推动了俄罗斯企业的迅速发展。由于彼得改革的主要目的是建立军事强国，而不是建设资本主义，所以经济发展是依靠行政命令实现的。正如俄罗斯学者指出："国家靠使用非经济手段和行政命令等措施，使矿业、纺织业和兵器业空前发展。"①专制政权利用行政命令的方式推动经济发展表现在以下几方面：

首先，国家强制建立手工工场并实施强制性的管理，国家对工业拥有绝对的权力。彼得时期，不仅国家工场，而且部分私人工场也是由国家下令建立的，具有强制性。彼得认为："不强迫的话，我们的人是什么都不会去做的"，国家政权对企业"一定要实施管理，就像妈妈对孩子那样……"②克留切夫斯基称之为"培育工业的国家温床"。③实际上，彼得时期几乎所有的手工工场都由国家管理，国家向工场下订单，如果工场不能按时完成国家指定的任务，国家就可以没收工场将其交给其他人经营。个人对工业企业的所有权是不被承认的，……经济中起决定作用的是上层官僚们。④"工场的绝大部分产品由国家支配，因此价格由国家强制规定，而不是由市场来确定"。⑤

其次，由于雇佣劳动力的缺乏，彼得下令允许商人购买农民，将其变为农奴制的工人。工场里大量使用农奴制工人，使得俄罗斯工业具有强制使用农奴劳动的特点，手工工场成为半封建半资本主义性质的农奴制手工工场。其形式包括国家工场、使用国家土地和农奴的私人企业以及贵族工场。前两者占多数。其中使用国家土地和农民的工场虽然名义为私人企业，但法律上的所有者还是国家，工场主无权买卖所使用的农奴，也无权在工场之外使用他们的劳动。

最后，强制性的刺激措施。彼得晚年采取一些措施刺激工业发展，其中包括将一些国家工场转给私人，但其中大部分是经营不善的亏损企业。彼得坚持不论企业家愿意不愿意都得接受的原则。

这样，在改革过程中，"彼得将国家在经济中的作用发挥到了极致，使俄罗斯经济的'亚洲'特点得到强化。由此可以看到彼得的改革具有矛盾性，即表面上的西化和实质上专制性的加强"。⑥随着彼得改革的深化、工场生产和市场关系的发展，农奴制度在18世纪下半叶达到了鼎盛时期。18世纪国家变得强盛起

---

① Никулин Н. М. История предпринимательства в России. М., МГИМО, 2007, С. 227.
② Конотопов М. В., С. И. Сметанин. История экономики России. М., 2007, С. 102.
③ Конотопов М. В., С. И. Сметанин. История экономики России. М., 2007, С. 102.
④ Конотопов М. В., С. И. Сметанин. История экономики России. М., 2007, С. 104.
⑤ Конотопов М. В., С. И. Сметанин. История экономики России. М., 2007, С. 102.
⑥ Конотопов М. В., С. И. Сметанин. История экономики России. М., 2007, С. 95.

来在很大程度上靠的是经济中的封建元素和资本主义元素的互信交织。这种共生现象保证了封建农奴经济的增长，使国家变得强大起来，俄罗斯的国际地位大大提高。农奴制的手工工场是俄罗斯工业生产的特殊形式，农奴制不能刺激欧洲式的资本主义的发展，阻碍了个人积极性的发挥。“与资本主义因素增长相对立的农奴制度，使得资本主义因素被用于维护封建主们的利益。以农奴制的形式利用资产阶级的经济元素大大延迟了俄罗斯封建主义的崩溃进程。”①

国家一系列强制性措施极大地挫伤了企业家的积极性，并且使得企业因缺乏竞争而逐渐丧失活力。彼得之后，工场工业长期衰退，只在叶卡捷琳娜二世时重新获得了发展。叶卡捷琳娜颁布一系列法律，限制国家对企业的强制性，允许自由注册企业等，但她也没能彻底取消国家对工业的行政命令的管理方式，以前的国家手工工场依然存在，冶金、丝绸及其他部门的生产还受国家限制，国有经济仍占主导地位。

1861 年取消农奴制在一定程度上促进了资本主义的发展。19 世纪 90 年代，俄罗斯企业发展的工业基础已经具备，20 世纪初企业活动已具普遍性，市场关系得到进一步发展，劳动力市场逐步形成，股份经营渗透到经济各个领域。然而，与西方不同的是“俄罗斯的国有经济发展也很快，行政机关在经济管理中作用巨大。国有企业限制了企业家主动性的发挥，整个工业的行政命令体制阻碍了私人工厂的发展和经济整体的资本化，官僚主义使得行政命令手段达到了极端化。1913~1914 年，俄罗斯逐渐形成了国家垄断资本主义，金融资本和国家机构的垄断不断融合，俄罗斯国家银行对国家经济实行严格监督，成为国家调节经济的主要工具。”②这期间工业垄断组织之所以快速发展，其中一个主要原因是国家的促进作用和中小企业这一中间力量的缺失。

由于人均收入与世界工业发达国家相比有很大差距，也由于必须加强国家的国际地位。俄罗斯从 19 世纪初有意识地努力加入现代化进程，从 19 世纪 60 年代起直至 1913 年，俄国国民生产总值保持了 2.5% 的年增长率，这是历史上前所未有的。其中工业生产总值的增长占比较大，俄国工业化基础已经建立，在一定程度上缩短了与欧美发达资本主义国家的距离。但由于农奴制残余势力阻碍了俄国资本主义经济的发展，俄国“并没有形成西欧或者美国式的市场关系”③，因此，“不应该过高估计俄国资本主义发展水平和俄国资本主义经济的发展，……

---

① Пономарева Е. Г. Политические институты и отношения в современной России. М., РОССПЭН, 2007. С. 95.

② Никулин Н. М. История предпринимательства в России. М., МГИМО, 2007, С. 228-229.

③ Боенко Н. И. Экономическая культура: проблемы и тенденции развития. СПб, 2005, С. 67

到 1917 年 2 月革命前，俄国仍是一个农业国，是一个尚未完成经济现代化的国家”。[①]

综上所述，俄罗斯经济发展史上国有经济一直占主导地位，从根本上排斥了私有经济的发展。

二、文化阶层的反资本主义情绪

在俄罗斯社会各阶层中，对私有制持否定态度的不仅仅有上层的君主、贵族和下层的广大农民，文化阶层反资本主义的意识也很强烈，这一点明显反映在俄罗斯一些知识分子的经济思想中。

俄罗斯著名历史学家米罗诺夫认为：“俄国文化阶层普遍不接受资本主义的个性意识，不认可资本主义的基本价值观念，如财富、荣誉、权力、影响力、个人成就和个人主义等。”[②]这是他将《田地》（“Нива”）杂志刊登的各类人物传记作为分析对象，考查俄国文化阶层反对资本主义情绪之后得出的结论。《田地》杂志由著名的图书珍本收藏家 А. Ф. 马克思（А. Ф. Маркс）创刊于 1869 年，是当时面向知识分子的自由主义杂志。杂志刊登了大量科技、文学、宗教人士以及企业家、社会活动家的传记，传记的作者们自然是知识分子，通过作品我们可以看出他们对资本主义价值体系和行为准则的态度。下面我们引用米罗诺夫的考查来透视这些传记作者的态度。1870～1913 年，杂志刊登的企业家传记共 106 篇，其中有少部分传记中企业家的人格受到质疑，行为受到批判，被指责为追求个人致富，违背了最高的道德标准。另一类传记中企业家的人格受到肯定，但他们受赞扬不是因为其企业活动本身，而是因为企业活动具有爱国主义性质（以发展祖国工业为目的），或是企业活动促进了祖国科技、文化、教育等崇高事业的发展，或是企业为文学和艺术提供了资助，以及企业家从事慈善事业和有救助亲人的行为，尤其受到推崇的是企业主积累财富不是为了个人，而是为了社会。传记作者还经常羞羞答答地向读者隐瞒主人公的企业家身份，把企业家描绘成社会活动家、发明家、慈善家等。在其他人物传记中，传记作者对世俗价值体系的取向也很明显：传记中所有人物都符合高尚的道德标准，无私地为社会利益服务，不贪图钱财，对他们而言，社会利益高于个人利益，精神需求高于物质需求。正面人物无一例外地没有个人主义思想，个人主义被视为与传统道德相悖的自私行为。真正的英雄还具备朴素、谦虚、淡泊名利的品质，没有唯利是图的商人作风。作者批判以追求财富为生活目的的世界观，认为财富象征着肮脏、道德

① 张建华．俄国史．北京：人民出版社，2004：121.

② 米罗诺夫 Б. Н. 俄国社会史：下．济南：山东大学出版社，2006：337.

和名誉的沦丧。20 世纪初出版的《田地》杂志不再批评追求财富的行为，但也不持赞扬态度。作者们开始承认财富的积极作用，前提是财富所有者具有高尚的思想，把财富用于改善人民的生活，进行慈善活动，支持科技、艺术和教育等事业的发展。尽管作者们的态度出现了这些变化，但与 19 世纪末 20 世纪初欧美杂志和文章不同，《田地》杂志仍然不宣传企业的业绩和企业家的个人成就，不赞扬取得巨大成就的商人、百万富翁和个人主义者，不称颂那些认为获得成功、荣誉和财富才是幸福的工商业先锋们而是依然提倡无私忘我地为社会服务的传统思想。新思想没能战胜传统思想，二者并存，后者甚至经常占上风。可见，“文化阶层大部分人士都反对资本主义的价值观念，大概这就是俄国自由主义运动反资本主义的根源所在”。①

总之，在俄罗斯，知识分子对待企业家的态度中体现着一种宗教的道德要求，即为个人聚敛财富是不道德的，个人主义是受到贬斥的。正如 20 世纪初莫斯科著名企业家和社会活动家 П. А. 布雷什金（П. А. Бурышкин）在回忆录中写的：“可以概括地说俄国并不像西方国家那样盛行拜金主义……所有非商业阶层——贵族、官吏、知识分子（无论是左翼还是右翼）普遍轻视、嘲笑并有些瞧不起‘大财主’。俄国工业家从来没有获得西欧国家，特别是大洋彼岸国家同行们所获得的荣誉和地位”。②关于这一点，20 世纪初俄罗斯文化的主要代表们也有论述，他们认为俄罗斯文化中经济成就和职业技能的价值观念极弱。例如 Н. 别尔嘉耶夫（Н. Бердяев）指出：“俄罗斯人缺少资产阶级的美德，这种美德在西欧备受推崇。‘资产者’和‘资产阶级’在俄罗斯是贬义词，而在西欧它们却指代令人敬重的社会地位”。③ 俄罗斯著名哲学家 Ф. А. 斯乔布恩（Ф. А. Стёпун）认为：“俄罗斯革命中许多问题的原因都在于俄罗斯中层资产阶级是作为异己分子出现的，遭到没落贵族和经济失败者的敌视，同时又要开创自己的世界。”④他引用尼古拉二世时期的财政大臣维特的回忆证明，俄罗斯不曾存在自觉的资产阶级，表现在尽管维特刚被任命为财政大臣就着手造就资产阶级，但后来立宪民主党的大多数代表是学者，而不是工业家和大型资本家。

俄罗斯知识分子本身的反资本主义意识也很浓烈，尤其体现在斯拉夫派、民

---

① 米罗诺夫 Б. Н. 俄国社会史：下．济南：山东大学出版社，2006：335-338.

② Бурышкин П. А. Москва купеческая. М.，1991. С. 40-41，113.

③ Бердяев Н. Опыты философские，социальные и литературные（1900-1906гг.）. СПб.，1907. 转引自 РывкинаР. В. Между социализмом и рынком：судьба экономической культуры в России. М.，Наука.，1994，С. 44.

④ Степун Ф. А. Пролетарская революция и революционный орден русской интеллигенции // Интеллигенция. Власть. Народ. М.：Наука，1993. С. 289-290.

粹派以及其他著名知识分子群体的经济思想中。

别尔嘉耶夫在论及斯拉夫主义者时称："斯拉夫主义者把农民村社看作俄罗斯某种永恒的基础及其特殊性的保证，他们把村社与西方的个人主义对立起来"。[①]斯拉夫派反对照搬西方国家制度的社会力量，主张在俄罗斯传统基础上建设国家的生活。该派的著名代表人物 K. C. 阿克萨科夫（ K. C. Аксаков）认为，政府解放农奴的方案是"彼得堡官僚们对俄罗斯人民生活根基的暴虐"，他指出，"改革宣布土地归地主私有，并且将基于西方制度的规定强加于农民，而西方制度与农民的观念格格不入"。[②]在解决农民土地问题上，斯拉夫派主张在不发生革命的前提下实际解放农民。A. C. 霍米亚科夫（A. C. Хомяков）反对地主私人占有土地，在农奴制改革前，建议国家一次性赎买地主的土地，将其全部分给农民村社，让农民在数年内向国家还贷。A. И. 科舍廖夫坚决反对俄罗斯走西欧的道路，认为这样做会使社会分化成对抗性的阶级——资产阶级和无产阶级。其实，一些斯拉夫主义者本身就是大地主，其中很多人做到了努力减轻农民的负担，将农民的徭役改成代役租，或者是开办工厂，给予农民自由。因此，他们强烈反对大农奴主和大官僚。那些与农民保留传统关系的斯拉夫派地主们，也至少做到让农民在解放后（指 1861 年农奴制改革——作者注）的境遇不至于变坏。斯拉夫主义者积极参与农奴制改革和制定新的土地制度，宣传新的科技成果。在研究了西方经历的经济危机之后，他们指出本国工厂主的不道德——为了追求利润最大化而残酷剥削工人，将工人的工资降至最低。他们认为，工人的工资应该保证人的正常需要。A. И. 科舍廖夫、K. C. 阿克萨科夫等斯拉夫主义者也从事商业活动，但他们比一般的企业家更多地考虑国家和人民的利益，批评一些商人只追求自己和集团的利益。

在 19~20 世纪的斯拉夫派代表中，C. Ф. 沙拉波夫（C. Ф. Шарапов）对经济问题的研究比较深入。

《纸币卢布，其理论和实践》（Бумажный рубль，его теория и практика）一书体现了他的主要经济思想，即经济应该以基督教原则为基础，应该符合道德法则。[③]他是一个虔诚的东正教徒，因而常从宗教的角度审视社会的经济制度。他对西方政治经济学持批判态度，认为西方政治经济学蔑视人的天性和经济活动中的道德因素。C. Ф. 沙拉波夫主张保留并按照新的原则发展村社，因此他强烈反

---

① Платонов О. Экономика русской цивилизации. М.，2008，С. 494. ② Платонов О. Экономика русской цивилизации. М.，2008，С. 503. ③ Платонов О. Экономика русской цивилизации. М.，2008，С. 507. ④ Платонов О. Экономика русской цивилизации. М.，2008，С. 514.

② ⑤ Платонов О. Экономика русской цивилизации. М.，2008，С. 512.

③ ① Платонов О. Экономика русской цивилизации. М.，2008，С. 503.

对斯托雷平摧毁村社的改革。

O. 普拉东诺夫认为："尽管国家的经济没有按照斯拉夫派的理念发展，但是其经济思想在俄罗斯经济思想史中占有很重要的地位。"[①]俄罗斯经历了 20 世纪 90 年代的社会灾难之后，更多的人意识到了不应该盲目照搬西方的经济发展模式，而应该走符合本国社会文化特点的道路，当代俄罗斯的经济发展实践也充分证明了这一理念的重要性。

Ф. М. 陀思妥耶夫斯基（Ф. М. Достоевский）非常关注经济问题，他对俄罗斯经济发展及其在国际经济中的地位有自己独到的看法。他不赞同斯拉夫派将彼得之前的俄罗斯理想化，更强烈反对西方派的观点。陀思妥耶夫斯基认为应该将俄罗斯的传统见解同西方的思想成就结合起来。农奴制改革后，解决俄罗斯经济问题的关键在于道路选择，是走西欧资本主义道路还是寻找以传统价值观为基础的俄罗斯的道路。改革后，由于俄罗斯经济活动家们道德沦丧，为追求眼前利益而不顾国家命运，使农民生活普遍贫困化，作家对此感到非常痛心。他总结了两个主要原因：一是商业化，二是俄罗斯的上层社会对西方的卑躬屈膝。[②]他希望，生产力的发展能够指向"新的方向，即国家的、社会的和东正教的方向，而不是朝着个人守财奴的方向发展"。[③]"上层"普遍的重商习气导致了令作家痛心的社会道德水准的下降，也在"下层"中间引致了"人们对金钱和大财主的崇拜"，奉行"经济优先的原则"。无论从经济上、道德上，还是从宗教的角度来说都是对人类未来的威胁，是对基督教的挑战。俄罗斯的上层实行的政策对国家具有破坏作用，他们的表现"就像受邀而来的瓦良格人"，他们的所为并非出于恶意，而是因为他们是被西方的价值观培育出来的，所以努力地"拽着落后的俄罗斯向先进的西方标准靠拢"。[④]陀思妥耶夫斯基号召俄罗斯的受教育阶层同人民融合起来，扎根于人民，使俄罗斯广大人民群众的文化修养得到提高，同时也使贵族和知识分子们接受人民的世界观。

俄罗斯知识分子的另一个群体——民粹主义者对资本主义的否定态度更为坚决，他们发起的民粹运动对国家经济思想的发展产生了很大影响。"俄罗斯知识分子的民粹主义思想预示着他们赞同俄国人民的乌托邦思想，主张按照村社土地重分模式，即在普遍的协商、平均、互相帮助和集体所有制基础上建立公正社会"。[⑤]民粹派的著名代表 П. Л. 拉夫罗夫（П. Л. Лавров）、М. А. 巴枯宁

---

① ② Платонов О. Экономика русской цивилизации. М. , 2008, С. 507.

② Платонов О. Экономика русской цивилизации. М. , 2008, С. 504.

③ Платонов О. Экономика русской цивилизации. М. , 2008, С. 504.

④ Платонов О. Экономика русской цивилизации. М. , 2008, С. 505.

⑤ 米罗诺夫 Б. Н. 俄国社会史：下．张广翔，等，译．济南：山东大学出版社，2006：340.

（М. А. Бакунин）、П. Н. 特卡切夫（П. Н. Ткачев）对资本主义持批评态度，认为资本主义作为一种社会经济形态不符合人类需要。他们强调俄罗斯历史发展的独特性，认为它可以使俄罗斯通过农民村社直接进入社会主义，而不需经过资本主义。А. И. 赫尔岑（А. И. Герцен）和 Н. П. 奥加列夫（Н. П. Огарев）支持并发展了"俄罗斯的农民社会主义"理论。赫尔岑在"俄罗斯的德国人和德国的俄罗斯人"一文中指出，农民村社中人人有地可种、土地归村社所有以及米尔的管理方式等正是社会主义的基础。[①]别尔嘉耶夫在《俄罗斯思想》中写道："赫尔岑成了民粹主义的、特殊俄罗斯式的社会主义的发源地。……赫尔岑首先尖锐地指出：俄罗斯要反对西方的市侩习气，他看到了西方的社会主义自身中的市侩习气的危险性……他对西欧失望了，转而相信俄罗斯的农村公社。"[②]"他热爱过西方，但也反对西方的市侩习气和资产阶级性……他憎恨资本主义，希望它毁灭"。[③]批评家、政论家和社会学家、自由派民粹主义者 Н. К. 米哈伊洛夫斯基（Н. К. Михайловский）认为，信贷、工业以及对自然的开发本身是件好事，但是如果不用于直接为劳动人民谋福利而是只为少数人谋求利益，则令人感到悲哀。同样是信贷这件事，如果不为人民利益服务，而只是对手中没有生产资料的人民进行掠夺的手段，则会带来令人痛心的后果。在他看来，正确地组织有益的工业、建设需要的铁路、实现真正的自我管理以及农民村社制度从法律上得到巩固是至关重要的。[④]

车尔尼雪夫斯基（Н. Г. Чернышевский）指出，衡量财富要看其在多大程度上满足人的有益需求，而不是指财产占有方面比他人有多大优势。他认为，资产阶级的财富观体现了财产的不平等，是违背合理性的，应该为符合理性需求的其他关系所代替。资本主义的法则并不是永恒的，该制度的"溃烂"是不可避免的。车尔尼雪夫斯基赞同俄罗斯的村社土地关系制度，不认为村社成员因此而失去个性、创造性和进取心。政论家 Н. 弗列罗夫斯基（Н. Флеровский）在论及工人和资本家关系时写道："工人屈从于资本家的条件就像被俘的人民屈从于自己的俘获者一样，是一种自然现象。"[⑤]他认为，只有当资本家的所得不超过他应

---

① Помпеев Ю. А. Экономическая культура в истории цивилизационного развития России. Дисс. СПб., 1999, С. 317.

② 尼·别尔嘉耶夫．俄罗斯思想．雷永生，邱守娟，译．上海：生活读书新知三联书店，2004：60-62.

③ 尼·别尔嘉耶夫．俄罗斯思想．雷永生，邱守娟，译．上海：生活读书新知三联书店，2004：68.

④ Помпеев Ю. А. Экономическая культура в истории цивилизационного развития России. Дисс. СПб., 1999, С. 317.

⑤ Флеровский. Н. Положение рабочего класса в России. Серия: История русской экономической мысли. М.: Соцэкгиз, 1938. С. 230.

得部分时，工人和资本家的关系才能不具伤害性。

当代俄罗斯著名政治学家、历史学家Ю. С. 比沃瓦罗夫（Ю. С. Пивоваров）指出："在俄国社会和政治思想中，在知识分子的意识中，一直是反对土地私有制的观念占上风。譬如列夫·托尔斯泰（Лев Толстой）认为'土地有如太阳和空气，不可能变为私有财产'"。①

可见，俄罗斯的文化阶层反对资本主义的意识非常强烈，具体表现在反对私有制，反对个人主义，强调经济文化中的道德性和精神性。俄罗斯知识分子这种反资本主义思想"也得到了俄国20世纪初著名的自由主义知识分子的承认。他们的论断具有特殊意义，因为他们当中大多数人不仅是著名的哲学家和社会学家，而且是积极的社会活动家，曾患过所谓的'左派幼稚病'，经历过革命的破坏性巨变，革命后才彻底清醒"。② С. Н. 布尔加科夫（С. Н. Булгаков）认为"反资本主义性"是俄国知识分子最主要的精神特征，他们打心眼里看不起西欧小市民的生活方式。社会革命党人В. М. 切尔诺夫（В. М. Чернов）指出："俄国现代知识分子的特点之一是在社会政治中具有反资本主义倾向"，"社会革命党和社会民主主义者都十分敌视资本主义"。③ С. Л. 弗兰克（С. Л. Франк）指出："俄国知识分子不热爱财富，他们从关心穷人发展为热爱贫穷……俄国知识分子的理想是追求朴素、诚实和平安的生活……可以把俄国传统知识分子称为'追求世俗平安、信仰虚无主义宗教、富有战斗精神的僧侣。'"④别尔嘉耶夫强调，在知识分子的思想中理想高于现实："俄国知识分子的历史地位造成了他们的不幸：他们热爱平均主义，维护人民利益和社会公正，却因此而忽视了真理。"⑤"俄罗斯人还在农奴制和君主专制时期就竟然想成为社会主义者。"⑥

三、农民阶层私有制观念的缺乏

土地制度是一个国家最基本的财产制度，它的实施不仅与一国的政治、经济制度密切相关，而且涉及根深蒂固的民族文化传统。例如土地私有制的出现需要一系列条件，如发达的市场关系、土地商品化、个体自由和个人主义的价值

① ［俄］Ю. С. Пивоваров. Российская политическая традиция и современность, М, 2006, С. 80.

② 米罗诺夫 Б. Н. 俄国社会史：下. 张广翔，等，译. 济南：山东大学出版社，2006：338.

③ Чернов В. М. К вопросу о《положительных》и《отрицательных》сторонах капитализма// Абалкин Л. И. （ред.）Образ будущего в русской социально-экономической мысли конца ⅪⅩ— начала ⅩⅩ века. М., 1994. С. 36-44.

④ Франк С. Л. Элита нигилизма: к характеристике нравственного мировозрения русской интеллигенции. //Вехи. Из глубины. М., 1991. С. 201-204.

⑤ Бердяев Н. А. Философская истина и интеллигентская правда//Вехи. М. 1909. С. 5.

⑥ Бердяев Н. Русская идея. СПб.: Наука, 1992. С. 208.

观等。

在俄罗斯千余年的历史进程中，土地所有权制度主要是村社公有，村社公有与贵族私有并存，单一的国家所有和国家、集体、私人所有四个阶段。俄罗斯土地公有的文化传统始终以自己的方式在俄罗斯社会中展现，农民始终没有成为土地的主人，因此，农民缺乏土地私有观念。

同其他欧洲国家相比，俄罗斯的城市发展起步较晚，经济以农业为主，具有极强的封建性而缺乏市场性；私有制出现较晚，某些时期甚至根本就不存在。从公元 9 世纪开始，东斯拉夫人社会中封建关系开始萌芽，到 11 世纪，基辅罗斯的原始土地关系开始瓦解。10 世纪公爵村庄和 11 世纪大贵族村庄的出现标志罗斯土地私人占有的出现。12 世纪到 17 世纪，俄罗斯总体来说是自给自足的经济，具有明显的封闭性。莫斯科公国统治者以分封个人领地的形式从经济上掌控军功贵族，封地是作为贵族服役的报酬，所有权属于国家，“贵族是没有所有权的地主”。① 封地不能世袭，只在贵族服役期间归其支配，离开军队则被收回。封地经济迅速发展，到 15 世纪全国一半的土地都是贵族地主的封地，严重排挤了大贵族的世袭领地经济。国家以各种借口和形式收回大贵族的世袭领地分给军功贵族，到“特辖制”时期又掀起重分高潮。封地经济在排挤世袭领地经济的同时，也削弱了大贵族对世袭土地的私人占有权。15~16 世纪土地所有者必须在国家机关供职，这条规定一直到叶卡捷琳娜二世时才取消。②总之，1861 年农奴制改革之前，土地或归国家或归地主所有，农民长期受封建农奴制度的压迫，不曾真正掌握土地所有权，因此缺乏土地私有的概念。

1861 年俄罗斯开始了农奴制改革进程。解放农奴分为两阶段进行：第一阶段，农奴获得人身自由，但土地所有权归地主所有，农民使用土地要交纳封建地租；第二阶段，农民在 49 年之内通过向国家交纳赎金或货币代役租来赎买地主所有的土地。当时贵族平均拥有土地近 1 000 俄亩，而每个地主农民的可耕地只有 3.6 俄亩。③而且，“国家规定的土地赎价比购买土地的市场价格还要高（例如，在非黑土区、黑土区和西部地区份地的售价不超过 5.44 亿卢布，而赎价为 8.67 亿卢布），甚至高于农民的经济总收入。因此，农民被迫为了糊口而高价租种地主的土地。19 世纪末俄罗斯欧洲部分 27 个省平均租金收入占生产总值的 34%，占纯收入的 81%”。④改革导致了农业人口过剩，“改革一方面解放了农民，

---

① Конотопов М. В., С. И. Сметанин. История экономики России. М., 2007, С. 63.

② Боенко Н. И. Экономическая культура: проблемы и тенденции развития. СПб, 2005, С. 49-50.

③ Помпеев Ю. А. Экономическая культура в истории цивилизационного развития России. Дисс. СПб., 1999, С. 324.

④ Калтахчян Н. М. История рыночных отношений в России. М.: 1992. С. 90.

但同时也使部分农民完全丧失了土地。地主收回了农民生存必需的土地，同时获得了无偿的劳动力……，赎金高于土地的市场价格导致了严重后果：农民收入极低，被迫另寻途径谋生，农民经济极度虚弱”。[①]在俄罗斯，“于19世纪末才开始出现个体农民土地所有制度，然而，并未成为土地关系的主要形式”。[②]

1905年，俄罗斯拉开了 П. А. 斯托雷平（П. А. Столыпин）农业改革的序幕，这是俄罗斯在1917年以前的千年历史中彻底摧毁俄国村社的首次尝试。改革的目标是把村社集体土地和土地宗法制占有转为个体农业私有土地。“改革是对土地实行资本主义私有化，这是土地私有化的改革”。[③]斯托雷平试图推行份地私有制，解散村社，在农民当中培养土地所有者阶层。然而这不仅未能满足广大农民的利益诉求，反而损害了农民的切身利益。当时在解决缺少土地问题上农民有自己的主张。例如，1905~1907年革命过程中，农民召开了两次全俄农民联合会代表大会，全面汇总了农民提出的要求。革命结束后，沙皇召开了国家杜马会议，农民劳动团代表形成104人土地草案，向政府、各政党和社会其他阶层传达了农民的要求。农民希望在他们中间将所有的土地进行分配，同时在不使用雇佣劳动的条件下由农民全家人耕种，主张将所有可耕种的土地交给农民村社，由村社根据家庭规模或劳动力数量平均分配使用。禁止出售土地，废除土地私有制。选举产生的地方机关应该拥有广泛监督土地分配及履行社会义务的权力。[④]劳动团是杜马中农民阶层的独立代表，虽然进入各界杜马的劳动团成员不同，但他们都倾向于通过分配国家、教会和地主土地的办法解决农民的土地问题，反对政府土地私有化的主张。[⑤]可见，虽然农奴制改革促进了俄罗斯资本主义的发展，但农民对土地私有制仍持排斥态度。虽然在这次改革过程中，国家于1910年从法律上确立了土地私有权（而奥匈帝国和普鲁士类似的法律分别在1768年和1821年就已经通过了[⑥]），但该法律并没有发挥实质性的作用。

资本主义的私有制、个人主义价值观与村社的公有制、平均主义价值观完全相悖，是农民排斥私有制的重要原因。众所周知，村社制度是俄罗斯社会最基本的传统因素之一，与村社制度相伴的土地公有文化传统历时千余年，这种村社制

① Помпеев Ю. А. Экономическая культура в истории цивилизационного развития России. Диссертация. Санкт-Петербург, 1999, С. 325.

② Сусоколов А. А. Культура и обмен. Введение в экономическую антропологию. М.: Русская панорама. 2006. С. 119.

③ 王云龙．现代化的特殊性道路．北京：商务印书馆，2004：231.

④ Шанин Т. Революция как момент истины. М., 1997, С. 204.

⑤ Шанин Т. Революция как момент истины. М., 1997, С. 215.

⑥ Рязанов В. Т. Экономическое развитие России. Реформы и российское хозяйствов 19－20 вв. СПб., 1998, С. 43.

度在俄罗斯历史上只存在短期的制度层面的中断。农民依赖于村社，相信村社是正义和公正的源泉，是风俗和传统的捍卫者，是使农民免受地主和官吏剥削的庇护神，是人类最完美的居住形式（谚语说“农民再也找不到比村社更好的保护者了”）。农民认为，土地在整体上应归村社所有，由所有农民平等使用，不能作为私有财产被继承。在农民眼里，既然在沙皇和上帝面前人人平等，那么，村社内部成员也应该在权力、义务和生活水平方面都平等。村社的土地是农民的共同财产，使用土地时获得的收入和遭受的损失都应该在村社成员之间均摊。“而对土地的私有权在农民看来就是侵占和剥削，就是破坏平等，是犯罪”。[①]在这里，农民所强调的平等实质上就是平均主义，这与个人主义的价值观相悖。斯托雷平摧毁村社制度、实行土地私有化的改革目标与农民千百年来形成的土地信仰形成冲突和对抗，最终世代以村社为家、颇具集体主义精神、反对土地私有制的农民自发保卫村社，抵制改革，致使改革失败，这是农民经济价值取向对经济发展起重要作用的很好例证。

农民崇尚集体主义精神，否定个人主义。受宗教思想的影响，农民是宿命论者，他们认为，在生活中个人的作用极其有限。他们相信只有神奇的力量才能把人从灾难和痛苦中拯救出来，因而总希望有一位善良的好沙皇。达里的《谚语全集》中在回答“个人生活取决于什么”的问题时，有 39 条谚语认为“世上一切取决于上帝的意志，而非人的智慧”，“不能随心所欲地生活，要按上帝的意志生活”；有 21 条认为“一切均是命中注定”；有 7 条认为“既要寄希望于上帝，也要靠自己努力”。[②]另外，集体主义和互助精神是村社文化中的精髓，是农民提倡的道德标准。农民对个人的作用持否定态度，这又与资本主义价值观相悖，因而私有制和个人主义也就自然招致农民的反对。

农民对财富的态度也影响到他们对私有制的态度。受宗教思想影响，农民认为个人聚敛财富的行为不为上帝所赞同，因为圣经说“富人上天堂，比骆驼穿过针眼还难”。农民漠视现代人所重视的权力和荣誉，对财富持矛盾心理。一方面认为金钱能够给人以权力、力量和富足的生活，同时认为占有财富是不道德的行为，因为金钱总是通过违背良心的不正当途径而来的，拥有财富是损害他人的利益。财富会扰乱人心灵的平静，给人带来苦恼和麻烦。在达里的《谚语全集》里，有关如何对待财富的谚语共 12 条，基本思想是憎恨财富，例如“积累财富就是迈向地狱”。没有一条谚语表达财富是对人们劳动、热情和创新能力的回报

① 米罗诺夫 Б. Н. 俄国社会史：下．济南：山东大学出版社，2006：340.

② Даль В. И. Пословицы русского народа. М.，1957. С. 35–43，54–58，243–245，829.

之意。[①]鉴于如此的财富观，农民认为利用私有制进行剥削和聚敛财富更是犯罪行为，只能使人变得自私自利而脱离基督教的思想。他们认为，土地不是私有财产，应该归上帝所有，而不应该归私人所有。农民也反对资本主义思想所提倡的私有制是财富和权力之源泉的观点。他们认为，只有最基本的生活资料才是私有的。这个观点一直延续至当代，在俄罗斯学者对 90 年代以来居民私有观念的调查中有所体现。[②]

诚然，农奴制改革后，农民的价值观有一定的转变，“在农民的行动中，理性、实用主义和个人主义因素有所增加……农民的独立性、个性意识和利己主义明显增强……但是，应当指出，虽然新思维方式的影响不断增强，但直到帝国解体也没成为社会的主导思想”。[③]

总之，在 1917 年前的俄罗斯历史中，由于农民从未真正成为土地的主人，加之长期依赖于村社的集体经济，因而缺乏土地私有观念，崇尚集体主义和平均主义；俄罗斯国家的政治专制制度，使得政治权力与经济所有权融合共生，因此国家经济一直占有主导地位，自然排斥了资本主义的经济价值观；俄罗斯知识分子中存在强烈的反资本主义情绪，甚至更重视精神生活的整个俄罗斯民族的意识对资本主义就持排斥态度，正如别尔嘉耶夫所说：“俄罗斯的灵魂，不是拜金的灵魂，而是一颗绝不拜金的灵魂，仅凭这一点，它就可以得到无限的爱恋”。[④]我们有充分的理由认为，在俄罗斯的传统经济文化中存在一系列与资本主义市场经济文化相悖的因素，它们一直深深地影响着俄罗斯经济文化在不同历史阶段的发展。

第二节　苏联时期的经济意识

经济意识是经济文化的主要内容之一，是人们在经济生活（生产、交换、分配、消费）中形成的，反映社会经济运行过程、人们之间的经济关系和进行经济活动的心理，反映一定的社会集团在组织经济生活、管理经济制度时的综合观点。我们根据经济意识发挥作用的方式，把它分成柔性经济意识和刚性经济意识。柔性经济意识通过思想熏陶、道德感化、社会舆论、传统习惯和内心信念等方式来支配主体的经济行为，具有“非强制性”，主体对其遵循是出于自觉意识

---

① Даль В. И. Пословицы русского народа. М., 1957. С. 79-86.

② ［俄］Горшков М. К. Собственность и бизнес в жизни и восприятии россиян. М.: Наука, 2006, С. 19-27.

③ 米罗诺夫 Б. Н. 俄国社会史：上. 济南：山东大学出版社，2006：342-346.

④ 尼·别尔嘉耶夫. 俄罗斯的命运. 汪剑钊，译. 昆明：云南人民出版社，1999：25.

和信念，而不存在外在的权威和强制力量。刚性则相反，不论经济主体的意识如何，国家——公共权力的象征，有关组织赋予它权威性和强制性，其“刚”性就在于强制性。柔性经济意识包括经济心理、经济习惯、经济道德、经济伦理等形式；刚性主要表现为国家的经济方针、政策、计划、经济法规。经济行为动机——这是在经济文化中形成的价值观念和标准的体现。掌握了这些观念和标准，人们会从中选择能最大限度地允许自己加入到社会经济关系体系中的、有利于保持稳定的、能达到自己目标的、实施自己方针的那些价值观和标准，同时不与自己利益的决定者发生冲突。

在本节中我们研究苏联时期的经济意识特点主要涉及属于刚性的国家经济管理体制和柔性的居民经济行为动机和准则。

苏联实行的是计划经济，国家主要采用行政命令体制对经济实行统一管理。行政命令体制既是作为经济管理的手段，同时也是官方经济价值观和经济意识的体现，而在这种管理基础上又形成了经济管理者及工人的经济行为和准则，它们一起构成了苏联的经济文化基础。由于苏联时期经济发展过程曲折复杂，经济主体的经济价值观不同程度地发生了变化，因此我们根据不同的主体，在此将经济文化分三个层次加以描述：意识形态规范的、标准的经济文化；精英的经济行为定式；工人的经济行为动机。

一、国家的刚性经济意识

与市场经济国家不同，苏联时期国家对经济的管理主要不是依靠经济机制，而是靠行政命令，经济管理方式具有浓重的政治色彩，意识形态的作用非同小可，这一点在苏联经济制度中有明显的体现。该制度的具体内容如下：

1. 经济的国家所有制。1917 年十月革命胜利后，布尔什维克实行了经济全面国有化，国家将经济管理权高度集中在自己手中。“1936 年全苏工业总产值中，中央管理的工业占 90%，地方管理的工业只占 10%”。[①]基于对共产主义社会制度的信仰，许多政治家深信，建立在全部国有基础上的经济模式是历史上最先进、最有效率的。他们认真严肃地开展了生产管理工作，认为自己有能力保证苏联的生产不仅超过革命前的水平，而且可以超过其他国家。

2. 计划经济制度。1928 年苏联开始实行五年经济计划制度，其特点是对经济实行高度集中的统一计划。“计划作为经济政治指令，具有法律的效力。不完成指令性计划，国家可以追究行政责任乃至法律责任。”[②]到苏联后期，计划制度

---

① 陆南泉．苏联经济体制改革史论——从列宁到普京．北京：人民出版社，2007：80.

② 陆南泉．苏联经济体制改革史论——从列宁到普京．北京：人民出版社，2007：83.

的作用力渐渐减弱了，社会调查研究证明了这一点。1986 年，西伯利亚社会学家们在当地就计划制度对国营农场和集体农庄领导和专家们经济活动的影响进行了调查分析。结果，64%的被调查者认为经济计划指标定得过高，不符合实际的生产能力。完成计划的质量更是难以衡量，因为各地区条件不一，许多事情取决于领导者个人威望及其关系网络，取决于领导者实施各种打压手段的能力。领导者们认为，过高的计划阻碍了生产新工艺和新技术的引进。总之，企业领导们认为计划质量低下是造成生产和经济秩序混乱的主要原因。①

3. 统一分配制度。党的机关直接领导的各部门是基金分配和再分配的垄断者，这个制度存在的几十年来，苏联领导人养成了集中供应的习惯。古比雪夫曾说过："在我们的计划制度中，我们已经走得这样远，这样深，以致我们确实没有任何经济、文化和科学研究部门还在计划之外和在计划工作范围之外"。②

4. 平均的劳动报酬制度。这个制度代替了 1917 年以前正常的劳动激励制度。从政治和意识形态标准以及各机关部门的利益出发，苏维埃人民委员会规定了劳动支付和工资水平的最高限额。实际上 20 年代初就有人反对这种平均主义。1990 年《消息报》刊登了时任党中央委员的 Л. Б. 克拉辛（Л. Б. Красин）写于 1924 年 5 月 14 日的笔记，他极力反对人民劳动委员会关于限定特等工资人数及工资额（专家获得奖励的最高额不超过每月 360 卢布）的法律草案，这种限定是作为在国家机构、经济机构以及合作社实行平均劳动支付的试行方案。他指出，应该采用先进国家的经验来取代这种平均支付，因为"低工资不会为经济催生优秀的专家，反而会催生偷窃行为，最好的情况是职员不参与企业的事业或是持无所谓的态度，只是例行坐班，领取工资而已。"③ 他又指出，问题不在职工本身，"问题的根源在于工会和党组织对经济专家几近于敌意的态度。他们只知道将专业水平的劳动报酬与其他水平同等化，丝毫不关心这种措施会导致什么样的经济效果。"④

我们知道，市场经济中刺激劳动者积极性的主要手段是物质刺激，苏联时期国家实行了与市场经济不同的刺激机制，例如社会主义竞赛制度、城市支援农村

---

① Рывкина Р. В.，Косалс Л. Я.，Павленко С. Ю.，Суховский М. Л. Управленческие кадры АПК: ориентация и поведение, готовность к перестройке. Новосибирск: Наука, 1987. С. 138.

② 古比雪夫言论选集．莫斯科：莫斯科苏联国家政治书籍出版社，1953：226//陆南泉．苏联经济体制改革史论——从列宁到普京．北京：人民出版社，2007：81.

③ Красин Л. Б.《Долой уравниловку》. Известия, 1990, 17 июля.

④ Красин Л. Б.《Долой уравниловку》. Известия, 1990, 17 июля.

制度。在当时社会主义竞赛制度是“作为资本主义竞争的对立面存在的”。[①]而城市居民参加田间劳动的制度同市场和城市企业劳动集体利益的不相容性也是非常明显的。可见，以非经济性制度进行经济管理是苏联经济文化的特征之一，并且这种管理作用极强。

苏维埃夺取政权初期，国家处于经济崩溃、饥饿和战争中。为了保证资源供应，政府实行了不仅是对军队，而且对公民及其劳动的军事化管理。例如实行军事共产主义政策时法令规定：所有不将余粮卖到粮食收集站的人都是人民的敌人，要交付革命法庭，处以 10 年以上的监禁，没收所有财产并彻底驱逐出村社……军事共产主义时期政府强迫工人劳动，劳动义务被列为官方文件的主要环节，工人的动机没有什么特别的作用。这种经济政策的强制性通过革命初期大众语汇中的词汇也能体现出来，例如“余粮征集制”、“劳动大军”、“劳动义务”、“劳动动员”、“绝对执行”、“政治法庭”、“反动”、“红色强盗行为”、“清洗”、“被剥夺公民权者”、“宣传运动”、“同小资产阶级作斗争”、“清除政治无知”、“冒进”、“指示”、“突击队”、“指令”、“游击作风”、“基层组织”等等。初期的行政命令体制将经济方法完全排除在外，除了国有形式外不允许任何其他经济形式存在，被消灭的不仅是私人资本，而且包括小商品经济。

相对于革命前来说，军事共产主义政策时期形成了国家强制集中管理经济的模式，培养了一批很好地掌握了行政命令语言的苏维埃领导干部。在广大劳动群众的社会积极性被调动起来时，他们不懂得管理自己的政治文化，只能借助于命令式的语言，这种语言因此变得格外重要。很多年轻的贫苦农民和工人由于很好地掌握了这种语言而得到提升，成为苏维埃党的机关和经济部门的干部。不懂得管理国家和经济的理论知识，只从党和国家那儿获得“必备的生活本领”之后，他们学会了能较为轻松地解决国家复杂的经济问题的方法，这就是行政命令的方法。

当军事共产主义政策引发了尖锐的社会矛盾时，列宁实行了新经济政策。在新经济政策时期对人的外部压力有所减轻：“在通过市场满足千百万农民的经济利益的基础上允许社会主义建设者和力求资本主义复兴者之间开展‘经济竞赛’”。[②]从工人的角度看，多种经济成分意味着可以选择就业。持续时间相对较短的新经济政策唤醒了沉睡的“市场情感”，迫使市场机制运作起来，改善了人民的物质生活水平。然而，“即使在这个时期，全民所有制也是所有制的最高形

---

① Рывкина Р. В. Между социализмом и рынком: судьба экономической культуры в России. М., Наука. 1994, С. 68.

② КПСС в резорюциях и решениях съездов, конфереций и пленумов. М., 1970. Т. 2. С. 318.

式，经济效益的提高靠的不是建设合理的国民经济结构和鼓励创新，而是延续了历史上粗放使用资源的惯性。另外，新经济政策没有资本主义所必需的法律基础或者说政治民主，脱离了发展的文化基础，因而，社会缺乏发展所需的土壤，包括中产阶级。新经济政策的短暂性没能使市场价值观和市场关系得到巩固。

30 年代大规模工业化和集体化的实行导致了行政命令式体制的进一步加深。其特点是：强力解决经济问题，大力提倡无条件服从和执行“上级”命令，反对擅自提倡建议，害怕下层的经济独立等等。斯大林的工业化方式规定消灭新经济政策中的私有制、商品货币关系和市场关系、取消税制，对国民经济实行统一分配和行政命令管理。当然，斯大林时期的经济政策受到备战的影响。但是，在“二战”之后，高度集中的经济管理体制的弊端不但没有被克服，反而得到了进一步加强。

全民所有制使人们较少地关心劳动成果。如果所有者是社会（实际上是国家），那它就应该找到自己的代理人，授予其使用权和支配权。因为社会并非自行存在，而是通过自己的代表而存在。另外，从理论上说，社会的代表拥有使用权和支配权，但实际上能归其使用支配的财产是有限的，这就导致所有权功能的紊乱现象：财产使用权归企业，支配权归党的机构和部委，而所有权归国家。作为社会主义经营和管理制度关注的不是消费者对商品、服务和管理质量的满意度，而是各种商品的生产指标，或者是就生产产品的计划指标做出的各种决定，不论产品和服务是否能找到消费者，也不管消费者对其质量是否满意。因此，由于供求脱节，社会主义的经营方式从一开始就不可避免地导致商品和服务的极度匮乏。

自斯大林时期结束后至八十年代中期，苏联曾先后进行了 5 次旨在保留机关本位主义模式的前提下寻求更有效的经济管理杠杆的改革（1957 年、1965 年、1973 年、1979 年、1987 年）。这阶段“苏联时期首次出现脱离军事动员的生产发展类型，开始建立新的社会机制，切实贯彻一些符合社会主义意识形态所依据的思想和价值观以及潜在的优越性。”①国家部委机关管理经济的权力相对减少了，然而遗憾的是最终这些改革都无果而终。俄罗斯著名法律专家 Ю. А. 维杰涅耶夫（Ю. А. Веденеев）对此总结道：“从一开始就注定是这样的结果，因为形式上的机构改革并没有打算实质性地改变经营的经济和政治环境。”② “经济的反

---

① Рязанов В. Т. Экономическое развитие России. Реформы и российское хозяйствов 19－20 вв. СПб.，1998，С. 124.

② Ю. А. Веденеев. Организационные формы государственного управления промышленностью СССР：историко-правовое исследование（1957—1987гг.）. М.：Наука，1990. С. 247.

市场性是苏联经济文化的特征之一”。[①]苏联时期实行中央集中管理经济，产品平均分配，普遍劳动义务，将私人企业作为资本主义现象加以镇压。大众头脑中的经济和社会模式与市场模式相差甚远。“资本主义传统”成为揭露批判性的专用语，例如“寄生虫”、“少爷”、“资本家派头的知识分子”等等。

意识形态主导下经济管理的行政命令体制，除了对国家经济发展的宏观规定以外，还体现在以下组织和刺激劳动的措施方面：

1. 组织和刺激劳动的意识形态杠杆。主要形式有社会主义竞赛、斯塔汉诺夫运动、共产主义突击队、生产大会、生产观摩、生产竞赛。16 届全苏共产党大会的决议中写道：“党和工会最重要的任务是掀起社会主义竞赛和突击的新高潮，将党和工会的工作重点转移到车间和班组”。[②]很显然，国家亲自组织劳动竞赛并将其视为万能的推动力，认为竞赛不仅能解决劳动动机问题，还能解决所有的经济问题。经济的行政计划体制不以满足人们对商品和服务的需要为宗旨，而是为了完成计划，工资与个人的努力无关，公认的社会准则不是保证产品质量、提高生产率，而是按时完成上级布置的任务，这就要求新的自愿劳动的动机。社会主义竞赛等运动成功保证了这种劳动动机。

2. 对工人实行纪律监督机制。20 世纪 20 年代后期苏维埃中央的经济工作重点是加强劳动纪律。在 1917～1923 年的《社会主义劳动纪律》文献汇编中有 5 条党的决议是关于劳动纪律问题，而 1929 年仅一年时间里就有 3 个决议讲到该问题。此外，党中央就劳动纪律问题还专门致信给各级党组织。劳动纪律被看作很迫切的关键问题：“企业劳动生产率不尽如人意，纪律涣散，令人担忧的不仅有本经济年度的工业生产计划是否能够按时完成，还有是否能按计划降低生产成本。”[③]这一时期的主要任务就是加强各个经济环节的劳动纪律，结果国家经济成了一种纪律调节器——指令、命令、要求、限制、说明，“纪律”一词被赋予了多层含义。政府采取各种措施培养工人一定的社会品质，首先是绝对服从和执行命令。

3. 在主要的经济主体之间分配权力，培养工人应有的社会行为标准。1929 年的中央决议中规定，企业的行政机关是完成工业计划和所有生产任务的主要责任者，它要行使自己的权力，还要调动工人的积极性，吸引工人参加生产管理。工会在保障工人需要的同时，也要成为工人生产积极性的调动者，发挥广大工人

---

① Рывкина Р. В. Между социализмом и рынком: судьба экономической культуры в России. М., Наука. 1994, С. 49.

② КПСС в резолюциях. М.: Политиздат, 1953, ч. 2, С. 811.

③ Социолистическая дисциплина труда: Сб. документов. М.: Политиздат, 1984, С. 82.

的首创精神。党支部的主要任务是领导群众及时完成党的经济指令。①

4. 制定惩罚措施，对干部施加压力。惩罚机制的作用很多，其中第一个功能是使得党的领导人能把生产完全掌握在自己手中；第二个功能是保证了从上至下的干部管理，政府一直注重干部的严格管理，虽然后来有所松动，但管理是有所保证的。

5. 限制完成计划的时间和规模，加重工人的作业负担。这些方法的实质是系统地制造生产环境，要求工人付出额外努力，例如加班加点倒夜班等。苏联管理体制的特点之一就是通过不停地缩短完工期限来推动自然进程，这个特点与竞赛、义务劳动、大学生建筑队等经济组织方式紧密配合。

除了“突击”及其所引起的劳动质量低下外，计划压力还催生了一种负面的经济行为——虚报、谎报成绩的浮夸风。在描述20世纪末的经济形势时，俄罗斯经济学家Г.И. 哈宁（Г.И. Ханин）指出：“正是在那时形成了恶性循环，即不切实际的计划——虚假的统计资料——更不切实际的计划，这种恶性循环直至今日还没得以根除。”②这种以计划施压的机制使得执政的苏联党的机关将经济干部牢牢掌握在手中，因为任何一个经济干部随时随地会被解职甚至开除。企业领导人中间流传着这样的“玩笑”：“经理就是经常受到怀疑，但偶尔拥有自由的人。”③

6. 在各领域限制商品货币关系和根除所有企业形式的活动。最大规模的行动当属集体化，另外还有其他很多“消灭资本主义残余”的小型活动。各历史时期活动形式不一，1929年提出的问题是“谁将领导经济发展——富农还是社会主义国家？”50~60年代是“国有农场所有形式要先进于合作社农庄形式”。1956年，Г.С. 利西奇金（Г.С. Лисичкин）写道：“诸如金钱、价格、贸易、贷款、需求和供应等商品生产范畴的概念对国营农场经济没有什么实质性的影响，虽然表面上都存在。国营农场不买卖任何东西，这里不习惯于说‘卖粮食和肉’，而说‘交粮食和肉’，这个‘交’字恰如其分地反映了农场产品被征用的特性。价格也不叫‘买卖价儿’，而是叫‘上交价儿’”。④

苏维埃国家同商品货币关系作斗争的后果是很严重的。第一，这种政策使人不再有“主人翁的感觉”，同时也消除了人的进取心；第二，减弱了人对工资的

---

① Рывкина Р.В. Между социализмом и рынком: судьба экономической культуры в России. М., Наука. 1994, С. 53.

② Ханин Г.И. Анализ тенденций экономического развития СССР (1928 - 1985гг.) // Экономическаясоциология и перестройка. М., Прогресс, 1989, С. 125.

③ Рывкина Р.В. Между социализмом и рынком: судьба экономической культуры в России. М., Наука. 1994, С. 55.

④ Лисичкин Г.С. Тернистый путь к изобилию. М., Советский писатель, 1884, С. 27-28.

兴趣，加重了平均主义心理。例如，众所周知的一个原则：如果谁的生产率和劳动报酬提高了，就会使大家的劳动定额更高。这样人们对此不屑一顾，甚至对超额完成计划的先进生产者反感。

上述国家调动劳动积极性的措施，不是一般意义上的鼓励措施。鼓励应是劳动者靠劳动获得现实福利，市场经济国家私人企业鼓励措施的作用是营造一种环境，使得人们愿意并全力工作。苏联时期的鼓励刺激措施伴有意识形态和纪律强制的色彩，是管理工人的保证，并培养了工人绝对服从领导，做一个“螺丝钉”的经济行为准则。

二、精英的经济行为定式

“苏联社会主义时期形成了特殊的经济文化——呵斥命令的文化，‘螺丝钉’工人和权威领导的文化，消极的‘底层’和万能的‘上层’文化”。[①]“上层”文化的主体是国家领导机关和苏维埃党的各级官员们，我们称之为经济精英。该文化的实质是经济权利的“影子”特征，即上述经济主体构成社会的特权阶层，以国家名义“支配”国家财产，不停地寻求利用职权获得利益的机会。

1986年苏共第27次代表大会上戈尔巴乔夫讲到苏联的所有权曾是无主的，结果媒体也写到苏联经济是没有主体的。但学者们的观点相反。他们认为“主体是有的，只不过是非一般的主体：是非公开的，是‘影子’主体。这个主体是国家最高层——苏维埃党的官员们”。[②]“官员们作为一个阶级实际上拥有财产所有权，这里的财产指全部‘社会主义的财产’，不仅有国家的，还包括集体农庄——合作社和社会机构的财产”。[③]很早就有学者率先披露了苏联经济主体的秘密，指出这个特权阶层垄断了国家的权力并掌握了所有权，“新的阶级作为新出现的生产工具和生产资料的主人成为剥削阶级。”[④]苏联经济权力的“影子”特征被国家所有权所掩饰，生产资料被交给组织，而不是交给经济主体。在这个意义上，一如党的文件中所写的，所有权确实是无主的。对于实际上的所有者，С.孟什科夫（С. Меньшиков）写道：“这是一些掌握大部分表面上属于国家和集体农庄的生产资料的群体。”[⑤]广大工人们深深感觉到了这种表面性，很清楚他们自

---

① Рывкина Р. В. Между социализмом и рынком: судьба экономической культуры в России. М., Наука. 1994, С. 48.

② Рывкина Р. В. Между социализмом и рынком: судьба экономической культуры в России. М., Наука. 1994, С. 59.

③ Восленский М. Номенклатура, господствующий класс Советского Союза. М., 1991, С. 191.

④ Восленский М.《Номенклатура.》М., МП“Октябрь”, 1991, С. 29.

⑤ Меньшиков. С. Катастрофа или катарсис? М.: Интер Версо, 1990, С. 102.

己并不是主人，不是生产资料的所有者。因此苏联存在“主宰”经济的影子所有者，因为该所有者剥夺了居民的所有权。

影子所有者用下列方法保证了自己的所有权[①]：

（1）强制行为。铲除能够以任何形式成为党的机关在经济领域的竞争对手的阶级和团体；

（2）对居民的意识形态教育；

（3）一贯实行旨在按拟定模式建设社会的经济和社会政策。

所有方法，无论是镇压、说教还是另外的政策，都是为了营造一种环境，使得真正的经济主体既没有竞争对手，又不被大众发现。

以各种形式参加生产的大部分社会团体实际上并没有参与生产管理。每一层级生产的“决定权”都集中在“一把手”手中，经理不在工程，就连一根钉子都不能做。每一部门有 2~3 个实际决策人，他们可以替下属决定一切，但是不能替自己做决定。每一阶层都感到极其缺乏管理中应有的自主权力，被赋予的权力总是属于各个上级团体。因此，例如州委书记总在做计划调整工作，因为除了他别人做不了这项工作，结果总是费了半天劲，效率很低，上下级还都不满意，这种情况使得“上级”总能支配“下级”的劳动。例如对工人的评价会无缘无故被降低，集体农庄的计划生产量和国家订购量会随时被扩大，必需的生产资料价格会随时被提高。确实，部长并没有把掌握的资金揣进自己兜里，但是它可以用这些资金建一些多余的建筑，或者靠盈利企业来养活亏损企业，结果是两类企业都丧失了发展的积极性。

苏联经济主体的“影子”特征首先表现在所有的经济权利都集中在“上一层”管理者手中，而实际从事经济活动的“下层”不能做出任何切实可行的合法决定，但却要为一切后果负责任。因此，为了维持生产，他们不得不另外寻找非正式的途径。由此不可避免地产生了经济的“双胞胎”：“影子经济”和“黑市”。虽然一些最有效率的领导者因为违反《经济活动法》而锒铛入狱，但所有人都明白，不违法生产根本无法保证。因此企业各级领导、专家和工人的主要精力放在“搞到”必需的生产资料上面。例如，机械师为了生产得用酒去换机械配件，专家要通过私人关系弄到紧俏货。因为所有的东西都先后成为紧俏货，所以交换业务的规模极大。

苏联时期真正的经济主体——特权阶层与劳动者之间的物质状况有天壤之别。“上层”物质状况非常稳定，无论其管理的领域经济命运如何。而“下层”

---

① Рывкина Р. В. Между социализмом и рынком: судьба экономической культуры в России. М., Наука. 1994, С. 61.

认为这样不公平，所以就千方百计，包括使用非法手段来改善自己的物质生活状况。因此，不仅管理关系，而且分配关系都具"影子"特征。这一切被精心掩盖，因为同官方意识形态宣传的绝对平等、社会均质性原则相冲突。"上层也确实付出努力实现这个均质性，只不过是另外一种均质，即均等贫困"。[①] 20 世纪 20 年代初，居民的构成还是多层次的，有小手工业者和小商人、资产阶级专家、个体农民。经营方式也多种多样：国家和私人的资本主义、小商品生产、合作经济和社会主义经济成分。党的争论焦点也是如何将各种经济成分更好地结合起来，为社会主义建设事业服务。

然而从 20 世纪 20 年代开始，5 种经济成分中的 4 种被"割掉"了，逐渐形成的行政命令式的管理体制敌视经济成分的多样性，于是政府只强化国营经济，认为国营经济是最先进的，也是能够繁荣经济的唯一方式。这个方式体现了行政管理体制的核心——全社会的均质性，于是有了强制的集体化。以集体化的名义取消了合作制，手工业劳动被认为是多余的，个体劳动是原始的等等。苏联时期形成的这种精英经济文化得到了国家刚性经济意识的支持。

三、工人的经济行为动机

与 1917 年以前相比，苏联时期的社会结构发生了实质性的变化（见表 2-1)。农民的加入壮大了工人阶级，各类工人占了社会人口的绝大部分，因此，相对于"上层"来说，"下层"的代表就是工人。因此，我们在此研究的工人经济文化也就代表了"下层"的经济文化。

表 2-1　　俄罗斯革命前和前苏联的社会结构（总计的%）

居民类型	1913 年	1917 年
工人和职员	17	88
其中：工人	15	62
国营农场工人	0	12
个体农民和家庭手工业者	67	0
资产阶级、地主、商人和富农	16	0

（资料来源：Рывкина Р. В.：Между социализмом и рынком：судьба экономической культуры в России. М.，Наука. 1994，С. 62.）

① Рывкина Р. В. Между социализмом и рынком：судьба экономической культуры в России. М.，Наука. 1994，С. 61.

苏联的两个主要阶级——工人阶级和执政精英所受的教育不同，形成的行为准则也不同。精英把国家当作私有财产来管理，而工人阶级受党的意识形态教育形成了自己的经济文化：一方面，他们屈从于强力，遵从命令，唯恐被剥夺这样或那样的福利，害怕受到行政或其他形式的处罚。这个文化是由劳动大军、由为完成各种生产任务而进行的劳动动员、由强迫劳动创造的，它消除了人作为私有者、主人和管理者的特征。“人们习惯于两条原则：一是‘领导很重要’；二是自己只是一颗‘螺丝钉’，是个执行者，任何事情都不取决于也不可能取决于自己。”①因此工人们不表现出半点儿主动性，对领导的命令俯首帖耳。苏联企业建立了一整套的社会保障机制，结果养成了人们坐享其成的依赖心理。由于官方一系列的强制管理和惩罚措施，导致了工人对政权的异化。另一方面，行政命令的管理方式，成功地培养了工人良好的社会劳动态度。这些传统包括集体主义的劳动道德和个人利益服从社会利益，对国家的建设起到了很大的积极作用。在一定的生产周期习惯并时刻准备超负荷的工作。能够在突击工作、大型建设和新的工业开发等条件下全身心地奉献，是这种道德不可分割的特征。工人们的这种经济行为及准则是如何形成的呢？

首先，苏联“下层”的经济意识是在接受意识形态教育过程中形成的。苏联时期对党来说，意识形态工作一直重于经济工作，目的在于培养广大群众的“社会主义”精神，培养其符合领导意图的世界观和对社会主义的理解。党所要求的世界观的主要特征有②：（1）相信经济的绝对特殊性、无限潜力和苏联建成的社会主义的优越性；（2）坚信作为为自己、为社会、为人民而劳动的苏联人，作为国家和生产资料主人的苏联人，具有崇高的道德品质和优秀的政治素质；（3）坚信社会主义建立的基本劳动刺激因素有别于资本主义，它不是物质的，而是纯粹意识的。千百万人的意识中被灌输了苏联建设的是共产主义的劳动观念，这种理念随着星期六义务劳动、共产主义劳动竞赛等活动的开展逐步深入人心。

表 2-2　“科学共产主义”意识形态对苏联居民经济意识的影响

意识领域	科学共产主义原则	居民的社会取向
对资本主义和西方国家的态度	—否定论	—排斥资本主义

① Рывкина Р. В. Между социализмом и рынком: судьба экономической культуры в России. М., Наука. 1994, С. 50.

② Рывкина Р. В. Между социализмом и рынком: судьба экономической культуры в России. М., Наука. 1994, С. 57.

续表

意识领域	科学共产主义原则	居民的社会取向
对“资产阶级”意识形态的态度	—不可调和性	—忽视外国经验
对国家的态度	—全民国家的观念	—服从于上级指挥 —不能自我管理 —依赖心理
对所有权的态度	—承认社会所有是最高形式 —崇拜国家所有制 —排斥私有制	—相信社会所有的无限权威 —对国有制缺陷的忍耐 —鄙视私有权 —缺乏私营商业取向
对社会结构的观念	—工人阶级、农民和知识分子联盟牢固性的神化，阶级利益一致性的神化	—追求社会平等和平均主义 —不接受社会分化
对集体和个人的态度	—集体利益高于个人利益	—否定追求自我实现的个性 —敌视革新者和非标准型的工人
对知识分子的态度	—视为“中间阶层”	—专业威信很低 —知识成果价值很低
对劳动的态度	—劳动权利平等	—习惯于就业保障 —害怕失业

（资料来源：Рывкина Р. В. Между социализмом и рынком：судьба экономической культуры в России. М.，Наука. 1994，С. 58.）

苏联时期国家实施了特殊的战略——国家的“家长政策”[①]，即向居民提供义务教育、公费医疗、就业保证。这些经济上有争议的决议保证了社会主义意识形态在大众中取得成功，使人们坚信社会主义是“最公正的社会”，“在很大一部分人的意识中，取向于宁要‘诚实的贫穷’中的平等，不能容忍部分人领取高工资，主张国家必须限制劳动报酬，认为企业活动是投机活动，而贸易活动是

① Рывкина Р. В. Между социализмом и рынком：судьба экономической культуры в России. М.，Наука. 1994，С. 58.

非生产性的劳动等等”。[①]由于意识形态的教育，人们的需求被大大降低简化了，也就不存在特别的复杂性，平均的工资制度不能刺激物质需求的提高，同时也培养了劳动者的依赖心理。家长式的政策与劳动教育一起加强了大众社会意识中为了社会利益而劳动的道德观。该劳动道德观与提高在社会和企业中威信相关的精神激励机制（如政府奖项、荣誉称号、奖章等）创造了特殊的劳动文化，正如P. B. Рывкина所说：“在苏联人的内心深处保存了对共产主义目标正确性的信仰，使得人们能够对领导无限忠诚，对其提出的口号和要求持宽容态度，并时刻准备完成领导布置的任务”。[②]这种劳动文化在许多方面超过国外的管理成就，在相当大的程度上有效提高了劳动生产率。企业领导只是使用已磨损的机器设备，以自己的家长式作风换取员工的顺从，而人事部门主要履行统计和监督职能。对职工的关心包括让职工参与管理，但不是依据经济原则，甚至也不是意识形态基础，而是依据“社会契约”。“社会主义经济文化排挤了个体的主人和工人，……个人完全服从社会成为准则”。[③]

行为动机体现了一种文化中生成的价值观和准则。接受了一定的价值观和准则，人们就会认同自己所在的社会并融入该社会。苏联工人的劳动动机是经济文化的重要因素之一。取消新经济政策和经济全面国有化要求培育新的经济行为“动机者”，建立新的经济管理模式，要求影响工人的新理念，既要保留共产主义星期六义务劳动时的劳动热情，又要有“耐普”时期的“主人翁的感觉”。然而，这两个时代都不复存在，但勤劳的需求急剧增长。这就出现了问题，在新的环境中人们如何工作？作为革命产物的“群众的劳动热情”能够得以保存吗？

苏联时期头十年劳动刺激因素和保证居民参加劳动的杠杆都还存在。军事共产主义强迫工人劳动，劳动义务被列为官方文件的主要内容，工人的动机本身没有什么特别的作用。新经济政策减轻了对人的外部压力：在通过市场满足千百万农民经济利益的基础上允许社会主义建设者和力求资本主义复兴者之间开展“经济竞赛”。[④]从工人的观点看，多种成分意味着可以选择就业，这在一定程度上缓解了劳动态度的迫切性。但是当战时的官方劳动义务不再存在，而后随着集体化的结束工人劳动兴趣逐渐减弱了，这个问题就显得十分迫切。国家领导意识到需要掀起新的劳动热情，这样不仅能保障经济增长，而且能阐释证明生产国有化、

---

① Боенко Н. И. Экономическая культура: проблемы и тенденции развития. СПб, 2005, С. 85.

② Рывкина Р. В. Драма перемен. М., 2001, С. 115.

③ Зарубина Н. Н. Социально-культурные основы хозяйства и предпринимательства. М., 1998, С. 146.

④ КПСС в резорюциях и решениях съездов, конфереций и пленумов. М., 1970. Т. 2. С. 318.

彻底消灭私人资本、采用现代技术改造生产基础等政治方针的正确性。因此，采取了伴有意识形态和纪律强制色彩的组织和刺激劳动的措施（见第一节），形成了工人为社会和企业工作的劳动动机，这被认为“是苏联意识形态和管理体制的成就”①，尤其突出地表现在斯大林时期。

苏共二十大以后，工人实现自我价值的动机使上述动机得以丰富，因为劳动者希望利用自己掌握的知识、技巧和本领实现自我价值。这个时期国家投入大量资金，系统地提高工人的业务水平，发挥工人的才能，国家也开始制定比较科学的方法来考核和评定个人能力。然而，1965 年经济改革后，企业领导可以向工人提供更多的社会福利，如住房、幼儿园名额、别墅用地等，同时党的监督力度减弱，领导和下属之间“非正式协议”越来越多，加强了劳动的工具性动机。

总之，苏联经济文化的基本价值观是由共产主义意识形态的思想体系决定的，认为个人不值一提，必须服从社会，首先服从国家。这些基本价值观包括生产资料全民所有制、中央计划、国家等级监督管理制度等。平等、团结、党机关的绝对权威等主要被提倡的社会主义价值观皆源于此。意识形态决定了政权的性质，政府指定了建设中的社会应是什么样的，人们的行为该是怎样的，人们的价值观甚至需要（如劳动是生存的第一需要）都是被规定了的。雷夫金娜称之为对民众及其劳动的准军事化管理。②与之相适应，主要的经济行为准则是对上级的绝对服从性、执行性和劳动纪律性。由于党和苏维埃机关拥有无限的权力，意识形态和政治标准高于一切，经济仅处于从属地位，因此，意识形态主导下经济管理的行政命令体制，构成了苏联刚性经济意识的明显特点之一。

“在苏联经济文化形成的过程中，两种社会因素起了决定性的作用：一是居民社会结构的稳定性，二是居民的心态。这两种社会因素皆植根于革命前的俄罗斯帝国时期”。③俄罗斯经济文化中的专制主义和公有制传统，村社文化中的集体主义、平均主义观念，以及社会文化中的反资本主义情绪在苏联经济文化意识中都得到了发展和延伸，对苏联经济文化特点的形成产生了巨大影响。全民所有制的意识形态独占统治地位，培育了经济精英和居民对该所有制成效性的信念，同时形成了对私有制的抵触情绪以及由此产生的经营积极性的不足，养成了对物资匮乏的忍耐性。在居民意识中，国家和政权是无所不能的上级机关，这种形象使得社会依赖心理更加普遍，人们缺乏自治意识。“就经济

① Боенко Н. И. Экономическая культура: проблемы и тенденции развития. СПб, 2005, С. 84.

② Рывкина Р. В. Драма перемен. М., 2001, С. 87.

③ Боенко Н. И. Экономическая культура: проблемы и тенденции развития. СПб, 2005, С. 68.

管理来说，俄罗斯大多数居民更偏向于国家管理，而不是私人管理。这种偏好在俄罗斯历史上不断再现并持续数十年甚至数百年”。[①] “靠权力制度支撑的非市场的社会经济制度一直延续至20世纪90年代”[②]，并对经济文化转型市场经济文化建设产生了重大影响。

---

① Рывкина Р. В. Экономическая социология переходной России: люди и реформы. М. 1998. С. 222.

② Рывкина Р. В. Между социализмом и рынком: судьба экономической культуры в России. М., Наука. 1994, С. 46.

第三章

俄罗斯经济转型期两种经济文化的冲突

经济转型是指社会的经济结构从一种形态向另一种形态的转换，是改变经济制度基础的过程。20 世纪以来的经济转型理论主要包括激进转型理论和渐进转型理论。激进转型理论渊源主要是主流经济学中的自由市场经济理论，主流经济学家针对经济的内在逻辑体系及其在现实生活中存在的诸多矛盾和诸多困难，认为要实现从计划经济向市场经济的转变，仅实行渐进的、局部的改革是远远不够的，只有全面地取代计划经济体制的所有元素，才可能为市场经济体制留下生存空间。在激进主义理论家们看来，分步走的经济转型方式不可能取得成功，一些自由主义经济学家代表人物如哈耶克等，认为主流经济学里不可能容许计划的存在。激进主义转型理论认为：计划经济体制国家的市场化改革必须抛弃“双轨转型”，并以自由市场经济理论为基础，预先设计出经济转型的完美方案，然后再进行彻底的自由化和市场化。激进转型最主要的一种形式就是“休克疗法”理论，即在短期内全面实施从计划经济向市场经济的转型方案。其另一层经济含义是治理恶性通货膨胀时采取的果断措施，即以严厉的财政金融政策和压缩消费手段，强制弥合社会总供给与社会总需求之间的缺口，达到遏制恶性通货膨胀的目标。最先提出渐进主义转型理论是美国马里兰大学的彼得·缪瑞尔（Peter Murell）。他认为，由计划经济体制向市场经济体制转型，应当采取渐进方式，以减少社会成本。该理论的另一著名代表美国斯坦福大学的麦金农（Ronald McRinnon）教授。他非常注重转型过程中的秩序问题，比较赞同中国的局部启动、双轨转型、渐进为主、全面推进的渐进转型实践。通常人们认为激进转型的

“痛”比较剧烈，但属于“短痛”；渐进转型的“痛”相对轻微，但属于“长痛”。但不论是激进方式还是渐进方式，其主要内容是相同的：一是通过对国有企业的改造，改变单一的所有制结构；二是转变经济的运行机制，即将行政机制转为市场机制；三是改变政府宏观调控经济的方法，由直接的行政方法调控改为间接的经济方法调控。我国学者强调：对激进和渐进两种转型方式不能做绝对化的理解。因为在一个国家的经济转型过程中常常是二者兼而有之，而且有时观察者的角度不同结论也有差异。①

文化转型是指从一种文化形态转向另一种文化形态的过程。它主要包括两个方面：一方面是本土文化自身的创新过程，另一方面是本土文化吸收异族文化的优秀成分后变成新文化的过程。在文化转型过程中，必然发生文化冲突。文化冲突是指“不同民族文化之间所发生的差异、冲击、矛盾和斗争。文化冲突的原因是多方面的，由于生产力水平、经济发达程度、科学技术的不同，本族与外族文化难以适应；文化本身的阶级性，难以被所有人接受；在本族文化内的法律、哲学、宗教、艺术、伦理价值等观点的影响下会产生一种习惯势力，抵制外来文化，于是产生文化冲突”。②在现实形态上表现为人们思维方式紊乱、价值取向模糊、行为准则迷茫以及现行制度的重构和创新。转型时期是观察价值观变迁的最佳时机，因为在没有重大社会事件发生的时候，价值观念大都处于隐形状态，在潜移默化中指导人们的行动。而在社会转型时期，社会利益结构发生了根本性的变化，社会秩序的变化影响到人们生活的方方面面，各种价值观念之间的冲突激烈而频繁，价值冲突从个人的范围扩大到整个社会。社会转型犹如催化剂，使社会价值观念活跃起来。社会转型又如一面放大镜，使各种价值观念的特征格外明显。在社会和文化转型期间文化冲突最为剧烈，如市场经济要求经济主体有相应的经济文化意识，而在新的经济文化意识产生过程中，传统经济文化意识必然发挥自己的稳定性，与新意识产生冲突，对经济转型乃至于整个社会转型起促进或是制约作用。

始于20世纪90年代初的俄罗斯经济转型就是以“休克疗法”为主的激进式转型。俄罗斯的经济改革是在政治制度崩溃的同时进行的，因此成为政治斗争的焦点。在经济上，改革者们将市场经济作为经济的最终目标，向民众描绘了市场经济的“美丽图景”。在民众的经济意识迷茫之际，进行了世界范围内罕见的大规模闪电式的私有化，给社会发展带来了灾难性的后果。造成这种后果的一个重要原因就是改革者们进行经济改革不是为了完善国家经济发展的战略，而是将其

① 陆南泉．苏联经济体制改革史论——从列宁到普京．北京：人民出版社，2007：640-641.

② 覃光广，等．文化学辞典．北京，中央民族学院出版社，1988：128.

作为政治斗争的手段。这种为满足政治诉求而全面依托外来文化而不顾本民族文化特点的转型，必然引致本民族文化与外来文化的激烈冲突，在经济上表现为主体新旧经济价值观的冲突。

社会主体的经济文化价值观与社会文化价值观的变化密切相关，而经济原则中也蕴含着人的价值原则。对于“苏联人”来说，他们在接受新的经济原则的同时，还须对“人的原则”进行重新审视，从这个意义上说，面对经济制度转变的观念和心理冲突即是一种文化冲突。本章我们将借鉴大量俄罗斯权威学者和机构的社会调查资料，描绘俄罗斯转型初期社会文化价值观的嬗变轨迹，分析其中具有较强稳定性并对社会和经济转型产生了重大影响的传统价值观因素，尤其重点分析经济转型过程中俄罗斯新旧经济文化要素之间的冲突及其对俄罗斯市场经济建设的影响。

第一节　转型初期民众价值观的嬗变

经济、政治、文化是社会系统的三大活动领域，这三个活动领域的组织形式、运作方式及其相互作用方式构成一定的经济社会结构。转型初期政治精英们将西方民主和市场制度引入俄罗斯，直接或间接地影响了社会价值观和社会准则的变化。在社会生活的经济领域和世界观领域，也都存在直接和间接影响个体价值观和社会准则的因素。由于政治、经济和文化三大社会系统的相互作用，社会文化必然随着政治和经济的变化而发生变化，尤其突出地表现在社会文化价值观的嬗变。而经济文化价值观发生变化正是以社会文化价值观的变化为背景，因此，要分析俄罗斯转型期间经济文化传统的变化，首先必须清楚社会文化价值观的变化矢量。本节我们将通过居民的社会自我感觉、文化价值观的阶段性变化以及特殊群体的价值观变化特点等几个方面透视这一嬗变过程。

一、转型期民众的社会自我感觉

居民的社会自我感觉是社会特点的重要标志，它既被看作是改革的结果，也被视为影响改革的重要因素。作为改革的结果，它反映了居民对现实环境的适应程度；作为影响改革成功的因素，它影响到人们在何种程度上准备好接受新的价值观、新的行为准则并影响人们的劳动态度。社会自我感觉体现在居民的社会安全感、对生活的满意程度以及面对各种问题的焦虑程度上。究竟哪些居民适应社会转型，哪些人不适应而被边缘化？我们将从居民的社会自我感觉中寻找答案。

全俄社会舆论研究中心（现列瓦达研究中心）1995~2005 年的调查结果反映了居民对生活的满意度和社会情绪紧张度（见表 3-1）：

表 3-1　　1995~2005 年居民的生活满意度变化情况（%）

答案分类	1995	1996	1998	2000
完全满意	3	2	3	5
满意成分居多	9	6	8	11
部分满意，部分不满意	30	35	30	34
不满意成分居多	34	30	29	26
完全不满意	21	24	26	22
难以回答	3	3	2	3

表 3-2　　1995~2005 年居民对物质生活状况的自我评价（%）

答案分类	1995	1996	1998	2000
很好	0	0	0	1
好	5	3	4	3
中等	45	42	40	44
不好	38	39	40	36
很不好	10	12	14	14
难以回答	1	3	2	1

表 3-3　　1995~2005 年社会情绪变化（%）

答案分类	1995	1996	1998	2000
特别好	2	2	4	5
正常、稳定	32	31	35	45
感觉紧张、忿恨	46	42	40	33
感觉恐惧、忧虑	12	14	12	10
难以回答	8	14	10	7

表 3-4　　1995~2005 年自我感受评价的变化（%）

答案分类	1995	1996	1998	2000
并非一切都很糟糕，可以生活下去	11.5	11.0	2.9	9.7
生活很困难，但可以忍受	47.1	49.6	30.4	52.9
贫困状况已忍无可忍	32.2	30.9	60.7	31.0
难以回答	9.2	8.6	6.0	6.4

（资料来源：〈Информация〉 Настроение, мнения и оценки населения//Вестник общественного мнения. Данные. Анализ. Дискуссии. 2005. No. 1, C. 68.）

从表 3-1 中我们可以看到，1995~2000 年居民对生活部分满意部分不满意、不满意成分居多，完全不满意者占了绝大多数，而且每年的变化不大。一般来说，生活的满意度首先取决于物质生活水平。表 3-3 显示社会情绪紧张不稳定；表 3-4 中 1998 年有 60.7% 的居民表示生活贫困状况已经忍无可忍。造成这种状况的原因一方面是受金融危机的影响，另一方面是社会灾难后果的持续影响。

社会安全感是指居民对自己和亲人的个人生活有一种安定感，表现为生命、健康、财产的安全感。社会安全感既涉及居民家庭内部的生活问题，又与其所在社会的政治、经济和社会综合问题紧密相关，其中最直接影响居民安全感的因素是社会秩序和犯罪率。苏联时期形成了一支维护社会秩序的大军，国家为公民提供了日常生活的安全保障。而转型初期民众的人身安全和生命财产受到严重威胁，公众对此感受最为直接，反应也最为强烈，这一点通过一系列的民意调查可以窥见一斑。

全俄社会舆论研究中心于 20 世纪 90 年代下半期针对居民安全感做了社会调查。其中 1995~1997 年的调查结果表明，65%~70% 的被调查者认为没有安全感，只有 26%~29% 的人认为有安全感（见表 3-5）：

表 3-5　　居民对安全感的评价（%）

“您在大街上是否感觉到安全?”	年份		
	1995	1996	1999
有	28	29	26
没有	67	65	70
难以回答	5	6	4
总计	100	100	100

（资料来源：［俄］П. Я. 科萨尔斯，Р. В. 雷夫金娜．俄罗斯：转型时期的经济与社会．石天，董英辅，等，译．北京：经济科学出版社，2000：313.）

表 3-5 显示，绝大多数居民为自己的生命感到担忧。除了缺乏生命安全感外，盖达尔的“休克疗法”导致物价飞涨，一夜之间将居民的储蓄化为乌有，造就了大批“无产者”，使其丧失了财产安全感。而一夜暴富者出于各种原因也是心有余悸，迅速将财产转移至国外。

居民缺乏安全感除了社会道德沦丧导致犯罪率上升外，还源于对国家控制局势的能力持否定态度以及民众对执法机关持明显的不信任态度。

关于国家是否能够控制局势，全国社会舆论调查中心多年来定期向居民进行调查，结果见表 3-6：

表 3-6　　1995~1997 年居民对国家能否控制国内局势的看法（%）

“国家能否控制国内局势？”	1995 年	1996 年	1997 年
能	11	14	12
不能	63	57	66
难以回答	26	29	22
总计	100	100	100

（资料来源：［俄］П. Я. 科萨尔斯，Р. В. 雷夫金娜．俄罗斯：转型时期的经济与社会．石天，董英辅，等，译．北京：经济科学出版社，2000：321.）

俄罗斯著名法学家 П. А. 斯科波里科夫（П. А. Скобликов）就执法机关的执法能力问题于 2000 年进行了调查，结果表明俄罗斯执法机关对社会的影响力远不如犯罪组织的影响力（见表 3-7）：

表 3-7　　俄罗斯执法机关的能力调查（%）

答＼问	“你认为以何种方式向欠债人追缴法律债务最有效？”	%
1	上诉法院	24
2	通过黑社会	45
3	通过由执法机关组成的“黑社会”（当然是有偿服务）	30
4	同犯罪“头目”合作	27

（资料来源：根据 Имущественные споры и криминал в современной России 一书第中 132 页资料绘制。）（П. А. Скобликов. М.，Дело，2001.）

俄罗斯科学院社会政治研究所的调查表明，俄罗斯警察在民众中的威信极低，被调查者中信任警察的比例 1994 年为 13%，1995 年为 10%；不信任的比例则达到 55% 和 71%。[①] “如果你自己不能保护自己，那谁也保护不了你。我的安全就在我的拳头上”；“没有一种力量是为了保护公民安全的”…… 类似的表述充分体现了居民对法律和执法机构的不信任。

对于社会转型的适应问题。面对陌生而恶劣的生存环境，个人和社会团体适应的形式是多种多样的。积极主动和消极被动两种社会适应态度存在的同时，俄

① 俄罗斯科学院社会研究所．俄罗斯的新政策：前提与定向．1996：63//张树华．过渡时期的俄罗斯社会．北京：新华出版社，2001：276.

罗斯社会又出现了其他社会适应类型，表现在由于社会体制转型和危机状态引起的独特的，社会个体对人生方向、社会地位和社会作用的认同和自我认同之中。俄罗斯著名学者 Л. А. 普罗济齐娜（Л. А. Плотицина）将其分为以下几种类型:①

第一种类型：在个人和团体的生活战略中积极主动地影响其他社会团体，例如，臭名昭著（赫赫有名）的寡头能够影响到政府和其他管理机构的成员组成，影响大众传媒的活动战略和战术。属于这一适应类型的还有积极从事经营活动的“新俄罗斯人”，以及成为国家新的政治精英者。这些人占居民总数的比例不大，只有 3% ~4%；

第二种类型：对日常生活环境急剧恶化采取消极的、随波逐流的态度，试图在自己周围的社会环境中、在家庭利益范围内保持社会心理平衡，但是其政治偏好多样化，从传统的苏联政治到新的自由民主政治都可以接受。持这种态度的是大多数居民；

第三种类型：多多少少不情愿接受，甚至排斥新的社会政治、经济、社会文化，同时有怀旧情结，持左倾或右倾的极端观点和立场。这类人认为，今天的俄罗斯没有真正的英雄和领袖，没有可以相信和爱戴的人；

第四种类型：个人或团体趁政府软弱、政策不连贯、社会形势危机、新的社会政治和经济体制处于艰难的形成阶段、法律基础不完善等大肆犯罪。其中许多人知道法律道德准则，但为了一己私利而去破坏之。这种类型具体表现为猖狂犯罪、腐败、恐怖主义、卖淫等其他引起社会动荡的消极因素；

第五种类型：由于社会政治、经济、心理原因失去了以前的社会地位，个人生活观念和行为被边缘化了，同时又没来得及融入新的现实社会，成为处于边缘状态的人，沦为乞丐，靠捡垃圾为生。这样的人不在少数，其中包括部分知识分子。

关于部分民众的社会边缘化问题，俄罗斯科学院的 Н. М. 利马舍夫斯卡娅（Н. М. Римашевская）注意到更具悲剧性的事实——2/3 的儿童和 1/3 的老人属于贫困阶层。她将贫困雌性化、“新穷人”（国企中受过良好教育的工作者）的出现，以及“社会底层”的形成视为社会的潜在危险因素。她认为，从 20 世纪 90 年代中期算起，在过去近十年里，大约有 4 500 万人或是勉强得以生存，或是沦为边缘人阶层。21 世纪初，Н. М. 利马舍夫斯卡娅进行了“社会底层”的专

① Плотицина Л. А. Некоторые особенности трансформационных процессов в России в условиях глобализации. // Под редакцией Ю. М. Осипова. Экономическая теория на пороге 21 века, том 7, 《Глобальная экономика》. 2003, Юристь, М. 473-475.

题研究，俄罗斯科学院人口学社会经济问题研究所也进行了专项调查，结果触目惊心。调查和研究涵盖了10%的城市居民，共计1 080万人。其中，340万乞丐、330万无业游民、280万无家可归的儿童、130万街头妓女。这个数字比官方统计数据高出数十倍。半数以上的居民代表和参与研究的专家认为，这些人沦入社会“底层”的主要原因是失业。①大量被边缘化者的存在必然对社会价值观的变化产生影响。

“社会舆论”基金会于1997年对社会情绪进行了一系列调查。调查表明，无论是改革的拥护者还是反对者，绝大多数人认为“俄罗斯经济改革最困难时期还在后头”。在回答是否愿意回到共产党执政时代，平均持肯定和否定态度者分别占41%和44%。其中在社会底层——包括农村居民、55岁以上的居民、中等学历以下的居民和低收入居民群体中，该比例均高达60%以上。②生活贫困和社会道德丧失使得部分居民明确表示留恋勃列日涅夫时期。③权威的象征——斯大林的威信在居民心目中不断上升，1990年仅有6%的被调查者高度评价其历史作用，而在2001年该指标上升为32.9%。④可见，由于丧失了对未来的信心，社会心理产生浓郁的恋旧情结，社会情绪极其悲观。这种恋旧情结与20世纪90年代中期居民价值观回归传统相呼应。

1999年的社会学调查的资料显示，40%的俄罗斯居民社会应变能力呈下降趋势，上升的只占10%。⑤对社会转型适应能力的研究表明，在俄罗斯社会转型过程中，所谓的“积极的适应者”不超过居民总数的1/5，大部分属于“消极适应者”（30%～60%）和“消极的不适应者”（20%～50%）。⑥

总之，在20世纪90年代社会转型中，激进的市场改革非但没把俄罗斯民众带入“资本主义的天堂”，反而将其抛入贫困的深渊。民众的社会自我感觉悲观，社会情绪紧张，对新政权的不信任和恋旧情结，对新环境的不适应，迫使社

---

① Римашевская Н. М. Бедность и маргинализация населения //Социологические исследования. 2004. No. 4. С. 36-44.

② Десять лет социологических наблюдений. Под ред. А. А. Ослона. М.，Институт фонда《Общественное мнение》，2003，С. 495-500.

③ Институт комплексных социальных исследований РАН. Граждане новой России：кем себя ощущают и в каком обществе хотели бы жить?（1998-2004）М.，2004，С. 37.

④ Бойков В. Э. Историческая память российского населения：состояние и проблемы формирования. http：//www. ecsocman. edu. ru/db/msg/8985. html

⑤ Андреев Л. Российский социум на фоне реформ：общество，государство，наука// Мировая экономика и международные отношения. 1999. No. 5. С. 94-102.

⑥ Плотицина Л. А. Некоторые особенности трансформационных процессов в России в условиях глобализации. // Под редакцией Ю. М. Осипова. Экономическая теория на пороге 21 века，том 7，《Глобальная экономика》. 2003，Юристь，М. 479.

会进行“价值重估”，引致了社会价值观的一系列变化。

二、回归传统的社会文化价值观

社会转型期也是文化嬗变的活跃时期，具体表现之一就是社会价值观的变迁。价值观本身具有很强的稳定性，尤其是获得主导地位的价值观，已经渗透到社会文化中，并潜移默化地指导人们的社会活动。同时，价值观又不是一成不变的，社会生活的变化时刻推动着价值观的变化，是价值观念变迁的根源。生活方式、生产方式和文化传统对价值观念的制约作用都是通过社会生活实现的，并且强有力地影响社会生活状况，进而影响价值观念的存在和变迁。由于不同社会群体的价值观变化趋势会有差异，因此，我们这里选取的资料多为综合性调查结果。

俄罗斯科学院社会综合研究所对 20 世纪 90 年代居民基本价值观的研究①表明，20 世纪末的十余年中居民价值观变化经历了两个阶段：第一阶段——80 年代末 90 年代初，被俄罗斯学者称为对西方的浪漫迷恋阶段；第二阶段——始于 90 年代中期，是居民价值观回归传统阶段。下面我们将具体描述这两个阶段的价值观变化特点，并展示其间发生的俄罗斯传统价值观和西方外来价值观的冲突。

在第一阶段，俄罗斯社会受到西方价值观的强烈冲击，苏联时期的一些价值取向遭到社会的否定，西方的自由主义价值观泛滥，总体上社会处于“价值真空”状态。社会对西方文化价值观的接受和对自由派改革的支持带有明显的盲目乐观性。

所谓“价值真空”是指在新旧价值观交替之际出现的一个无主流价值观的空隙。“价值真空”并非指失去了全部价值，而是指失去了最为关键的主流价值观。由于主流价值观的缺失，造成了各种价值观的激烈冲突。前苏联时期，人们一直接受“集体主义”观念，居民的价值定位都在集体主义范畴内，任何违背集体意志、损害集体利益的行为都被视为不道德的。因此，评价一个人首先要看他是否“热爱集体、维护集体利益”，个人主义的思想倾向受到绝对的排斥。80 年代中期，戈尔巴乔夫提倡“毫无保留、毫无限制的公开性”，倡导公开化和舆论多元化，使得在前苏联时期利用意识形态的条条框框铸成的“苏联文化”被优先提倡全人类的价值观和“社会主义多元化”的思想取而代之时，控制外部传入信息的意识形态过滤器没有了，大量的西方文化价值观涌入苏联社会，在封闭多年的俄罗斯社会掀起了全面否定社会主义历史的“自由化”浪潮，引起了社会思想的一度混乱。一时间社会思潮极度情绪化，各种不同的社会思潮轮番粉

① Институт комплексных социальных исследований РАН. Граждане новой России: кем себя ощущают и в каком обществе хотели бы жить? (1998-2004) М., 2004, С. 64.

墨登场，社会处于“价值真空”状态。激进派利用各种机会，大肆宣传西方价值观，主张“向西方看齐”，国家经济由完全计划体制走向另一极端——完全的“自由市场”体制。随着官方舆论对西方资本主义的美化，俄罗斯社会到处弥漫着带有浪漫主义色彩的民主化情绪，新的“自由主义神话”一时间取代了苏联时期的“共产主义神话”。西方的“民主”、“个人主义”冲击俄罗斯的“集权”和“集体主义”的传统价值观，源于东正教理念的精神价值取向在一定程度上受到排挤，“个人主义”膨胀，人们开始热衷于追求经济成就和物质利益。从对改革的社会心理准备来看，无论是面对政治改革还是经济改革，居民都是满怀希望和热情，带有明显的盲目乐观性。“究竟什么是‘市场’和‘民主’，谁也说不清，然而大家却异口同声地表示欢迎。尽管两三年前大家还排队去列宁墓，可一转眼又在热议拆掉列宁墓……”[①]就经济改革而言，由于对苏联经济改革的不满和对西方社会生活方式的向往，民众急切期待并热情支持改革，甚至准备好做出一定的牺牲。俄罗斯学者在一项心理调查中提出这样一个问题：“如果改革一开始就导致通货膨胀、失业，而后才带来经济好处，还应不应该进行改革?”实际上这个问题涉及改革代价问题。结果居民中竟有51%的人做出了肯定的回答，否定者只有17%，另有28%的人未置可否。支持者中大多数为受教育程度较高的科学工作者、大学生、管理机关的工作人员，比例分别占77.3%、71.4%和70.0%；而工业系统和退休人员中支持比例较低，分别占27.5%和37.8%。[②]

第二阶段，随着自由主义改革的失败，社会出现了厌倦情绪。西化思潮消退，民族主义和爱国主义复兴，民众从盲目迷恋西方的民主和生活方式回归至俄罗斯传统的世界观、道德观和生活方式，社会在现代民主制度和市场经济环境下从浪漫转向现实，传统价值观恢复了对社会的影响。

这一阶段居民的价值观变化实际上从“休克疗法”带来社会灾难之际就开始了。20世纪90年代初至中期，俄罗斯人经历了一系列的社会震荡：“8·19”事件、苏联解体、“休克疗法”、物价飞涨、MMM公司破产、炮打白宫、车臣战争等，百姓的物质生活水平急剧下降，发生了社会贫困化和贫富两极分化，发生了信仰危机，道德沦丧成为俄罗斯人的切肤之痛，这一切导致俄罗斯社会情绪消极紧张。几年经济改革的严酷现实使人们的心态发生了极大变化，社会厌倦了自由派的改革宣传，正如根·瓦·奥希波夫所言：“人们厌倦了花样翻新的种种社

① Сусоколов А. А. Культура и обмен: Введение в экономическую антропологию. М.: Русская панорама, 2007, С. 267.

② 别里阿耶娃Л. А（Беляева Л. А.）. 20世纪末俄罗斯的社会现代化. 1997//李景阳. 基本经济制度转变中的社会冲突——对俄罗斯的实证分析. 上海：东方出版社，2002：156-158.

会经济实验，……人们都认为，向市场经济过渡是那伙经济学精英进行的新一轮社会实验”。[①]自由主义改革派对西方极力向俄罗斯“兜售”的民主和市场模式推崇备至，然而他们并未把俄罗斯人带入“资本主义的天堂”，于是人们逐渐从自由的浪漫主义梦幻中回归现实。1990年一项全国民意调查结果显示，居民在回答“苏联应选择什么样的前进道路”时，32%的被调查者选择要效仿美国；17%选择德国；11%的人看好瑞典；只有5%的人选择了中国方式。[②] 1992年同样题目的调查结果有了较大的变化，选择美国等西方发达国家道路的只有11%，8%选择瑞典，5%选择中国。另有52%的被调查者认为俄罗斯应该走基于传统世界观的独特的发展道路。[③]“而国际舞台上西方以‘胜利者’自居，俄罗斯的国际地位日渐低微，加深了民众对西方的失望与反感，对西方由憧憬和膜拜转为指责和唾弃”。[④] 同时，民众失去了参与社会政治活动的兴趣，89%的俄罗斯人声明“不参加也不打算参加社会政治活动”，而个人计划、家庭、健康、高收入的工作、亲人的安全占据了价值观排序的前列。[⑤]民众对国家经济改革前景的态度不再盲目乐观，而是趋于理性和客观。在回答“您是否相信叶利钦总统‘1992年底实现国家经济稳定、人民生活水平提高’的许诺”时，完全相信者只有2%；12%的人认为会部分实现；19% 表示“走着瞧”；66%的人认为“根本不可能”。这与当初大多数民众支持改革并准备为改革做出牺牲相比可谓“急转弯”。到1995年底，相信俄罗斯建立西方式的民主制度的居民由1991年的96% 降到25%。[⑥] 1993年12月的杜马选举，民众对自由主义的支持率急剧下降，持自由主义立场的盖达尔一派仅获得15%的选票，自由主义失去了绝对优势。俄罗斯著名社会学家米·伊·科金总结道：“由于作为改革基础的自由主义主张与俄罗斯人民的精神道德准则格格不入，因此它在俄罗斯不能成为受到广泛支持的意识形态。”1995年杜马选举后，自由主义严重被边缘化，民族主义和爱国主义成为社会思潮的主流，民众也由盲目崇尚西方自由主义回归传统价值观。

可见，20世纪90年代初期俄罗斯人的传统价值观受到了西方价值观的强烈

---

① 根·瓦·奥希波夫（Осипов Г. В.）. 社会学与政治. 1993：131//［俄］米·伊·科金. 风雨兼程——俄罗斯转型启示录. 刘艳明，邢艳奇，译校. 北京：中央文献出版社，2004：16.

② 社会与经济变动：社会舆论调查. 全俄社会舆论调查通报，1993（6）：14//张树华. 过渡时期的俄罗斯社会. 北京：新华出版社，2001：269.

③ Елисеева Н. В.，Писаревская Я. Л. От СССР к РФ. 1985 - 2001. http：//postsov. rsuh/ru/hrest/g13. shtml. 14. 01. 2007.

④ 张树华. 过渡时期的俄罗斯社会. 北京：新华出版社，2001：275.

⑤ Елисеева Н. В.，Писаревская Я. Л. От СССР к РФ. 1985 - 2001. http：//postsov. rsuh/ru/hrest/g13. shtml. 14. 01. 2007.

⑥ 张树华. 过渡时期的俄罗斯社会. 北京：新华出版社，2001：46.

冲击，并且价值观的变化过程与居民的社会自我感觉相互影响、相互作用。20世纪80年代末90年代初，当社会情绪激昂、乐观时，人们便富于幻想和憧憬，甚至盲目接受西方“民主”和“市场”的价值原则；经过了数年经济转轨的“洗礼”，社会情绪愤懑、悲观、失望，民众开始怀念过去，其价值观也开始回归传统。同时，由于政治和经济转型已然不可逆转，西方的“民主”和“市场”观念在与俄罗斯人传统价值观的冲突过程中还是留下了自己的印迹。那么，究竟俄罗斯人传统价值观在多大程度上发生了变化？它最终是否经受住了市场意识的冲击？哪种意识占据社会意识的主流从而对社会思想和社会行为方式起决定性作用？要回答这个问题，必须分析基本价值观的变化情况。因为正是基本价值观构成了日常行为准则的思维基础，将居民结合为一个社会整体。相对于工具价值观，一个社会的基本价值观更具稳定性。

三、相对稳定的传统基本价值观

诸多俄罗斯学者和权威机构的调查研究结果表明，20世纪90年代社会转型期间俄罗斯居民的价值观发生了一定的变化，但传统的基本价值观呈现出较强的稳定性。

多数学者在调查中将价值观分为基本价值观和工具价值观来考察。所谓的基本价值观（或终极价值观），是指一种期望存在的基本（终极）状态，是一个人希望通过一生实现的目标；工具价值观指的是一个人偏爱的方式或实现基本（终极）价值观的手段。Н. И. 拉宾（Н. И. Лапин）院士在1989~1998年间进行了居民价值观跟踪调查。调查结果表明，俄罗斯人的基本价值观如人生观、自由观、家庭观、职业观、幸福观等比较稳定，发生变化的主要是工具价值观。①

从1993年开始，俄罗斯社会和民族问题独立研究所对全俄居民价值观进行了定期的调查研究，也证明了这种变化趋势（见表3-8）：

表3-8 俄罗斯居民价值观的变化（%）

价值取向	1993	1994	1995	1996	1997	1999	2000
1）人的一生应追求问心无愧和心情舒畅	84.7	74.6	93.4	78.2	69.3	89.6	93.8
2）人应力争权力并影响他人	11.9	15.1	5.9	12.4	17.7	10.4	6.2
3）每个人发挥才能的机会均等重于地位、收入和生活条件的平等	75.2	64.8	72.3	59.8	56.4	65.9	71.8

① Лапин Н. И. Пути России. М., 2000, С. 167.

续表

价值取向	1993	1994	1995	1996	1997	1999	2000
4）没有自由生活就没有意义	55.7	58.4	70.6	41.7	39.5	59.9	66.3
5）人生中物质财富重于自由	41.1	31.5	27.1	56.7	58.3	40.1	33.7
6）像大家一样生活比出人头地好	43.3	39.8	44.3	64.7	59.0	-	53.5

（资料来源：［俄］М. К. Горшков. Российское общество в условиях транформации》. М. 2000，С. 357.）

表中第一个问题的答案虽然比率上有变化，但还是得到了绝大多数人的肯定，说明俄罗斯人传统的基本价值观具有稳定性，与拉宾的结论是一致的。因为传统上“对于俄罗斯人来说，问心无愧是幸福的首要条件。当他们成功地抵制了某种诱惑没做蠢事，却感到有所失时，就会对自己说：‘良心没有牙，却能噬咬人心’，‘宁可钱袋空，不能昧良心 ’，以此慰藉自己。”①

第二个问题是民众对权力的态度。调查表明，权力对于俄罗斯民众来说没有特别的吸引力，这大概缘于政权在民众心中的形象不佳。从俄罗斯的历史来看，俄罗斯政权与俄罗斯民众之间的对立时期远远多于和谐时期，尤其是知识分子与政权的“声音”总是不同。“没有人喜欢这个政权，人们像躲避妖孽一样，躲避这个政权”②，这是别尔嘉耶夫对俄罗斯政权的评价。苏联解体后，俄罗斯人的国家观念减弱了。各加盟共和国相继独立，联邦中央力量削弱；20 世纪 90 年代几乎所有资产都转到个人手中，国家的力量呈日益衰弱的趋势；政府无力克服腐败和人口下降等消极的社会现象，加上国家法令轻诺寡信、无政府主义盛行、改革导致社会灾难等一系列因素，致使国家在民众眼中的威望不断降低。这一点在Ю. А. 列瓦达（著名的全俄社会舆论研究中心主任——作者注）十年的研究中也有明显的反映：

表 3-9　俄罗斯居民对国家态度的变化（%）

同意下述结论	1989 年	1999 年
“我们对国家没什么可感激的因为它给予我们的太少”	7	38
“我们应该成为自由人并迫使国家为我们服务”	27	37

（资料来源：［俄］Левада Ю. А. “Человек советский” десять лет спустя // ВЦИОМ. Мониторинг общественного мнения. М.，1999. No. 3. С. 8.）

① Сергеева А. Стереотипы поведения，традиции，ментальность русских. М.，2004，С. 142.
② 荣洁．俄罗斯灵魂的解读—书评．俄罗斯东欧中亚研究，2005（6）：88.

第四和第五个问题实质上一样，调查的是人们对物质和自由的取舍。调查结果告诉我们，大多数俄罗斯人一如既往地渴望自由。传统的俄罗斯人向来轻物质利益而重精神追求，热爱自由是俄罗斯人的天性，别尔嘉耶夫曾称之为“不拜金的灵魂”。

最后一个问题“像大家一样生活比出人头地好”，平均有52%的俄罗斯人给出了肯定答案，说明传统观念占了上风。多数人既不想当寡头，也不愿做乞丐，而是希望进入中产阶级行列。20世纪初别尔嘉耶夫如此描写俄罗斯人心态：“所有社会等级和阶层——贵族、商人、农民、僧侣、官吏——全都不喜欢向上攀登；大家都宁愿停留在低洼地和平原上，做一个‘和大家一样的人’”。①这一描述正是对俄罗斯文化原型中“众人如一人”的写照。如今，大多数人仍是这种心态。

传统上，俄罗斯人的法律意识比较淡漠。1998年俄罗斯科学院社会学研究所关于俄罗斯民众法律意识的调查表明，俄罗斯居民的法律意识淡漠的传统依然未变。②

（1）41%的被调查者认为“自己从未违法”。

（2）5.9%的被调查者认为自己守法是“为避免受惩罚”。应注意的是，该指标（这项调查经常进行）从未低于20%，在城市居民中该项平均值为19%，农村在25%左右。

除此之外，还出现一种不曾有过的答案：“应该视具体情况而定”，就是说我想怎样就怎样，于我有利我就守法，于我不利就可以不守法。另有5%的被调查者不愿回答这个问题。

俄罗斯科学院社会政治研究所于2000年的调查③表明，民众对法律活动的客观性和原则性持明显的不信任态度：

问：法律是为了保护谁的利益而制定的？

答（%）：（1）富人——20%；

（2）新的当权者——31%；

（3）黑手党团伙——20.5%；

（4）全体人民——2.9%。

可见，民众法律意识淡漠源于“专制主义的传统：法律是专横的，遵纪守法

---

① Бердяев Н. А. . Судьба России. М. , 1990, С. 21.

② Левада Ю. А. “Человек советский” десять лет спустя // ВЦИОМ. Мониторинг общественного мнения. М. , 1999. No. 3. С. 8.

③ Социальная цена либерального реформирования. М. , 2001, С. 84.

从来没给普通百姓带来过实惠”。[①]民众不相信国家法律的公正性和客观性，因为政府的法律具有任意性。何况历史上村社社员们奉行的多是村社的习惯法，而不是国家的法律。

1990~2002 年另一项题为《今天我们的价值观和利益》的全俄社会学跟踪调查也印证了俄罗斯民众基本价值观的稳定性。学者们列出 14 项价值观，包括基本价值观和工具价值观各 7 项，应该说能够反映居民的价值观体系。调查结果表明，7 项基本价值观中没有任何一项从俄罗斯人意识中消失，只是某些价值观的排序发生了变化。调查者将基本价值观分为四个层次：核心层、两个中间层和边缘层。核心层和边缘层都比较稳定，中间层比较活跃。俄罗斯基本价值观的核心层包括秩序、家庭和交际。人们把秩序视为法律对生活安全和全体公民权利平等的保障。这种秩序多年来一直明显缺乏，所以在俄罗斯人的意识中它一直占有重要位置，排序靠前。家庭和交际对俄罗斯人的生活来说非常重要，对大多数人来说，这里是社会动荡时最安全的避难所。基本价值观的中间层发生了较大的变化：自由价值观（自由、独立、主动性）的支持率上升了 10%~15%，达到 48%~57%，他们成为核心价值观的储备力量。而道德和生活等全人类价值观的排序降低，幸福的排序明显提升。边缘价值观中各项没有明显变化。作为一种价值观，追求权力只得到 20% 的俄罗斯人的认同。政权一直被视为对自由和无拘无束的限制，居民的支持率只有 23%~24%。[②]

著名院士 В. Н. 库德里亚夫采夫（В. Н. Кудрявцев）在俄罗斯科学院主席团的报告中总结道：“在向市场经济过渡的过程中，价值取向的变化过程还没有完结。可喜的是，尽管经历了严重的社会危机，但人的基本价值观保持了稳定性，而该稳定性正是一个社会道德健康的基础。”[③]科金曾欣慰地指出：“在令人失望的社会经济改革过程中出现的社会突变，必然会使俄罗斯的民族精神及其文化共同体发生巨大的病态变化。……但有一点是显而易见的：激进民主派选择的社会改造模式没有融入国家主要的思想及精神道德关系体系。”[④]

在传统基本价值观稳定的同时，俄罗斯人工具价值观发生了一些变化。

上文提到的 Н. И. 拉宾院士的十年跟踪调查结果也反映了西方价值观在一定程度上的影响。例如，1990 年的答卷人认为最重要的是国家秩序和做人问心无

① ［美］琳达·兰黛尔. 不情愿的资本家——俄罗斯向市场转轨的漫漫长路. 刘满贵，等，译. 北京：新华出版社，2004：154.

② Боенко Н. И. Экономическая культура: проблемы и тенденции развития. СПб, 2005, С. 101-102.

③ Н. В. Кудрявцев. Нравы общества переходного периода. //Вестник РАН, том 72, No. 3, С. 222 (2002).

④ ［俄］米·伊·科金. 风雨兼程——俄罗斯转型启示录. 刘艳明，邢艳奇，译校. 北京：中央文献出版社，2004：308.

愧，而自私自利和个人主义受到了比较一致的否定；1994 年多数答卷人则选择了追求个人成功和进取心。俄罗斯人传统价值观中对此持否定态度，但市场经济环境的特点却使该价值观发生了反向的转变；1998 年在经历了金融危机之后，人们的工具价值取向发生了新的变化。社会上流行“只要有钱赚，什么工作都可干”的观点。传统价值观中所强调的精神满足在一定程度上被金钱所代替，拉宾认为，虽然以前也有人有此类想法，但如此露骨的表白不曾有过。①

工具价值观的变化主要体现在青年群体之中。青年是一个特殊的社会群体，其思维最活跃、反映最敏捷、保守思想最少，最容易接受新的思想和观念，最易通过文化交流来实现自身文化传统和外来文化的整合和调适，并首先使这种文化在价值观念上迅速地反映出来。可以说，在社会急剧变化和转型期间，青年的价值取向经常是社会价值取向变化的晴雨表。青年价值观取向、道德水准和行为方式不但反映当前社会状况，也预示未来社会的发展方向和水平，因此，它是联结过去和未来社会文化的纽带。尤其是市场文化中的许多实用价值原则在青年群体中找到了“市场”，反映为其劳动观和道德观的变化，对俄罗斯的市场经济特点的形成产生了一定的影响。

首先，劳动价值观的急剧工具化是 20 世纪 90 年代俄罗斯青年价值观的一个显著特点。前苏联的青年从小就被要求以集体利益和国家利益为重，因此，他们对劳动的态度、兴趣和愿望是由支配个人和集团觉悟的社会价值决定的。他们非常渴望为社会做贡献，不仅把劳动当成谋生的手段，而且把劳动看作是最大的光荣。而 90 年代的青年大多从实用的角度看待劳动，认为工作就是为了换取赖以生存的报酬，以维持和改善自身及家庭生活状况。有关统计数据显示，持以上观点的青年人占 84%，而其余 16% 的人认为，工作是为了让自己得到锻炼和提高，是为了进一步完善自我。享乐主义的物质消费欲望左右着青年的劳动动机，40% 的青年赞成不惜一切代价赚钱，即使违法也干；抽样调查中 70% 的人认为，生活中钱是最重要的，其中 62% 的人认为赚钱无所谓诚实不诚实，只有难易之分，成功的样板就是“新俄罗斯人”。②

其次，虽然青年的道德观念与传统保持一致，但社会偏离问题严重。

青少年一代的思想道德状况是当代社会道德水准的一个重要指标，是社会道德发展趋势的决定力量。在研究道德规范问题时，我们选用俄罗斯科学院心理研究所于 1996~1997 年间对大学生和高中生进行的调查材料。如下：

问题：“你认为什么样的人是正派人?”

---

① Лапин Н. И. Пути России. М., 2000, С. 167.

② 崔晓娟．转型期俄罗斯青年价值观研究．中国知网，博士论文数据库．2003：51.

答案：

（1）助人为乐；
（2）可以信任；
（3）善良；
（4）诚实；
（5）聪明；
（6）自立；
（7）勤劳；
（8）信守诺言；
（9）有同情心；
（10）有责任心。

这个调查结果可以说完全符合传统的道德规范。遗憾的是，在后来的调查中勤劳和责任心没再被提及，代之以个人主义情绪的加重和追求个人成功。① 这种变化的发生并非无缘无故，因为生活是养成道德最好的教科书。经济改革造成大众生活贫困化，而当权者和新贵们靠私有化一夜暴富，这一切似乎在告诉人们“勤劳不能致富”的道理。

B. H. 库德里亚夫采夫院士于2000年对莫斯科两所文科大学的学生做了道德准则的调查。调查内容是请被调查者列出优秀和恶劣的道德品质。结果如下（每项不少于5人）：

表 3-10　　关于青年道德标准的调查

优秀的道德品质	恶劣的道德品质
（1）善良（31人）	（1）厚颜无耻，蛮横无理（31人）
（2）诚实（28人）	（2）行为卑鄙，背信弃义（19人）
（3）正派（17人）	（3）自私自利（17人）
（4）富有同情心（16人）	（4）欺骗、撒谎（16人）
（5）对人友善（11人）	（5）阳奉阴违（15人）
（6）仁慈（7人）	（6）贪婪（14人）
（7）忠诚（7人）	（7）嫉妒心强（14人）
（8）有正义感（5人）	（8）凶恶（13人）
（9）光明磊落（5人）	（9）傲慢（13人）
（10）原则性强（5人）	（10）无原则（7人）
（11）大公无私（5人）	（11）贪财（5人）

（资料来源：В. Н. Кудрявцев：Преступность и нравы переходного общества. М.，2002，С. 158.）

① Воловикова М. И.，Гренкова Л. А. Современные представления о порядочном человеке // Российский менталитет：вопросы психологической теории и практики. М.，1997. С. 94.

上述两项调查结果显示，最受大学生推崇的优秀品质是善良和诚实以及对他人的友善态度；为人自私凶蛮、无故挑衅、虚伪欺骗最为人所不齿。以上结果也基本符合传统道德观。

不难看出，俄罗斯青年的道德观与社会传统道德观大体保持一致。然而，我们不能忽视的一个现实是20世纪90年代俄罗斯青年严重的社会偏离问题。

所谓社会偏离，是指违反人们公认的社会规范，并引起非议或处罚的行为。它既包括违法犯罪行为，也包括违反一般社会规范的行为。转型初期，由于生活困难、社会价值观混乱等原因，处于“价值真空”状态的部分青年茫然接受了许多负面的价值观，如盲目追求西方的生活方式，追求享乐、时尚，羡慕“新俄罗斯人”花天酒地的生活。有些人为满足享乐的愿望铤而走险，走上犯罪道路。社会的不稳定和国家对教育的疏忽，使青年感到迷茫无助，许多人开始迷恋性和毒品。更有甚者走上了极端民族主义的道路，“光头党”成员是典型的例子。青年中性病、酗酒、大规模吸毒、青年女性国际化卖淫活动的比例俄罗斯居世界前列，青年的社会偏离程度也是名列前茅。科金认为媒体是造成这种状况的罪魁祸首：“整个一段时期以来，国家政策和被收买的大众媒体一直致力于取代大众的传统道德观念”，“从别列佐夫斯基的公共电视台和古辛斯基的独立电视台根本听不到对俄罗斯文明的报道。西方人收买的所有电视频道及出版物中，俄罗斯语言、俄罗斯歌曲及艺术都消失了。在我们的意识中，代替‘俄罗斯灵魂’的是另外一些概念：‘俄罗斯黑手党’、‘新俄罗斯人’”。①虽然青年的社会偏离问题后来引起普京政府的重视，但是这些现象已经严重危害了青少年的身心健康，构成了俄罗斯社会道德建设的一大障碍，并被视为社会经济转型的巨大代价之一。

综上所述，20世纪90年代俄罗斯的社会生活发生了重大变革，民众的价值取向、社会道德观念等精神文化因素也发生了相应的变化。从戈尔巴乔夫的“公开性”和“新思维”到叶利钦的“全盘西化”和寻找“俄罗斯民族思想”的呼吁，加上社会思潮你方唱罢我登场的局面，充分反映了国家精英阶层价值观的混乱状况；居民的社会自我感觉中，人们对生活状况不满意、社会情绪紧张、多数人缺乏生命和财产安全感、对政权的不信任态度、对未来丧失信心等，导致了社会的“价值重估”；工具价值观发生了一系列变化，个人主义和实用主义趋于膨胀，尤其突出地表现在青年群体的价值取向中，这无疑是市场经济文化冲击的结果。可喜的是，社会主体的传统基本价值观如人生观、家庭观、自由观、幸福观等处于稳定状态，因而出现了90年代中期价值观回归传统的趋势，为21世纪初

---

① ［俄］米·伊·科金．风雨兼程——俄罗斯转轨启示录．刘燕明，邢艳琦，译校．北京：中央文献出版社，2004：305-307.

普京政府实行转型路径的调整、摆脱转型困境提供了必要的前提条件。同时我们也应该看到，传统价值观越是稳定，它对市场价值观的抵抗就越激烈，因而不可避免地加剧社会和经济转型的震荡。

第二节　两种经济文化的交锋

俄罗斯20世纪90年代的经济转型首先是经济制度的转型，即制度上由计划经济向市场经济转型，经济管理体制由行政命令管理转向市场调节。自由主义改革派大力推行的激进式经济转型的动因并不是造福于国家多数公民，而是为了满足其政治诉求，使得俄罗斯向资本主义制度转型的进程不可逆转，这一点我们在前文已经涉及过。既然经济转型不以社会和民众利益为重，激进主义的改革者们也就根本不去考虑民众是否经受得起激进转型的巨大冲击力，更不会去考虑激进的经济转型是否符合传统的民众心态。为了尽快取得政治斗争的胜利，改革精英们根本无视俄罗斯传统经济价值观在经济转型过程中的作用。由于传统经济文化中的许多要素与市场经济文化要素呈对立状态，因而经济转型过程中二者必定产生冲突。本节我们比较俄罗斯传统经济文化与市场经济文化的背离因素，描述转型期两种经济文化要素的冲突，论述该冲突对俄罗斯市场建设的影响。

一、市场经济文化的主要特征

虽然资本主义的模式不同，但作为一种社会经济制度，其市场经济文化是有共性的。由于市场经济文化的特征很多，我们不能一一赘述，因此本课题中我们主要描述其中与俄罗斯传统经济文化明显对立的特征。

（1）经济行为的理性。指为获得经济利益而实现经济效率的能力。经济理性指企业生产和开支的理性。经济理性的主要作用是监督经营活动的开支、结果和效率。效率是经济状况和经济发展的主要经济指标之一。

苏联经济中就没有遵循理性开支的原则，我们仅举几例就足以证明之。陆南泉研究员指出："严重浪费是斯大林经济体制模式的一大弊病。这种浪费表现在各个方面，包括资源、人才和时间等。在生产过程中，原材料和工时耗费的多少与生产者无关，因此谁也不对原材料和工时的浪费表示关切……；决策失误造成的浪费也很大……而伴随浪费而来的则是低效率的经济。所以，在斯大林经济体制模式下的经济，完全可以说是一种浪费型经济，浪费是这种体制的必然产物。"①苏联经济的严重浪费表现在各生产领域。农业领域的浪费更是惊人：在勃

---

① 陆南泉．苏联经济体制改革史论——从列宁到普京．北京：人民出版社，2007：89.

列日涅夫执政的1973年，苏联在历史上第一次成为粮食净进口国，这一年净进口粮食1 904万吨。1981~1982年，每年大约需要进口粮食3 000万吨，而1979年粮食的浪费仅在收割过程中就达到2 300~2 500万吨。勃列日涅夫执政后期，每年报废的拖拉机占当年新提供数的80%以上，1979年则占了93%。[①]

苏联解体后，急于转型的俄罗斯经济向西方的银行、基金会和各种国际经济组织彻底实行开放，对西方的经济依赖迫使俄罗斯考虑西方的经济准则。例如，1992年俄罗斯政府颁布《破产法》，就是满足世界基金组织贷款先决条件的结果。然而，在经济转型过程中，传统的经济非理性特点依然存在。“总的来说，1992年的破产法没有发挥什么作用”。[②]

（2）高度的创新性。创新表现在新的生产工艺和经济管理模式上，即技术创新和组织创新。关于经济管理的组织原则有两种：一是“下层”自主管理，不受国家管理的影响；二是由国家实行“上层”统一的计划管理。市场经济管理中占主导地位的是自发的创新过程，激励因素来自于所有者的经济利益、所有者对降低生产消耗的追求和提高生产效率。

苏联长期坚持指令性计划制度，生产计划由国家统一下达，生产资料由国家统一调拨，因此，企业的任务是竭尽全力完成和超额完成国家指定的生产指标。这样，企业就缺乏采用新技术的内在动力。苏联虽然有实力雄厚的科研队伍，然而，巨大的科技能力难以在经济发展中发挥作用。因为计划管理体制同样适用于科研领域，科研项目要经过繁琐的计划、审批和审核等手续，使得一项新技术从研究到应用的周期长达10~12年之久。[③]常常是当一项技术研究成果尚未“履行完手续”就被淘汰了。“传统经济管理体制促使企业的活动只局限于追求短期内获得最多的产量，而阻碍生产的革新过程”。[④]

（3）经济主体的经济行为模式多元化。经济文化形式的多样化是经济发展的重要条件，丰富的经济结构伴随着丰富的经济关系，可以推动经济体制的多样化。市场经济中国有经济与私人经济并存，大集团与小企业共生，经济行业结构丰富，使得经济文化纷呈多彩，经济行为模式不乏多样。

单一的文化形式和经济关系则相反，只会弱化经济动机直至其消失。苏联经济就是一例。苏联经济的全部国有化加上意识形态的调解管理，使经济形式单一化和标准化，降低了经济自主的可能性。后苏联时期的俄罗斯在改革伊始情况就

---

① 陆南泉．苏联经济体制改革史论——从列宁到普京．北京：人民出版社，2007：275-279.

② ［美］琳达·兰黛尔．不情愿的资本家——俄罗斯向市场转轨的漫漫长路．北京：新华出版社，2004：158.

③ 陆南泉．苏联经济体制改革史论——从列宁到普京．北京：人民出版社，2007：403.

④ 陆南泉．苏联经济体制改革史论——从列宁到普京．北京：人民出版社，2007：403.

大不相同：经济组织形式多样化，包括合作社、租赁企业、规模大小不等的私人企业，产品和对外经济联系自然随之变得丰富多样。

(4) 高度的主体性。这是“人力因素”（公司的主人和资本的所有者）对经济发展的巨大影响。市场经济为利益不同、经济作用各异的居民提供自我实现的机会，主要包括各类企业家所有者团体，以及其他富于进取精神的实业界人士，他们在“原始积累”阶段成为经济发展的主要力量。市场经济能够使人发挥主观能动性，因为私有制使得所有者高度重视生产结果。另外所有者与国家的关系被明确规定，破坏数个世纪形成的这种关系是不可能的。

苏联经济中“人力因素”的作用被降低了，经济主体之间不存在竞争。尽管社会宣传要让“劳动人民参加生产管理”，但实际上这不仅不可能，而且还会妨碍上层政权的经济领导。因此，苏联经济唯一的管理者是国家，劳动者并没有主人翁的感觉。

(5) 经济主体的活动不仅取决于集团利益，还要遵循商业和社会道德等基本价值观。一位以市场经济为导向的经理人，必须把企业的竞争地位放在首位考虑，制定确保企业实现利润最大化的财务策略和经营决策，同时还要严格遵循商业和社会道德。无论是美国还是欧洲各国，都有严格的政治、道德、宗教和其他的民族传统和价值观，以此削弱个人私利对经济行为的影响。各个国家和教会对经济主体活动的政策调节足以证明之。

苏联时期党的政策和科学共产主义的意识形态是思想一体化的主要因素，该意识形态使得整个社会一体化。市场经济改革开始之际国家没有可供选择的价值观，因此，共产主义意识形态的崩溃是国家陷入思想的“真空”状态。因此，“集团利己主义”没有任何限制，也没有同任何价值观发生冲突而成为经济发展的主要因素。也正因此，叶利钦曾呼吁借助普希金的形象寻找全民族思想，直至新旧世纪之交，民族思想认同一直是俄罗斯的核心问题之一。

(6) 发达的“劳动伙伴关系”。市场经济文化的该特点体现在发达的“社会伙伴关系”体系中，该体系包括：

① 参与劳动过程的各方——国家、劳动雇佣方、工会、政党、各种社会组织之间存在稳定的利益协商关系；

② 劳动关系中的相关主体和国家之间稳定积极的互相配合关系；

③ 具有对伙伴关系有效的法律监督和修正。

苏联时期，“在经济管理高度行政化的条件下，国家行政机关与企业的关系是行政上的隶属关系，企业实际上成了国家机关的一个派出机构”。[①]工会等其他

---

① 陆南泉．苏联经济体制改革史论——从列宁到普京．北京：人民出版社，2007：83.

各级组织实际也同样服从于党的领导。所以，参与劳动过程的各方之间的“劳动伙伴关系”是不存在的。

（7）高尚的劳动道德——诚实、勤勉、有责任心、纪律性和追求劳动的高质量等等。尽管存在一些外部条件，例如竞争、失业和法律等约束因素的作用，但总的来说这些品质的形成与社会历史文化密切相关，社会学家马克思·韦伯将新教伦理与资本主义联系起来的研究足以证明之。另外，按时纳税等一些公民的行为准则被视为道德行为准则，逃税就是违反社会道德。

苏联实行全面直接的指令性计划管理，“计划作为经济政治指令，具有法律的效力。不完成指令性的计划，国家可以追究行政责任乃至法律责任……年度计划完成情况成了衡量企业工作成绩的主要标准”。①在这种情况下，企业的主要任务是完成上级下达的数量指标，而不是追求质量。为逃避惩罚，经常出现虚报谎报成绩的现象。在平均分配制度下，人们的进取心和责任心不足，劳动纪律涣散，以至于加强劳动纪律一直是中央工作的一个重点。劳动道德问题在转型期的俄罗斯尤为突出，正如雷夫金娜所指出的：“在俄罗斯，尽管建设劳动道德的原则意义非常重要，然而连谈论劳动道德标准的话题都显得多余了”。②

（8）经济主体的守法性。在发达的市场经济国家，法律渗透经济各环节并高效运转，使经济获得基本的稳定性，如管理制度可以连续运转，减少了经济活动的不可预测性等等。

“苏联时期，法律被高度政治化。仲裁的权力并不归属于司法体系，而是被放在经济部门。一旦经济企业或实体之间发生纠纷，裁决结果要由经理人在经济部门的关系力度来决定。法律与这些经理人毫不相干。在成功的企业交易中，个人关系凌驾于任何其他因素之上”。③在俄罗斯历史的各个时期，拥有发达的“关系网络”都是企业生存和成功的保障，经济主体成功与否在很大程度上取决于其关系网络是否发达，关于这一点我们在本课题第四章中有详细的论述。另外，许多经济法律法规根本得不到实施，其原因在于社会本身。民众法律观念淡漠是俄罗斯的历史文化问题。法律的无效性也为犯罪创造了方便条件，在俄罗斯经济转型期间这一点尤其突出。

（9）经济具有独立性。市场经济是独立的，其发展不取决于任何政党和集团的利益。该特征也是保证经济稳定和高效的重要因素之一。政治对经济的中立性

① 陆南泉．苏联经济体制改革史论——从列宁到普京．北京：人民出版社，2007：83.

② Рывкина Р. В. Экономическая социология переходной России: люди и реформы. М. 1998. С. 230.

③ ［美］琳达·兰黛尔．不情愿的资本家——俄罗斯向市场转轨的漫漫长路．北京：新华出版社，2004：154.

使经济避免了丰富的政治生活带来的频繁震荡，使经济获得发展所必需的稳定性。

沙皇专制时期，经济就处于从属于政治的地位。苏联高度集中的指令性计划经济体制模式的最大特点是管理权限的高度集中化和管理方法的高度行政化。这一特点决定了苏联经济不可能独立于政治。经济干部首先是党的干部，计划就是命令，是法律。更甚的是，就连90年代的经济转型本身也成为政治利益集团政治斗争的工具，经济转型的进程主要依靠的是总统行政命令的推动。

以上市场经济文化特征对于转型时期的俄罗斯来说至关重要。因为俄罗斯的经济转型是从计划经济转为市场经济，那么经济文化也需要相应的转型。正式制度层面的经济转型可以通过法律形式快速实现，例如通过经济私有化改变所有制的主体、减少国家对经济的行政干预、加强经济立法等。然而，许多非正式制度层面的经济文化因素是不可能强制移植的，尤其是对所有制的取向、劳动观念和劳动道德、法制观念、创新精神、主动精神等人的观念因素不可能快速转变。俄罗斯20世纪90年代自由主义改革者们期望一步跨越发达资本主义国家数百年的市场经济文化建设历程是不现实的，导致失败也是必然的。在90年代俄罗斯市场经济建设过程中，市场经济文化在俄罗斯常常遭遇传统经济文化的对抗，首先表现在经济价值观的对抗。

二、经济主体的传统经济意识

俄罗斯的经济改革是在推翻社会主义制度时进行的，民众被迫割断与苏联的一切联系，对于大部分人来说这种割裂是非常痛苦的。因为生于1917年以后，毕生都经历苏联时期的人还在世，20世纪30到60年代出生的人大半生也是在苏联时期度过的。就算当时18岁的年轻一代，也是在苏联社会主义中成长的。所有的1.5亿俄罗斯居民都接受了苏联历史的洗礼。意识形态、生活方式、政治制度、道德基础、文化和艺术，所有这一切到了20世纪90年代都作为社会记忆的一部分保存下来，影响着人们的生活方式和思维方式。

由于存在强大的意识形态壁垒，如新闻检查制度和官方论点等，致使十月革命前的俄罗斯历史被阻断和淡忘。也由于苏联时期人们生活的全面意识形态化，使苏联体制对俄罗斯人产生了不可磨灭的影响。

然而，始于20世纪80年代中期的改革和随后的经济转型导致了统一的大众意识的解体。首先受到怀疑的是苏联时期形成的，被广大居民奉为生活信仰的那些意识形态标准。“那时人们深信的是：社会主义是世界上最好的经济制度；吸引外资是叛国行为；私有财产是绝对不被容许的；人们毫不怀疑财富是堕落的小市民的标志，是拜金主义；买卖土地是掠夺人民的财产；自由的市场贸易是投机倒把。绝大多数苏联民众，如果不能说完全认同了共产党的意识形态，最起码也是习惯了自我保护所必须的意识和行为准则。”①那时的普通居民对社会主义经济制度并没有表现出反感，正如著名的经济学家 И. 比尔曼（И. Бирман）于 1983 年所写：“大多数苏联居民对制度的态度或是冷淡或是支持。因为……就算是速度很慢，但人们还是感觉出来战后生活水平在逐渐提高，就算对时局不满，但人们还是觉得今天比昨天过得好。他们寄希望于明天也会比今天好，而后天还会更好。”②不过人们支持制度不仅是因为相信明天生活会更美好，还因为害怕失去来之不易的劳动所得。再加上当时实行严格的新闻检查制度，人民对领导人的犯罪行为几乎一无所知。因此，尽管在知识分子中存在对苏维埃政权各种怀疑和批评，但社会不仅容忍了这个政权及其政策，而且还与之联合起来。

然而，戈尔巴乔夫时代公开性刚一出现，媒体关于苏共政策给居民、环境、经济和国家的国际地位造成损失的大量报道引发了一场价值观的大震荡，导致了人们对苏共政策和意识形态的绝望。1990 年在对《西伯利亚报》读者的调查中，相信苏联能实现社会主义经典口号的读者不超过 1/4，不相信的占到了 69%～70%。相信苏共能完成所定计划的人数更少。在回答“苏共中央和苏维埃国家能保证苏联人的基本生活条件吗?”这一问题时，肯定的答案只占 9%～13%，否定者占 75%～88%（见表 3-11、表 3-12）。③虽然此次调查的规模不足以代表全国居民的意见，但是它反映了 20 世纪 80 年代末 90 年代初知识分子对社会主义价值观的重新评定。

表 3-11 《西伯利亚报》读者对社会主义口号实现的可能性的看法（%）

是否能实现的口号	是	否	不知道
“政权归苏维埃”	19	73	8
“工厂归工人”	17	76	7
“土地归农民”	26	7	7
“民族自决权归各民族”	24	69	7

① Рывкина Р. В. Между социализмом и рынком: судьба экономической культуры в России. М.: Наука. 1994. С. 9.

② Рывкина Р. В. Между социализмом и рынком: судьба экономической культуры в России. М.: Наука. 1994. С. 10.

③ Косалс Л. Я., Рывкина Р. В.《Народ и власть》//Сибирская газета. 1990. 7 января. М.: Наука. 1994. С. 11.

表 3-12　　对苏共保证苏联人基本生活条件的可能性的看法（%）

是否能保证	是	否	不知道
正常的福利水平	11	80	9
正常的居住条件	9	88	3
高质量的医疗服务	9	84	7
减少环境污染	12	78	10
维护个人的政治权利和言论自由	13	75	12

（资料来源：Рывкина Р. В. Между социализмом и рынком: судьба экономической культуры в России. М.：Наука，1994，С. 15.）

同对苏联共产党的信仰一起破灭的还有数十年已经深入苏联人骨髓的思想和行为准则，例如“党和人民心连心”变成了一句空话；社会平等、财产归人民共有成为神话；社会主义竞赛、劳动英雄、个人服从集体，还有国家向广大人民灌输的很多价值观变得毫无意义。“人们成为一场规模宏大的实验的参与者——试图由没能实现的社会主义乌托邦转向离人们生活更加遥远的、更鲜为人知的市场和资本主义”。[①]而叶利钦宣布的转向市场经济的方针意味着实行私人所有制，私有制恰是市场经济的重要因素之一。在本来就有排斥私有制传统的俄罗斯，经历了私有制被消灭的 70 多年之后，如何转向市场呢？

在国家宣布向市场经济转轨之前，广大的普通民众对市场是没有概念的。人们不曾知道还需要付出努力获得什么私有权。在 1987～1988 年进行的民意调查结果显示，60%～70% 的人不愿在合作企业、私人公司、合资企业工作，尤其不愿在外企工作。他们坦率地承认，最重要的是要获得国家提供的哪怕是最低的保障，例如定时领取不高的工资、排队等住房、疗养证、幼儿园的空额和紧俏商品票等。人们所熟悉的使用劳动的方式只有一个，那就是国家使用的方式。[②]

同时，国家官员们即苏维埃党政机关的官员们完全是另外一种情形，包括党的各级领导、部委机关负责人、联合体的首脑、地方官员等。与普通工人和农民不同的是，他们有私有权的概念，懂得它的价值，并且能预感到自己对它的需求，因此他们尽可能伺机捞取一切可以捞取的东西。“在市场改革之前大部分国家财产就已经成为这些官员们的私有财产，……‘党的金子’就已经被藏到了国

① Капустин М. Конец утопии? Прошлое и будущее социализма. М.：Новости，1990，С. 124.

② Рывкина Р. В. Между социализмом и рынком: судьба экономической культуры в России. М.：Наука. 1994. С. 11.

外”。[①] 1994 年叶利钦团队中原苏联时期特权阶层的经济管理者占到了 75%。[②]

赶上经济转型的各代人，无论“上层”和“下层”的差别有多大，这些人都是在集权制度中成长的，他们的个性特点大多都适应集权制度，因此，他们很难改变已经习惯了的社会传统和社会关系。因为社会传统和社会关系不仅存在于人本身之外，不仅是制度、命令、法律，还存在于人的内部，存在于人们已经习惯了的价值观和行为准则之中。例如，1982~1989 年间苏联学者对苏联农业干部进行了调查，结果表明上级直接下达的任务、指令性计划、统一分配等经济制度要素已经渗入到各级专家和领导的文化中，成为他们的经济行为准则。研究表明，“80 年代末的干部，上至部长下至生产小队长都能严格执行上级的指令，按时完成计划，遵照一定的方式选拔和更换干部，执行汇报和监督制度”。[③]

当国家宣布要转向市场的时候，社会面临一个新的问题：快速的市场经济重新定位和在 3/4 个世纪里苏联政权培养的劳动者之间的矛盾。市场经济要求大量有自主能力的所有者，不是数以百计，而是要以千百万计。该主体不能只为自己积累财富，更不能是盗贼，他必须是诚实者并能为他人和社会的福利而奋斗。遗憾的是这样的主体并没有出现。[④]“大众的意识特点是消极的，不愿去建设、创造；只求温饱，而不准备购买各种股票；愿找个地方保证自己平安如意，而不求国家、社会和人民的富裕安康。大众的经济意识连为市场经济做准备都差得很远，更别说是市场经济意识了”。[⑤]这一点通过 80 年代末 90 年代初早期合作企业、股份公司和企业家联合会领导们的讲述得到了证实。1991 年初，俄罗斯私有者联合会主席 B. 舍科奇兴（В. Щекочихин）叹道：“能有什么好结果呢，当需要马上做出正确的投资决定时，合作企业的 100 个成员声嘶力竭地争论以何种方式进入市场对他们个人更有利？”[⑥]

“俄罗斯的市场改革是在传统的社会价值观（政治、意识形态和道德价值

---

① Бунич И. Золото партии. СПб., 1993. С. 235.

② Пономарева Е. Г. Политические институты и отношения в современной России. М.: РОССПЭН, 2007, С. 184.

③ Рывкина Р. В., Ядова В. А. Социально – упраленческий механизм развития производства. Новосибирск: Наука, 1989. С. 138.

④ Наумова С. А. Типология работников: вопросы управления//Социологические исследования. 1991, No. 2, С. 86.

⑤ Рывкина Р. В. Экономическая социология переходной России: люди и реформы. М. 1998. С. 173.

⑥ Щекочихин В. В. Монолог частного предпринимателя//ЭКО. 1991, номер7, с. 86-99.

观）被严重摧毁的背景下开始的，改革又加剧了对价值观的摧毁”。[①]市场经济方针的实施仿佛是公开性引发的价值观重新定位的合情合理的继续。政治的重新定位，尤其是对经济行政命令体系的尖锐批判彻底解除了对改革的禁锢。现在每个人都可以为所欲为：可以隐藏起来，也可以出头建立自己的公司；可以很诚实地去挣钱，也可以“走捷径”；可以只为自己，也可以为社会着想；可以加入合法组织，也可以进入犯罪团伙。“经济行为的自由成为俄罗斯新的社会经济形势的特点”。[②]形势确实是全新的：政治制度、意识形态、民众对政权的态度、经济自由的范围，所有这一切与苏联时期截然不同。虽然民众为自由付出了沉重的代价，但那时还是觉得俄罗斯取消经济的行政命令、进入市场是正确的。“改革初始人们觉得基本上没走什么弯路，社会没有感觉到这条路真正的长度，也没感觉到将代替被大家齐心协力推翻的行政命令体制的社会到底是什么类型”。[③]但生活水平的下降引起了居民的强烈不满。全俄社会舆论研究中心的资料表明，到 1992 年 5 月，对自己物质状况满意的俄罗斯居民只有 7%，不满意（根本或基本不满意）的占 89%。居民对社会日益严重分化现象感到痛心，对国企和新兴商业机构里劳动报酬的巨大差异不满。截止到 1992 年 6 月，非国有部门的基本工资是国有部门的 1.5 倍，两极分化比国有部门高 20%。[④]资本主义的“第一批宠儿”——俄罗斯百万富翁的出现，更是加剧了贫富两极分化，同时也加剧了社会矛盾。就这样，大部分苏联民众在对市场几乎一无所知时被抛入市场，他们的经济意识、经济行为准则几乎还停留在苏联时代，必然与市场经济文化产生冲突。

社会主体就这样被动地融入市场，直接与银行、交易所、换汇点等新兴经济组织打交道。伴随着民众由对市场经济“美好前景”的憧憬到经历沉重打击后的失落和愤懑，20 世纪 90 年代俄罗斯的市场经济建设一路步履蹒跚地走过。在两种经济文化的冲突过程中，传统文化尽显张力。但我们不能否认，市场文化也留下了自己的印记，产生了一些新的市场经济行为和准则。

三、市场经济行为的初步体现

随着市场进程的推进，俄罗斯社会各阶层的经济意识发生了相应的变化，在

---

① Рывкина Р. В. Экономическая социология переходной России: люди и реформы. М. 1998. С. 179.

② Рывкина Р. В. Экономическая социология переходной России: люди и реформы. М. 1998. С. 179.

③ Рывкина Р. В. Между социализмом и рынком: судьба экономической культуры в России. М.: Наука. 1994. С. 11.

④ Красильникова М. Д. Ежеквартальный социологический мониторинг потребительского поведения в условиях роста цен, 2 квартал1993г. М.: ВЦИОМ, 1993. С. 18.

两种经济文化的冲突中，市场文化也留下了自己的印记，新的市场经济行为模式初现端倪。在转型开始后的很短时间内，俄罗斯民众接触了大量经济文化领域内新的经济行为，如货币市场上，进行卢布与美元互相兑换，开设银行账户，开立美元账户；证券市场上买卖股票，履行股东职责——分配红利和参与经济管理；出售不动产；参与住宅私有化；获得私人公司提供的旅游、交通等多项服务；消费市场上，消费者获得和保护权益的意识增强等等。

除上述新的经济行为之外，同时存在规避法律法规、触犯道德禁地、违反社会准则的行为。它包括所有类型的经济犯罪——从国家官员的腐败到匪徒的违法犯罪，甚至于普通百姓为摆脱生活困境而规避法律的各种行为。如 1992～1993 年国家不再向农业进行投资，结果集体农庄内的“顺手牵羊”发展成为大众普遍性的行为。人们的某些行为定式是对另一些行为定式后果的客观反应。例如当“社会伙伴”关系尚未形成时，通过罢工抗议国家拖欠工资就是工人对“上层”经济政策后果的反应，因为拖欠工资使工人的生活和劳动条件急剧恶化，工人自然就要斗争反抗。另外，国家取消了居民的社会保障使人们感觉自己有权利从国家获得补偿。苏联时期，所有劳动者——技术员、收款员、工程师、教授以及工厂厂长，都可以按时领取工资，没有失业的威胁。如果想分到住房，只需耐心排队；要想扩大住宅面积，只要家里增添人口；要搞到紧俏商品，必须走“后门”，等等。一切按部就班，简单明了。当习以为常的这些行为准则失去效力，而新的行为准则还没有形成时，人们就会冒险探索自己的生存途径。应该说，规避法律、“顺手牵羊”、官员腐败等在俄罗斯社会和经济发展中是有根可循的，是俄罗斯人传统行为定式的延续。

按照人们适应市场的方式不同，我们将其分为积极适应者和消极适应者。前者通过学习新知识，掌握新技能适应新形势的需要；后者则通过非法和不道德途径适应市场的需要，但二者都加入到文化重新定位过程中。可以说，这个过程绝不意味着结果是成功，因为其中包含着人的堕落及反向发展。

在适应市场的过程中，各领域形成了许多新的经济行为模式，对普通居民来说，其中最有代表性的是劳动市场。苏联时期“劳动市场”这个概念本身就不成立，因为劳动力不是商品，不可以买卖，不可能对其定价。1990 年苏联出现了国营职业介绍所，负责调解劳动市场的关系。国家在“向市场转轨”的计划中规定劳动市场上“劳动力供求自由”、“劳动工资自由浮动”等等。[①]这些规定一方面承认了非国有企业中雇佣工人和私人雇佣劳动者新的社会地位，承认工会独立；另一方面承认失业者可以在劳动市场上找到适合自己的职位、提供自己的

① РывкинаР. В. Экономическая социология переходной России: люди и реформы. М. 1998. С. 271.

劳动、自由应聘和辞职等等。诚然，职业介绍所成立初期，无论是工人还是雇佣劳动者都没有掌握一定的原则，但到20世纪90年代后期，加入劳动市场的主体之间形成了新的关系，其行为也形成了新的模式。例如，企业允许工人自由流动，职业介绍所积极帮助工人重新就业，失业者广泛搜集信息、研究劳动市场状况、领取补助金等。[①]国营职业介绍所使许多失业者得以在新环境中继续工作，同时私营职业介绍所也逐渐增多。

经济生活的其他领域也出现了新的经济行为，例如科研领域。以前学者们在国家的研究部门工作，只要从事研究工作就可以，研究成果向市场推销不用学者们费心。向市场转轨以后，作为研究人员，不仅要搞研究，写出的书要在“自由的市场”而不是以前的计划市场出版，这就意味着学者们要自己联系出版社，要找到赞助商解决资金来源，准备样本，进行价格预结算，找到发行渠道，与出版社及其他相关部门签订合同等等。所有这一切市场经济行为，对于苏联时期的科研工作者来说都是陌生的，是全新的经济行为。作者们必须先了解、理解、掌握这一切并付诸实施。同时，出版商、编辑、排版工人及美工等，也必须转向新的劳动市场，掌握本行业的行为模式。这样，出版市场就形成了新的行为模式。

从以上各例可以看出，当苏联行政命令体制下的行为准则不再起作用，而市场建设又刚刚开始时，为了在新环境中生存，满足工作、住房、看病、度假、抚养子女等生活的基本需要，人们就必须接受新的经济行为模式。以前年轻人毕业后等待“分配”工作，现在就必须到劳动市场找工作，每个人都必须学会去做这些。

俄罗斯市场的发展经历了旧的联系已经中断，而新的联系尚未形成之际，所以市场建设一度陷入混乱。建立新体制比打破旧体制需要更长的时间，因此从旧体制转向新体制必然经历“真空”时期。“1997年前夕，社会有了建设市场的思想准备，然而必要的经济、法律和企业环境却不具备，迫使许多居民不得不放弃已经开始的经营”。[②]典型的例子就是俄罗斯的私人农场建设。1996年农场数量最多，有8万个，到2000年非但没有发展，反而下降至26万左右[③]，许多私人农场因企业环境不利等原因而倒闭。

---

① РывкинаР. В. Экономическая социология переходной России: люди и реформы. М. 1998. С. 272.

② Рывкина Р. В. Экономическая социология переходной России: люди и реформы. М. 1998. С. 273.

③ Нефедова Т., Джудит Пэллот. Неизвестное сельское хозяйство, или Зачем нужна корова? . М., Новое издательство, 2006, С. 202.

第三节　市场经济建设的艰难历程

激进的经济转型对于苏联广大居民来说是极其困难的，而且不仅仅是物质上的困难，最主要的困难在于要改变生活方式和经济意识。苏联社会主义存在了70多年，培养了人们特殊的习惯，形成了自己的传统，创造了自己的文化。人们的住房由单位给分，孩子上幼儿园的费用单位给付，每个人都享受单位提供的国内免费度假；大多数人除了卢布以外没见过也没听说过还有其他币种；资本家和商贩被视为阶级敌人。忽然间所有这一切被价格自由化、外汇兑换点、街头贸易、贸易商场、私有化证券、投资基金、交易所等替代。这一切突如其来，使大多数居民来不及判断和适应而陷入迷茫，而少数“上层人”或化权力为资本，或趁乱大肆投机，加剧了社会和经济秩序的混乱，使社会向市场的转型举步维艰。

一、市场建设的阶段性发展

随着对市场改革认识的不断加深，民众的态度在不同阶段发生了相应的变化。因此俄罗斯20世纪90年代的市场经济建设呈现阶段性发展的特征。

始于20世纪80年代中期的戈尔巴乔夫经济改革，虽然没有推动国家大规模地转向市场关系，但已经出现了包括合作社和其他私人经济在内的经济形式多样化趋势，市场改革的计划也在酝酿之中，因此，我们可以将1985~1991年视为市场经济发展的第一阶段。

第一阶段：准备阶段（1985~1991年）。80年代后半期，由于戈尔巴乔夫提倡公开性，取消了新闻检查制度，苏联的意识形态堡垒被摧毁，行政命令体制出现了危机。但是人们并不了解市场经济，也根本没有在市场条件下劳动和生活的准备。1990年夏天，国家开始认真讨论市场计划，向市场迈出了第一步，“市场”概念的实际含义变得越来越具体。当时诸多因素似乎都在促使国家转向市场经济，如外国经济学家的建议、苏联部分学者和政论家的呼吁、政府失去了人民的信任、发达国家援助的希望渺茫等等。而最主要的原因是旧体制已经不能支撑经济的发展。建设市场经济要求人们有相应的经济文化意识，可是对于苏联人来说，市场是完全陌生的。旧体制下的行为准则是服从安排，执行命令，而市场经济中要求独立冒险精神；以前的奋斗目标简单明了：遵守劳动纪律，完成上级计划，现在的目标则完全不同：买房子、买企业、开创自己的事业即“从商”。一向只知道服从“上层”命令的民众一时间感到很茫然：如何建立股份公司、开立私营商店、参加对外经济活动？这一阶段较以前的变化在于人们开始对以公有制为基础的社会主义和以私有制为基础的资本主义两种制度进行重新思考，对私有制的抵触情绪有所减轻。1990 年 12 月全俄社会舆论研究中心的调查结果显示：有 44% 的被调查者对私人企业和外国公司持肯定态度，否定者占 17%；1992 年 1 月调查时该比例为 51% 和 25%。1989 年对私人农场的正面评价占 63%，1992 年 1 月上升为 81%。①居民对失业的评价如下：1989 年被调查者中认为失业是不可容忍的占 45%，1990 年底为 39%，1992 年 1 月为 33%；认为失业是可容忍的现象以上各时期的比例分别为 6%、20%、27%。②

以上调查结果表明，这一阶段居民的传统经济价值观已经有了一些变化，私有制等市场经济价值观被越来越多的人所接受。

第二阶段：大众“直面”市场时期（1992～1993 年）。大众在经历了 70 多年的高度计划经济之后首次直面市场，经历了价格自由化，走向开放的消费市场，接触外汇和商业银行等。虽然这时期民众对市场的认识还很模糊，也缺乏市场条件下生活的经验，尤其是经过“休克”之后，人们对私有制和市场的评价降低了，但下表的社会调查结果显示，社会情绪总体还是支持市场改革的（见表 3-13、表 3-14）。

表 3-13　　对经济制度的评价（%）

更为正确的经济制度	1992 年	1993 年
以国家计划和分配为基础	33	7
以私有制和市场为基础	42	81
不知道	25	12

表 3-14　　对继续市场改革的态度（%）

	1992 年	1993 年
继续改革	66	77
停止改革	34	23

（资料来源：Р. В. Рывкина. Экономическая социология переходной России: люди и реформы. М. 1998. С. 243.）

由表 3-13 和表 3-14 可以看出，这两年被调查者中支持市场改革和赞同私有制的比例均呈上升趋势。出现这种状况原因在于：一方面，1991 年的社会改革

---

① Общественное мнение в цифрах: Информ. Бюлл. М., 1992. Вып. 2. С. 14-15.

② Общественное мнение о ключевых проблемах перехода к рыночной экономике. М., 1992. С. 24, 55.

热情没有完全消失，人们对民主改革和社会进步的期望还很高，促使人们抛弃社会主义而支持市场改革；另一方面，虽然在与市场直接接触过程中，社会经历了严重的“休克”，感受了失业、物价飞涨、储蓄贬值带来的痛苦，但改革更为严重的后果如拖欠工资等还没有完全显现出来，人们还没有遭受最沉重的打击，还在憧憬资本主义的“美好未来”，因此仍然支持改革。

虽然人们适应市场环境的过程刚刚开始，但是这个阶段适应速度很快。大量部委改组、大量国企关闭或被非国有化，都迫使人们快速适应新的形势。此间人们对市场改革、对新的所有制形式和新的经济管理方式表现出极大的兴趣。民众大规模地加入市场进程，最突出的表现是苏联时期禁止的个人兼职。随着贸易自由化的开始，出现了新的就业形式，因此许多人虽未改变职业但开始学习新的专业技能。人们对银行和公司等新型市场组织的信息需求量不断扩大，对广告的关注越来越多，街头贸易、“倒爷”生意红红火火，中介活动兴盛。为了开设私人公司从事商业活动，人们开始寻找外国合作伙伴和赞助商。人们的劳动价值观等变得更具实用性。

第一阶段和第二阶段的特点主要是针对俄罗斯普通大众而言，包括工人、农民、服务业职员和专家学者。涉及政治、经济精英，他们从经济转型一开始就积极从事市场经济活动。制度“真空”时期也正是他们从事市场经济活动最活跃的时期，关于这一点，我们将在下一章专门论述。

第三阶段：排斥改革的情绪加重（1994~1995 年）。由于这一阶段政府的经济政策越来越多地显示出“偏差”，经济犯罪越来越公开化，改革给社会带来的负面影响日渐明显，所以社会排斥改革的情绪加重。同时，社会对市场的适应过程并没有因此而中止。整个社会出现一种悖论现象：一方面是改革派的胜利，他们成功地建立了“改革的政府”，改革进程成为不可逆转；另一方面，民众对改革的批评越来越尖锐。1995 年民众对改革的支持率由 1994 年的 54% 降至 48%。[①]赞同私人农场经济的比例由 1993 年的 51% 降至 1995 年的 35%。[②] 人们很清楚，在日益复杂的新形势下私人农场是无法生存的。

虽然抱怨渐多，但普通民众的唯一选择是不得不继续融入市场发展进程，在融入市场的过程中，人们八仙过海，各显其能。在从事本职工作之外，许多人通过兼职或其他途径，想方设法赚钱维持生计，并基本适应了就业、商品和服务市

---

① Косова Л. Б. Разочарование в реформах в различных социальных группах//Мониторинг общественного мнения. 1995, No. 4.

② Седов Л. Перемены в стране и отношение к переменам//Мониторинг общественного мнения. 1995, No. 1.

场的新环境，对通货膨胀和物价上涨似乎也习以为常了。

第四阶段：（1996~1997 年）。民众进一步适应市场的同时，对政府的不满情绪增长。与以前相比，这个阶段的矛盾性更为突出。一方面，由于开发新的就业形式，掌握新知识新技能，也由于价值观的变化，人们对市场的适应性更强了；但同时，由于许多行业的企业生存困难，拖欠工资现象普遍，许多地区居民生活贫困化，社会矛盾越来越尖锐，社会情绪越来越紧张，民众对政府的信任度降至空前的低水平。

第五阶段：经济遭受金融危机重创，社会情绪进一步紧张（1998~1999 年）。1998 年 8 月俄罗斯爆发了严重的经济危机，形成以经济危机为尖锐表现的多种危机相互交织的局面，使长期衰退的经济又遭受了灾难性的浩劫，国民经济濒临崩溃边缘。处于社会底层的广大民众遭受经济危机的冲击最大，社会情绪极度紧张，社会冲突不断加剧，全国罢工高潮再起。1998 年 10 月份参加罢工的人数几乎是 4 个月前的 4 倍。虽然普里马科夫政府采取了一系列经济稳定和调整措施，但居民对政府的信任水平仍然极低。①

从以上的描述中，我们不难看出 20 世纪 90 年代俄罗斯向市场过渡的矛盾性特点：一方面，居民渐渐摆脱了对国家和社会的依赖心理，越来越多的人独立开展经济活动，积累了市场条件下的工作经验，经济主体间的经济联系趋于紧密；另一方面，社会紧张度呈增长趋势。同时，尽管人们适应市场的能力逐渐增强，然而俄罗斯还是一个庞大的劳动集体的国家。因此，1997 年诸多工业企业拖欠工资，使大量工人、专家和员工的生活陷入窘境，所造成的社会震荡远远大于 1992~1993 年。另一个显著的特点是民众对市场改革的态度不断变化，我们通过表 3-15 可见一斑。

表 3-15　　1992-1997 年民众对市场改革的态度（%）

对是否继续改革的看法	1992	1993	1994	1995	1996	1997
继续改革	66	77	54	48	58	59
停止改革	34	23	46	52	42	40

（资料来源：Рывкина Р. В. Экономическая социология переходной России: люди и реформы. М. 1998. С. 247.）

民众对改革的态度变化不是单一的取向，而是随着对市场改革的感受和认识

① 李景阳．基本经济制度转变中的社会冲突——对俄罗斯的实证分析．上海：东方出版社，2002：207、216-217.

发生波动的。1995 年当改革的社会灾难后果显现时，反对继续改革的人占了一多半，市场建设越发艰难。我们透过市场文化的缺失清晰可见其艰难所在。

二、市场经济文化的缺失

由于经济文化转型落后于经济制度的转型，因此，当市场经济制度被移植进来后，社会连最基本的市场经济文化基础都不具备。下面我们举几例说明。

从经济自由化开始，缺乏市场经济文化的例子数不胜数，最典型的就是发生大量金融欺诈案，波及数以百万计“被骗的投资者”。其中 MMM 公司欺诈案广为人知，给“股民”们带来不可估量的经济损失。

MMM 公司成立于 1988 年，为私人合作社，创办人是谢尔盖·马夫罗季（Сергей Мавроди）。“MMM”取其三个兄弟姓氏打头字母而成，公司创办时注册资金仅 1 万卢布，后来改变为股份公司时将注册资金增加至 10 万卢布。就是这么一个不起眼的公司，却创下了一连串的奇迹：两年间竟然将注册资本提高了 1 000 万倍，不到 5 个月的时间里，公司股票的升值幅度超过 80 倍，拥有 1 000 万“股民”，每周的股票收入达 400 亿卢布。如此的暴发速度，令身处发达的市场经济中的西方同行惊愕不已。

对 MMM 公司的丑闻有基于各种视角的评价，我们重点分析导致这次冲突的社会因素，挖掘其产生的社会文化根源，评价丑闻参与者——股东、MMM 公司有价证券的购买者、公司持有人、内务部的工作人员、政府以及广告商的经济文化水平。因为上述每个团体在 MMM 事件中都有各自的利益并遵循该利益而行动，因此，观察和分析他们的行为，就可以透视出整个社会的经济文化状况，以及社会对在文明市场环境中生活的准备情况。

首先看股民的行为。股市伴随风险、投机和炒作，这是简单的常识，而唯独俄罗斯的中下阶层“股民们”在对股票概念模糊、对自己作为股东的权利和义务毫无概念的情况下，将自己的糊口钱放心地交给了 MMM 公司，仿佛入了“保险箱”。股东的行为表明，第一，他们对股份公司的运行一无所知：公司偿付股票的能力究竟如何，衡量公司支付能力应考虑哪些具体指标等等。如果说作为 MMM 公司的客户不需要成为经济学家，那么，这些被骗的客户就连自己同公司已经构成合作伙伴关系都毫无意识，他们只是将 MMM 公司视为“可靠的储蓄所”，而自己则是储户；第二，股东们根本不懂得自己是 MMM 公司资本的共同持有人这一经济角色。作为共同持有人，他们不仅应该了解公司的资本来源，更应该监督资本的运转情况。鉴于以上的认识，在 MMM 公司停止兑付之后，这些股东的反应是“再一次休克”。他们找总统告公司，根本没考虑这是一家私人企业，而他们的投资行为也是自愿的。股东们对自己的社会和经济角色的无知为马夫罗季及其他类似的无良知者在俄罗斯“吹大泡沫”提供了绝好的机会。

第二，公司持有人的行为。MMM 公司的丑闻实际上就是一个狡猾自私者利用一些家庭物质生活困难，利用人们的经济无知和轻信诺言的心理而对同胞实施诈骗。马夫罗季有着强烈的市场意识和捞钱的嗅觉，是第一批“下海经商”的苏联人。他于 70 年代末还在上大学时就偷偷开始了“地下经济”的生涯。1988 年正式注册了私人合作社，几年后，成为俄罗斯影响最大的股份公司。马夫罗季利用欺骗手段，一手炮制了令人震惊的金融诈骗案。如果他处在市场经济环境中，他的诈骗不会成功；如果他自己具有较高的商业道德水准，有一点社会责任感，也不会如此唯利是图。可见，在马夫罗季为代表的“新俄罗斯人”身上根本看不到守法性、高尚的劳动道德和社会责任心等市场经济文化的基本特点。

第三，广告商的行为。在 MMM 各个兑换点已经停止兑付股票、股民为自己的钱而斗争之际，电视和广播仍一如既往地宣传说 MMM 股份公司的股票变现能力最强，能使持有者迅速致富。MMM 所有的广告片当时还能够如数播出，充分反映了广告商道德水平的低下和责任心的缺失。

第四，这一切发生在国家不作为的背景下，即国家对损害民众利益的行为视而不见，对市场“急先锋”们的经济行为没有任何监督监管。在市场经济发达的国家，政府通过法律和管理制度保证经济的稳定性和劳动的高效性，因为股东和公司所有者之间的相互关系应该依据国家制定的“游戏规则”调节。然而，在股份化开始之前俄罗斯缺乏这种规则意味着国家的管理滞后于市场发展，换言之，国家犯了渎职罪。

还有很重要的一点：MMM 丑闻的以上参与者之间没有形成市场经济文化中“发达的劳动伙伴关系”，参与经济活动的各方缺乏稳定的利益协商关系，相关主体和国家之间不是积极配合的关系，国家更缺乏对整个伙伴关系有效的法律监督机制。

综上所述，MMM 丑闻之所以发生，缘于受骗者对市场经济的无知，行骗者及商业机构社会责任心和道德的缺失，以及国家的渎职。“MMM 公司的丑闻是向市场经济过渡初期俄罗斯市场经济文化缺失的最好例证”。①

1993～1994 年是俄罗斯金融市场急剧膨胀而又极度混乱的两年。这期间成立的各种交易所达 2 000 多家，超过了全世界其他地区的总合。② 90 年代中期，在

---

① Готовы ли мы к капитализму: Социальные уроки скандала с АО МММ// Культура. 1994г. , 20 авг.

② 张树华 . 私有化是祸？是福？——俄罗斯经济改革透视 . 北京：经济科学出版社，1998：108.

俄罗斯这块市场经济和法律秩序不太成熟的土地上，几年时间里，证券市场先后发生了3 000多起非法融资案，受骗居民占俄罗斯人口总数的1/4之多，MMM公司的丑闻只是其中典型的一例。许多公司在聚敛资金后携款而逃或宣布倒闭。俄罗斯有官方资料证明，仅1995年一年莫斯科市就揭露出这样的公司232家①，包括MMM、Тибет、GMM、Чара和Властилина等20多家波及面极广的公司。

社会缺失经济文化的另一典型例证是居民对私有化证券的使用问题。1992年俄罗斯政府向居民发放私有化证券，拉开了大规模群众性私有化运动的序幕。然而，当时证券和基金会一类的名词对于大多数居民来说非常陌生，更不用说如何使用私有化证券了。大家根据官方的解释以为自己凭借此券就可以成为一定数量资本的所有者。社会问卷调查结果显示：31%的居民将私有化证券卖成现金；24%交给基金会；15%购买了本企业的股票；10%赠送他人；10%不知如何是好；6%购买其他企业的股票。再看一看基金会的做法：到1994年4月，俄罗斯建起650家证券投资基金会，1994年第二季度626家基金会中，仅有136家的股民得到50%～70%或100%的红利。然而，当时的通胀率高达3位数，若除去通胀因素，例如彼得堡市1 000卢布股票的红利只有39卢布。作为国家代表的盖达尔和丘拜斯在发放私有化证券过程中的一些行为可谓不负责任。官方宣布，政府对国有资产进行了评估和登记，私有化证券是参照人口和国有资产的比例发放的，但后来盖达尔在《胜利与失败的日子》一书中又承认当时只是为了计算方便将每张私有化证券的面值随便定为1万卢布，于是出现了这样的公式："人民私有化=每人1张私有化证券=70年社会财产总和÷居民总数=10 000卢布=150美元（发行时）=7美元（1年后）"②丘拜斯宣称1张私有化证券可以换回2部伏尔加轿车，然而，一年后居民只换回1瓶伏特加酒或1公斤香肠。政府在物价上涨20倍时，还没有对国有资产进行重估，意味着居民的证券价值仅为国有资产实际价值的1/20。通过居民和政府这一系列的经济行为，我们有充足的理由认为这期间社会根本缺乏市场经济建设必要的文化基础。

市场经济文化的缺失不仅体现在经济改革初期，即使到了1997年中期，俄罗斯社会的市场经济文化仍处于低水平，具体表现在以下几点：

第一，人们不了解也不理解政府所实行的在很大程度上属于"影子"或至

---

① 张树华．私有化是祸？是福？——俄罗斯经济改革透视．北京：经济科学出版社，1998：105-106.

② 张树华．私有化是祸？是福？——俄罗斯经济改革透视．北京：经济科学出版社，1998：121-122.

少是不够透明的经济政策。[1]国家对经济政策也没有做出系统的解释，致使广大居民根本不了解经济政策的目标所在。大规模“证券私有化”阶段，一方面是政府向居民发放私有化证券，另一方面是居民手持私有化证券不知所用。更为突出的是土地政策，很长时间以来国家没有向居民明确土地所有权的政策。还有政府机关通过的文件未能传达至普通民众等等。

第二，民众不了解诸如金融工业集团、俄罗斯中央银行、商业银行等一些新的市场机构的职能，大部分居民对其制度的理解水平也很低。因此，当时的俄罗斯媒体，包括广播、电视、报刊，出现大量咨询栏目、广告等，用以普及这方面的基本知识。

第三，人们不了解新的法律法令赋予自己的权利，不知道自己有机会创办企业。许多失业者不知道有私人职业介绍所存在，他们在国营职业介绍所排队登记时，并不知道自己拥有什么权利。

第四，民众不了解市场制度的基本常识，不知道在市场中的工作原则。在市场改革开始阶段，这一点不仅表现在工人、农民、服务工作者等普通百姓身上，甚至企业家也包括在内。1994 年春天，在向市场转轨进行了几年之后，《消息报》上刊登了一篇文章写道：“对于俄罗斯商业银行来说，一个尖锐的问题就是许多借债人的市场文化水平很低。最近许多银行领导人在发言和谈话中经常谈及该问题，例如工业建筑银行、投资商业银行、莫斯科商业银行、莫斯科工业银行、社会投资银行、中伏尔加银行、私营工业银行等许多银行都为此感到头疼。新一代企业家进入俄罗斯经济领域，他们从来没有到过商业部门，因此，一连串的问题让他们手忙脚乱。即使经验丰富的领导，处于不断变化的经营环境中，也必须改变自己的工作方式，准备迎接残酷的竞争，尽管他们很不习惯。我们许多贷款者连贷款申请都不会写，更别提要清楚地说明自己将如何有效使用贷款，要说明归还贷款的期限，再加上利息……。自然没有一个银行会把自己的资金贷给这样的借款人。唉！‘营销’一词许多人竟然闻所未闻，更别说什么推销产品计划、刺激销售方法以及为产品和企业本身做广告了。至于生产到底需要多少资金、如何靠扩大销售范围和吸引消费者来保持生产经常性的增长，如何打造企业的社会形象，提高企业的社会声誉等问题更是一塌糊涂。关于大致评价企业所面临的风险以及如何规避风险这一类的话题简直就是禁区。”[2]从这一段文字中我们可以清楚地看到市场经济文化在市场主体——企业家身上的缺失程度。关于 90 年代企业家进入市场的反应我们将在本书的下一章中单独论述。

---

① Шимов Я. Митинг обманутых на Тверской//Известия. 1994. 12 апр.

② Всеобщий бич - низкая кредитная культура//Известия. 1994. 19 апр.

之所以发生奸商大肆欺诈民众的情况，正是因为存在上述市场经济文化水平低下的状况。在谈到欺诈链条问题时，Я. 什莫夫（Я. Шимов）指出："这种金融诈骗将止于何时？看来，非到下列问题解决时才会有答案：（1）我们的同胞能理性些，不再指望天上掉馅饼；（2）立法机关能够补上规范保险和银行活动的法律漏洞；（3）执法机构和税务部门在'技术进步'之类的公司行为可疑时立即展开调查，而不是等他们携巨款溜之大吉之后才行动。"①

市场文化的缺失不仅表现在缺乏市场经济知识和意识，同时还表现在人的意识中存在一些与市场关系不相符甚至是相悖的习惯和要求。例如俄罗斯科学院的社会学家指出，工人中存在"家长意识、绝对顺从、盲目轻信主人以及对各级领导的依赖心理"；而工会中存在旧工会中的"意识形态痕迹"，社会学家们将其称为"反市场的、平均主义的意识形态"，类似的意识也存在于各级经济管理领导者的身上。②这些习惯和要求实际出自于传统的俄罗斯经济文化，尤其普遍存在于苏联时期各阶层的经济主体身上。著名学者陆南泉如此描述："各地方领导人什么事情都要找莫斯科解决。在一些劳动集体流行的思潮是：有领导，让领导去考虑。从而形成以下的连锁反应：工人说让经理去考虑吧；经理认为市委或者苏维埃执行委员会应当考虑；而市委或者苏维埃执行委员会则指望中央机关。"③

俄罗斯市场文化的缺失，是传统经济关系的自然后果，尤其是苏联时期高度集中和行政命令管理体制影响的结果。随着苏联经济制度的崩溃，许多旧的经济行为变得不合时宜了。而无论是普通百姓，还是国家官员都没有参与和管理市场经济的实际经验。确实，要想融入新的经济关系，就需要知道该如何作为。例如，如何积累原始资本，如何找到产品的订户和消费者，如何签订协议，如何研发市场，如何定价，需要哪些文件及如何准备，如何做广告等。每一步都要求熟知该领域的专业知识，了解市场的法律法规、市场规范、"游戏规则"，这一切又要求经济主体具备最基本的经济知识和意识。

在市场进程开始之前，上述各项在俄罗斯根本不具备。社会舆论调查中心1989年向居民进行问卷调查，要求被调查者对私有制进行表述，结果30%的被调查者一字没写；20%的答案不确定；30%写了家庭财产及个人物品；另外20%

---

① Шимов Я. Митинг обманутых на Тверской//Известия. 1994. 12 апр.

② К изучению общественных проблем труда в России 1-ой половины 90 годов: субъекты и объекты социально-трудовых отношений. М., 1996. 转引自 Рывкина Р. В. Экономическая социология переходной России: люди и реформы. М. 1998. С. 237.

③ 陆南泉．苏联经济体制改革史论——从列宁到普京．北京：人民出版社，2007：600.

或多或少接近正确答案。[①]对私有制本质不了解还表现在不懂得私有制与社会主义的不相容性。1991年社会舆论调查中心的又一项调查结果显示，被调查者既赞同在苏联保留社会主义制度，又赞同实行私有制。当时公有制的威望下降，社会提倡包括私有制在内的多种所有制形式并存。私有制在人们的意识中是能够同社会主义和睦共处的，甚至很多学识渊博的专家也表示认可。[②]

是否了解市场经济的现象只是经济文化的表象而已。市场经济的实质是市场的行为定式，即人们习惯做出理性的决定，会核算支出和利润，利用国际关系，找到合适的合作伙伴和销售市场，生产赢利性的产品，完成对国家和合作伙伴的义务等等。人们应该习惯做这一切，并且保证不犯严重错误。如果做不到这些，经济则会遭受亏损。市场经济文化水平越低，市场发育就越不正常。“俄罗斯市场的野蛮性在很大程度上就是包括直接影响市场进程的管理机构在内的整个社会缺乏市场经济文化的结果”。[③]

20世纪90年代初俄罗斯社会并没有真正做好转向市场的文化准备，无论是居民还是国家都缺乏与市场经济发展相适应的经济文化水平。社会主体市场经济文化的缺失，尤其是“上层”的思想混乱和市场知识的欠缺，是导致市场发育不正常的主要原因之一。由此引发经济政策缺乏连贯性，甚至经常是错误的。由于改革是自上而下进行的，社会在改革之前不具备任何内在的市场机制，因此一切“重担”都落在政治家、官员和学者的肩上。而他们像千百万民众一样，在市场启动时也没有掌握市场文化。然而，市场建设要求人们实施与以前完全矛盾的行为，要求另一种对立的文化：不是绝对执行上层的决定，而是要具有独立的经济行为能力；不是盲目顺从行政管理机构，而是要自觉维护自己的权益；不是想方设法“搞到资源”，而是要根据自己的能力开发资源；不是等着分房，而是自己挣钱买房，等等。换言之，人的要求是完全不同的经济观念和经济行为准则。这样的经济观念和行为准则不是几年、几十年能够形成的，而是需要几个世纪的时间。

总之，如果说经济转型期间普通民众缺乏市场经济文化常识的话，那么奸商们缺乏的是法律和道德的规范和约束，这与我们讲过的自私自利的个人主义过度膨胀、实用主义流行等道德价值观的变化紧密相关。在一定程度上，社会缺乏市

---

① Данные ВЦИОМа//ИБМ. 1992. No. 8. 转引自 Рывкина Р. В. Экономическая социология переходной России: люди и реформы. М. 1998. С. 237.

② Рывкина Р. В. Экономическая социология переходной России: люди и реформы. М. 1998. С. 237.

③ Рывкина Р. В. Экономическая социология переходной России: люди и реформы. М. 1998. С. 238.

场经济文化的正面价值观和经济意识，同时又受到市场经济文化负面价值观的影响。国家在这里应该承担很大责任，因为在很多领域既没有重视民众的经济文化心态，也没有着力建设与市场发展相适应的法律法规，履行保护公民权利的职责。而这一切又源于国家的代表们无责任心，他们甚至利用权力资本破坏现有法律，为自己谋求经济利益。缺乏市场经济文化的原因在于俄罗斯缺乏市场经济的传统，也在于俄罗斯传统经济文化与市场经济文化诸多要素的对立。

三、市场经济建设困难的深层原因

关于俄罗斯市场经济建设困难的问题，学者们进行了深入的剖析。例如雷夫金娜首先分析了俄罗斯市场产生的社会特征，总结了学者们的观点，并提出自己的见解。①

雷夫金娜将俄罗斯市场产生的社会特征概括为：第一，这一市场是俄罗斯摆脱 20 世纪 80 年代末至 90 年代初经济危机的唯一出路；第二，俄罗斯市场经济的建设是从“零”开始的；第三，俄罗斯市场经济是在极短时间内建立的；第四，俄罗斯市场是在苏联经济的行政命令体制崩溃过程中产生的；第五，俄罗斯市场形成的主要社会基础是各级官员——原来的党务工作者和政府部门领导人；第六，俄罗斯形成的市场具有犯罪性质；第七，市场形成的过程伴随着激烈的政治斗争；第八，社会为市场的形成付出了高昂的代价；第九，社会对向市场过渡的准备不足。她认为，这些特征表明俄罗斯向市场过渡必然困难重重。那么，俄罗斯市场形成困难的深层原因何在呢？俄罗斯的研究者们对此从不同视角进行了分析，雷夫金娜将各种不同观点归纳为制度转型阶段性特点、意识形态原因、民族文化原因三个方面：②

第一种观点认为俄罗斯市场出现困难是过渡阶段的特点。市场形成是一个漫长的历史过程，需要几十年的时间。今天的困难是过渡初期的结果，是最痛苦的阶段。进入市场初期社会必然发生变化，包括居民生活水平下降、社会分化和经济犯罪等，这都是国家从一种社会制度向另一种社会制度，即从社会主义向资本主义转轨这一自然历史进程的特点。转轨过程中，一方面是打破原来的政治经济关系和业已习惯的生活方式，另一方面形成以前体制中不存在的新的所有制形式和生活方式，对此人们应该去适应。

---

① ［俄］П. Я. 科萨尔斯，Р. В. 雷夫金娜．俄罗斯：转型时期的经济与社会．石天，等，译．北京：经济科学出版社，2000：29-37.

② Рывкина Р. В. Между социализмом и рынком: судьба экономической культуры в России. М.: Наука. 1994. С. 19-20.

第二种观点认为是由市场经济模式本身带来的。市场本身是资本主义的经济模式，是反人民的，会导致对人民的掠夺和剥削，而一小撮资本家却靠此发大财。目前俄罗斯的困难就是因为政权是反人民的，走上了资本主义道路。这个政府的经济政策依靠私人经济而根本不考虑社会利益。这种观点传承于苏联时期的马克思列宁主义，在改革之初被反改革派广泛利用。当时的报刊出现了大量对苏联领导人及其政治机构的指控，指控他们出卖祖国、背叛和平、背叛人民，指控其贪赃枉法。

第三种观点强调的是俄罗斯文化心态特点。认为俄罗斯的集体主义对个人主义排斥，村社精神以及平均主义意识等民族历史特点不能容纳市场经济，即市场制度不适合俄罗斯。这种观点得到如扎斯拉夫斯卡娅等诸多俄罗斯权威学者的赞同。①

以上的观点都有一定的道理。既然俄罗斯的经济转型始于制度变迁，因此我们认为，这个问题涉及决定制度变迁效果的各种因素。

我们知道，社会规则分为正式规则和非正式规则（又称“明规则”和“潜规则”）。社会制度的变迁是以正式规则变动的形式表现出来的，而一个社会的文化传统不会中断，它总是以“潜规则”的方式存在或者改头换面重新在新制度下生存。当两种规则不一致乃至发生冲突的情况下，正是“潜规则”决定了事物的发展、变化和最终结果。②因此社会制度变迁的效果如何，取决于正式规则和非正式规则的叠合程度。在社会遭受巨大灾难之后，俄罗斯学者也开始反省激进式的制度转型与俄罗斯社会非正式制度的叠合程度，认为俄罗斯转型期的很多矛盾都源于新制度与原苏联时期的制度结构和惯性的叠合程度太差。③如果说社会转型的阶段性特点、市场的天性给转型带来的困难是不可避免的，那么重视传统文化中的非正式规则就更为重要了。如果国家政策考虑到上述叠合程度，就可以减小转型的社会成本，这一点在俄罗斯 2000 年后的发展实践中也得到了证明。

在激进转型带来社会灾难之后，更多的俄罗斯研究者将注意力转向了本民族社会文化特点对制度转型效果的决定性作用。著名经济学家阿巴尔金认为社会转型是一个宏观的进程，必须拓宽研究视域，经济改革不仅要依靠经济学理论，更

---

① Заславская Т. И. Социетальная трансформация российского общества. М.: Дело, 2002, С. 145-148.

② 尹伊君. 社会变迁的法律解释. 北京：商务印书馆，2004：176.

③ Курце И. Организационные формы сельско - хозяйственного производства в Сибири// Экономист. 2001, No. 4, С. 92-96.

要重视本民族社会文化特点。[①]对俄罗斯市场建设困难的原因雷夫金娜更是直言："主要的困难在于改革之前的75年历史。"[②]"在绝对不是培养市场人的'社会主义精神'统治70多年之后，试图建立市场经济，俄罗斯确是独一无二的"。[③]普京在分析俄罗斯20世纪90年代经济转轨危机时指出："我们不得不为苏联经济体制所固有的过分依赖原料工业和国防工业而损害日用消费品生产的发展付出代价；我们不得不为轻视现代经济的关键部门付出代价，如信息、电子和通信；我们不得不为不允许产品生产者的竞争付出代价，这妨碍了科学技术的进步，使俄罗斯经济在国际市场丧失竞争力；我们不得不为限制甚至压制企业和个人的创造性和进取精神付出代价。我们今天饱尝这几十年的苦果，既有物质上的，也有精神上的苦果。"[④]

诚然，今天我们分析俄罗斯经济转型和市场建设期间出现的诸多现象，不难看出苏联70多年的历史印迹。然而，苏联的历史同样不是凭空产生的，它植根于俄罗斯的千余年历史。俄罗斯的传统经济文化特点并不是仅在苏联时期形成的，70多年高度集中的管理方式造就了俄罗斯人一定的经济行为模式，但俄罗斯人对私有制的排斥、重精神轻物质的价值取向、对集体主义的认同和对个人主义的否定、平均主义的价值取向、进取心不足、国家法律的任意性、民众法治意识和产权意识的淡漠等等是上千年的历史遗产。它们是俄罗斯专制制度、东正教和村社文化这三大传统文化的具体体现，贯穿于俄罗斯社会和经济发展历史，而且在苏联之前就强烈地影响着人们的经济意识和社会生活。在20世纪初俄罗斯资本主义快速发展时期，斯托雷平推行土地私有制的改革惨遭失败，主要原因就是改革违背了农民的村社文化价值观。在比较分析历史上西欧农民和俄罗斯农民心态时，俄罗斯学者认为："西方大部分农民成为了农场主——企业家，从事商品生产和销售。而我们的农民更是集体主义者，因此，社会主义思想更容易为他们所接受"。[⑤]俄罗斯学者普罗济齐娜指出："众所周知，俄罗斯的经济心态是公共的、村社的、视个人为集体的一部分。值得注意的是，东正教又加强了农民村社的再分配习俗，它使人变得更加谦恭和顺从，将道德观念和物质观念绝对对立，阻碍了个人自主性的发挥，因此在俄罗斯积极进取显得并不重要"；"俄罗

---

① Абалкин Л. И. Спасти Россию. М., 1999, С. 144-148.

② Рывкина Р. В. Экономическая социология переходной России: люди и реформы. М., 1998, С. 183.

③ Рывкина Р. В. Между социализмом и рынком: судьба экономической культуры в России. М.: Наука, 1994, С. 14.

④ 普京文集. 北京：中国社会科学院出版社，2002：4.

⑤ Конотопов М. В., Сметанин С. И.《История экономики России》. М., 2007, С. 168.

斯的经济心态是经过几个世纪才形成的，具有历史形成的民众意识的特点”；“经济改革家们对经济现代化的制度前提关注得太晚了”。①马歇尔·戈德曼在总结俄罗斯经济转型失败的教训时指出：“俄罗斯面临的挑战不仅仅是要建立新的经济体制，还要树立新的观念。市场观念一直牢牢地树立在西欧农民的心中，却从未同样深入到苏联革命前农民的灵魂深处。大多数俄罗斯人似乎总是更愿意处在一个集体伙食的公社环境中，而不是一个企业式的环境中。由于俄罗斯的经济很不发达，因此更加倾向于自给自足。跟英、法、德不同，市场和商业在俄罗斯起的作用要小得多”。②可见，俄罗斯市场经济建设困难的深层原因主要在于人的观念因素，在于近千年的社会历史文化培育出来的与市场经济文化相悖的经济意识，在于俄罗斯市场建设的社会环境。经济转型失败的主要原因在于移植的经济制度与传统经济文化价值观的不相容。

由于根本没有顾及转型过程中的经济文化建设，俄罗斯的激进式转型引发了新旧经济文化价值观的激烈冲突。改革初期社会传统的经济意识强烈排斥市场经济意识，市场并不是依靠个人进取精神、公平竞争意识健康地发展，而是渗透了集体意识、平均主义意识，精英的特权和关系网络等传统文化因素起了主导作用，最终形成了拥有“寡头资本主义”、“强盗资本主义”、“掠夺资本主义”等各种称谓的俄罗斯式资本主义。如果改革者不是从自身的政治利益出发，而是考虑民众的利益需求，能够积极建设健康的经济文化，哪怕是先让民众了解市场经济的一般常识，而不是采取虚假宣传骗取民众的支持，普通民众的切身利益不会受到如此大的损害。由于市场经济文化的缺失，市场经济建设在俄罗斯可谓步履维艰。要人们快速向市场转轨是非常艰难的，而且从结果看也是很悲惨的。在经济主体的传统经济意识没有发生转变的情况下，社会开始了激进的转型过程，将没有心理准备的大众抛向了市场，结果导致新旧经济意识的激烈冲突，最终酿成了社会灾难。因此对经济转型乃至于社会转型带来的巨大灾难，俄罗斯的自由主义改革者们难辞其咎。

---

① Плотицина Л. А.《Некоторые особенности трансформационных процессов в России в условиях глобализации》（471 – 480）. Из《Экономическая теория на пороге 21 века》, том 7—《Глобальная экономика》. Под редакциейОсипова Ю. М. и т. д. 2003, Юристь, М.

② ［美］马歇尔·戈德曼. 失去的机会. 李铁海，等，译. 上海：上海译文出版社，1997：15.

第四章

俄罗斯传统企业文化与现代企业建设

企业文化是经济文化的核心内容，因此，传统经济文化特点在企业文化中的体现更为充分。由于多种因素的共同作用，俄罗斯20世纪90年代的企业私有化未能造就广大私有者阶层，却催生了一批疯狂攫取国家财产的寡头；官方规定了开放型的公司治理结构，实际却形成了具"内部人控制"特点的封闭型公司治理结构，致使私有化提高企业效率、吸引外部投资的经济目标成为空谈。发生这一切的重要原因之一是在传统企业文化，尤其是俄罗斯企业文化中的一系列民间规则的作用下，私有化企业主体的价值观和行为模式没有发生根本的改变，它们与市场经济企业文化特点的相悖性，决定了市场经济发展的艰难性。可以说，俄罗斯企业制度的移植过程始终伴随着传统企业文化与市场经济企业文化要素的冲突。

本章我们将着重分析俄罗斯传统企业文化中的民间规则对私有化后企业主体的价值观和行为定式的影响，以期从微观经济层面论证俄罗斯传统经济文化的作用力。

第一节　俄罗斯企业文化中的民间规则

企业文化也是一种制度。制度包括有形的制度，如法律、机构、组织结构、规章、合约等，也包括无形的制度，如文化、习俗等。在本课题中，我们将"有形"和"无形"的制度分别称为"官方规则"和"民间规则"。

官方规则具体是指国家为了给参加经济活动的人在决策和行动时提供一些保

证和制约而制定的一系列指导经济活动的正式法律法规。民间规则是指由历史传承下来的创办企业的方式和企业活动的惯例及规则，它能够确定企业家的行为和经营态度，是官方规则的抵触因素。俄罗斯企业文化中的民间规则由来已久，自沙皇时代、经苏联时代沿袭至今，根深蒂固，成为企业文化的重要因素，始终影响着经理人的决策和期望，或阻碍或推动官方制度变革。制度论经济学家道格拉斯·诺斯（Douglass C. North）曾经说过："即便俄罗斯的革命或许是我们所知道的一次最彻底的社会转轨，但是，如果没有系统地研究诸多民间限制的存在和持续状况，就不能为我们所完全理解"。[①]可见俄罗斯企业文化中民间规则的影响力之大。今天俄罗斯企业主体的价值观和行为定式是企业文化几百年历史的继续。20世纪90年代企业"新"主体的传统价值观、私有化过程中关系网络和权力资本之所以能产生巨大影响，寡头们之所以能够成功攫取国家财产并控制国家的经济生活，经理们得以大规模地进行自我交易和对企业实行"内部控制"，毫无疑问是企业文化中的民间规则作用的结果。因此，要理解俄罗斯企业私有化和官方公司治理失败的原因，我们就不能绕开传统的民间规则的影响。民间规则的内容很多，我们将有重点地描述各时期具有代表性且与市场企业文化相悖的民间规则，揭示它们在企业私有化和企业建设中的作用力。

一、企业文化的内涵

企业文化是企业在一定的社会历史条件下，在生产经营和管理活动中所创造出来的文化，是具有企业特色的精神财富。企业文化理论的兴起是在20世纪80年代，源于美国企业界应对来自日本企业的挑战。最早提出企业文化理论的，是美国加利福尼亚大学的管理学教授威廉·大内（William Ouchi）。他在1981年4月出版的《Z理论——美国企业界怎样迎接日本的挑战》（中国社会科学出版社，1988）一书中写道："一个公司的文化由其传统和风气所构成。此外，文化还包涵一个公司的价值观，如进取性、守势、灵活性，即确定活动、意见和行动模式的价值观。"[②]之后陆续有学者著书论企业文化，例如美国哈佛大学教授特伦斯·迪尔（Terrence E. Deal）和麦肯其咨询公司顾问阿伦·A·肯尼迪（Allan Kennedy）在对几十家企业调查分析的基础上所著的《西方企业文化》（中国对外翻译出版公司，1989）一书，是第一部以"企业文化"命名的标志企业文化理论诞

---

① ［美］琳达·兰黛尔．不情愿的资本家——俄罗斯向市场转轨的漫漫长路．刘满贵，等，译．北京：新华出版社，2004：111.

② 贾春峰．企业文化：理论与实践漫议//周浩然．经济文化发展研究．北京：中国社会科学出版社，1995：398.

生的标志性著作。在对近 80 家企业进行深入调查之后，作者提出了“杰出而成功的公司大都有强有力的企业文化”的论断。他们认为企业文化的要素有：企业环境、企业价值观、习惯和仪式、文化网络等。其中企业环境是塑造企业文化的一个非常重要的因素，企业价值观是企业文化的核心。托马斯·彼得斯（Thomas Peters）和小罗伯特·沃特曼（Robert H. Waterman）在《寻求优势——美国最成功公司的经验》（该书影响巨大，1982 年出版后，次年与《大趋势》并列畅销书榜首。中国财政经济出版社，1986）中，通过对美国 43 家公司的研究，概括了美国优秀公司的八大特点：（1）行动迅速，决策果断；（2）接近顾客，以优秀的产品和优秀服务维持优势；（3）锐意革新，全力支持敢闯敢做的改革者；（4）珍视企业至为宝贵的资源——人，通过发挥人的潜能来提高生产率；（5）以价值准则为轴心，把公司每部的各种力量凝聚到企业目标上来；（6）扬长避短，展开多角化经营，增强应变能力；（7）组织结构简单，减少层次；（8）宽严相济，张弛有节，注重管理艺术。美国公司不逊于日本公司的独到特色在于尊重个人独立人格和不断创新适应环境的变化。美国斯坦福工商管理学院教授理查德·帕斯卡尔（R·T·Pascale）和哈佛大学教授安东尼·阿索斯(A·G·Athos）在总结美国和日本的管理经验后，在《日本企业管理艺术》（中国科学技术翻译出版社，1984）一书中，提出了著名的“7S 模型”，即战略、结构、制度、人员、作风、技能和共同的价值观。对于企业文化分析、管理、变革等问题作了精辟的论述。作者提出的未来“原子式组织”包含小团队、授权、信息化、文化纽带等四个要素，就现代的发展趋势看，基本上是准确的预测。

以上四本书当时被称为企业管理新潮流的“四重奏”，标志着企业文化理论的诞生和推进企业文化建设阶段的开始。

如文化的概念界定一样，学界对企业文化概念的界定也莫衷一是。我国著名学者贾春峰仅在一篇文章里列举了国内外学者的 18 种定义后总结道：“学者们对企业文化有各种各样的解释、说明，对企业文化的内涵和基本内容看法不一，归纳的方法、角度不同，理解的宽窄也不一样。……而就企业文化的核心内容来讲是一致的。这就是，强调企业的价值观念、企业精神、经营之道、经营境界和广大职工认同的道德规范和行为准则”。[①]我国学者张大中将企业文化的内涵概括为：（1）以人为主体，即强调重视人的作用；（2）要重视文化的因素、文化的力量。文化也是一种资源，对于提高企业的整体素质和经济效益都起着重要的作用；（3）以价值观为核心。企业价值观具体表现为企业哲学、企业目标、企业

① 贾春峰．企业文化：理论与实践漫议//周浩然．经济文化发展研究．北京：中国社会科学出版社，1995：406-413.

精神、企业道德规范、行为准则。企业价值观一旦成为员工的共识，就成为一种无形的巨大力量；（4）突出以文化为引导，以价值观为核心，确定企业的经营目标、发展战略，建立与之相适应的企业制度、运行机制，适应市场经济，借以形成优异的整体管理方式；（5）鲜明的个性；（6）企业家的倡导和示范，具有决定性的作用。①

可见，虽然对企业文化内涵的表述不同，但学者们都强调了企业环境对企业文化形成的重要作用，强调人和文化对企业发展的重要作用，承认企业价值观是企业文化的核心。企业价值观是一个企业的基本观念和信念，具体地向员工说明什么是“成功”，并在组织中树立成功的标准。作为一家公司成功哲学的精髓，价值观为所有员工提供了一种走向共同方向的意识，也为他们的日常行为提供了指导方针。这种企业员工共同信奉的价值观通过指导人们的抉择为企业带来了巨大的力量。由于整个公司的经理人员和其他人对公司价值观体系所强调的事物会给予特别的注意，同时共同价值观的指引在一定程度上可以提高经理人员的决策效度和员工积极性，共同的价值观以一种非正式的控制系统的方式影响着企业的绩效。成功的公司都有关于如何经营的清晰明确的哲学，并以很大的精力注意塑造和调整价值观，使之适应于公司的经济业务环境。尤为重要的是，公司的所有职工都共同信奉这一价值观。价值观塑造了公司的性格，使得公司与众不同，这提高了公司员工的认同感，大大加强了员工的凝聚力。这为我们将俄罗斯企业主体的价值观和企业环境作为本章的研究重点提供了理论支持。

企业文化的作用不可低估。企业文化作为一种管理学说，将文化的因素运用于管理之中，其意义在于提高企业的整体素质，增强企业内部的凝聚力以及外部的竞争力，从而提高企业的经济效益。20 世纪 90 年代俄罗斯经济转型的目标是建立市场经济。要达到这一目标，很重要的一点是要建立产权明晰、权责明确、政企分开、管理科学的现代企业制度，而现代企业制度的建立与企业文化的建设是相辅相成、密不可分的。建立现代企业制度要借助于企业文化，因为现代企业制度的建立和实施，最终都要依靠人来实现，首先需要企业主体解放思想，改变和更新价值观念和行为规范。要靠企业投资者、经营者和劳动者的积极性、知识、才能和创造力。这是一个复杂和艰巨的过程，它要求企业经营者和员工都必须具备较高的整体素质，熟悉有关市场经济和现代企业制度的法律规范，能够实现企业长远战略目标，创造最大经济效益，使企业不断发展和扩大；其次还需要用文化的纽带把各层主体联系和协调起来，理顺企业法人、投资者、经营者和职

---

① 张大中．建设有中国特色的企业文化//周浩然．经济文化发展研究．北京：中国社会科学出版社，1995：19-20.

工之间、企业与职工之间、职工和职工之间的关系，以便于充分调动企业主体的积极性；另外还需要维护和不断加强企业职工的主人翁地位，坚持“以人为本”的方针。在企业转机建制过程中，必须强化和重新塑造具有企业特点的企业精神，强化竞争意识等。深化企业改革、转机建制、科学管理都离不开人，离不开人的积极性和创造性，也就是离不开企业文化。企业文化建设要求企业要有自己的长远发展战略、战略目标，这是企业经营管理的首要问题，是成败的关键。否则即便企业改称公司，也不代表真正建立起了现代企业制度。俄罗斯通过私有化建立了大量不同类型的公司，然而，很多公司由于主体的经济文化观念没发生改变，企业沿袭了传统的经营和管理方式，导致企业私有化结果与预期目标的偏离。

计划经济体制下，企业产权模糊、政企不分，可以说，企业并不是真正的企业，它们不过是个车间或分厂。国有企业即是国营企业，他们只能按照国家制定的发展计划和生产计划进行生产和发展，按计划完成任务，把产品交给国家去分配。由于各企业所处的环境及社会影响大体相同，领导有统一的要求，企业领导的追求是满足上级的要求和完成计划任务，因而，企业制定的“企业精神”很难具有各自企业的特点，很难真正起到有效的激励和制约作用。企业的价值观是以上级的指示、意图和计划为导向的，企业的精神口号、用语、词汇绝大部分是雷同或相似的，企业难以形成获得企业各层次主体所共识的企业价值观，个人价值更难以实现，企业文化也只能是计划经济体制下的企业文化。

按照学者们的定义，企业文化包括多项内容。在此我们主要涉及其中的企业环境和企业价值观。俄罗斯 20 世纪 90 年代企业私有化的重点是移植市场经济的企业制度，建立开放型的股份制企业，以便于提高企业的竞争力和经营效率。然而，在俄罗斯特有的企业环境中，俄罗斯企业主体的价值观和行为模式带有明显的传统印记。

二、企业关系网络的产生

本课题中的“关系网络”是指企业家在企业界和政界建立的良好的个人交际网络。“关系网络”在俄罗斯由来已久，贯穿于沙皇俄国的企业发展史，到苏联时期得到进一步强化，20 世纪 90 年代更是几乎决定了企业私有化的结果和私有化企业的命运。

企业文化植根于企业环境，而企业环境的主要参与者包括宏观主体——政府和微观主体——企业，企业文化特点的形成与政府和企业的关系密不可分。俄罗斯企业文化的显著特点之一是关系网络决定企业的命运，是政府和企业关系的直接产物。

俄罗斯政府与企业的关系一直颇具复杂性和矛盾性。在国家发展的几个重要时期，由于占主导地位的国有经济不能满足国家保护疆土和统治的需要，于是政府往往通过特惠等措施扶持企业。但同时又加重企业的生产和税负负担，并在企业无力承担的情况下，采取一定的惩罚措施，从而限制企业的发展。

众所周知，1565~1572 年俄罗斯在伊凡雷帝统治时期，中央集权制得以强制实施，俄罗斯作为专制国家步入了发展时期。在 1500~1592 年期间，农民逐渐被指定的土地范围所约束，到 1603 年乃至《1649 年法典》颁布之后，农民的迁徙自由受到进一步限制。1618 年，对农奴的移民限制扩展到城镇居民。《1649 年法典》也将城镇居民制造成一个“封闭的阶层”，他们不得在城镇间迁居。城镇就像农庄和贵族的领地一样，成为政府的另一只臂膀。而劳役制度延伸至城镇居民的结果是，平均每隔五年俄罗斯的商人和企业家必须将自己的经营活动中断一年，且没有任何补偿，企业活动的增长因此受到限制。

16~17 世纪，企业的生存环境很恶劣，表现在以下几点：（1）由于当时政府的经济规划并不强调发展商人阶层，俄罗斯企业生存环境中缺乏政府对刺激企业繁荣的保证，因此办企业的风险很大；（2）与西欧国家的企业相比，俄罗斯企业的经营成本很高。由于政府缺乏对自由开放的贸易提供保护的能力，商人得不到有效的保护，许多商人屡遭劫匪，死于非命。所以在旅途中保证相对安全的能力成为俄罗斯商人的竞争优势。在商人进行交易的时候，只能靠交保护费或是靠个人关系得到保护。通常企业支出的保护费和贿赂费的上涨幅度要超过正常企业成本的上涨幅度；（3）商人阶层深受压迫，税负沉重，财产没有安全保障。政府越来越独裁，可以无视法律规定，随意增加企业的税负。政府的税率年年变化，而且越来越高。以依据经营额计算的周转税为例，政府实行累计税率，商品只要在市场上易手就要纳税。关键是即便商人在每一笔交易中都缴纳周转税，其生意和财产也仍然得不到政府可靠的保护；（4）企业要面对政府的专横跋扈。高度专制的政府越来越专横，经常无视法律，动辄就没收商人的财产。正如 16 世纪末到过俄罗斯的英国人贾尔斯·弗莱彻（Charles Fleischer）所言，“即便是商人阶级也深受压迫，税负沉重，无权无势，情绪低落，生活境况和农奴差不多”。[①]这样，许多 17 世纪的经商家族到了 18 世纪就败落了，其结果是，俄罗斯缺乏一个连续性的商贾群体——有能力积累足够资金对有利可图的项目进行风险再投资的商人和企业家。

为了应付政府的专制行为，企业家意识到，要想生存就必须在企业界和政界

① ［美］琳达·兰黛尔．不情愿的资本家——俄罗斯向市场转轨的漫漫长路．刘满贵，等，译．北京：新华出版社，2004：20.

建立良好的关系网络。在政府的管理职能中，政府可以将特许经营和垄断经营的权利分配给某些商人。然而，政府的分配原则与企业的竞争力毫无关系，而是直接取决于企业家与政府官僚的个人关系。

16~17 世纪，俄罗斯出现了首批大型私人企业家。其中最为著名的大企业家有莫罗佐夫（Морозовы）和斯特罗加诺夫（Строгановы）家族，他们几乎垄断了碳酸钾、冶金、酿酒、制盐以及粮食贸易等当时最重要的生产和贸易，而且都是为国家的订单生产。莫罗佐夫家族能拿到国家订单和特许权，是因为家族中的鲍里斯·伊万诺维奇·莫罗佐夫（Борис Иванович Морозов）是沙皇阿列克赛·米哈伊洛维奇（Алексей Михайлович）的连襟，手中掌控了当时政府的四个部委，这样大权在握的皇亲国戚自然可以从政府拿到想要的一切。斯特罗加诺夫家族虽然是农民出身，但早在 16 世纪初就在北部开始了制盐生产，后来又生产国家急需的冶金、皮革等手工业产品。由于同政府建立了良好的关系，主动为政府效劳，保障国库收入，保卫东部边疆不受敌人的侵犯，因此，政府授予其极大的权力，该家族建成了当时的“国中国”——拥有自己的城市、要塞和军队。1558 年，伊凡雷帝同意这个家族的请求，赏赐了卡玛河岸的大片土地。16 世纪该家族跻身商人行列，17 世纪荣获“名人”称号，18 世纪成为宫廷贵族。

这一时期的大私人企业家与国家已经建立了异常紧密的关系。企业为国家生产急需品，出钱为国家装备军队，在前线修筑要塞，为政府的军事行动提供资金。作为回报，政府给予企业生意上的种种实惠，并提高他们的社会地位。另外，政府和企业紧密合作，保护本国企业不受外资的竞争威胁。来自外国的技术革新投资在当时被俄罗斯人视为本国企业经营活动的严重威胁，因循守旧的俄罗斯企业家想方设法保护自己的经济地位，确保自己的经济利益不会因外商开发新产品或进入新市场之类的长线项目投资而受损害。企业家们觉得，最保险的途径是将自己和政府结为一体，这种态度又使政府和企业之间的世袭关系进一步强化。当欧洲商人将货物带进俄罗斯与当地企业家竞争时，他们向政府请愿，要求政府控制或消除外来竞争的威胁。1560 年，俄罗斯商人要求沙皇禁止外国人，尤其是英国人和荷兰人在莫斯科从事零售业务，禁止英国人雇佣俄罗斯人为其担任商务代理。这一禁令影响了英国人从波斯进口至俄罗斯的货物的销售。

彼得改革时期，政府进一步加强了对企业的控制。虽然彼得因为推行西方化政策而显得很“现代”，但他非但没有改变传统的独裁方式，反而加强了专制统治。为了将俄罗斯建成军事强国，彼得大力推动手工工场的建设。西欧的手工工场是由商品生产自然发展形成的，而俄罗斯的手工工场则是由国家倡议并以集中的方式建成的。彼得时期的手工工场主要通过两种渠道建成：一部分是由国家出资建设，另一部分则是由政府通过行政命令手段强制动员私人资本参与建设。如果单个私人资本不足以建设一个手工工场，政府则强迫一些商人联合出资。例如，1720 年彼得下令将不同地区的 14 个商人由护卫队“护送”至莫斯科，联合建立莫斯科呢纺手工工场，而且“护送”费用由商人支付。如果有商人胆敢隐瞒资金不报，一经举报，立即没收。其中 1/3 用于奖励举报人，2/3 归国家所有。国家掌握了武器、贵重金属以及羊毛、亚麻、丝绸和棉纺织品生产的优先权。毛纺企业中有不少私营企业，但他们严格按照政府的命令行事，因为通常政府是他们唯一的客户。大企业的货物供给和需求以及可用劳动力的数量，都要由政府来确定。政府向这些企业下达精确的产品规格，俨然是企业的主人，而企业则完全服从国家。

同时，为了促进工业的快速发展，彼得大帝也采取支持私人企业发展的措施。由于政府控制人口流动，致使工业企业尤其是私人企业所需的劳动力成为稀有资源。政府为保证企业的生产能满足国家的需要，向企业提供农奴，解决企业劳动力的需求问题。由于生产武器的需要，钢铁厂作为重要的工业部门得到了快速发展。政府除了为钢铁生产企业提供劳动力以外，还保证投资中的一些附加贷款，提供垄断特许权和外国专家，保证以保护价格长期订货，以使企业生产顺利进行。彼得改革确实使得国家的工业化程度得到了提高，但是俄罗斯企业办企业的观念和方式并没有发生实质性的转变。彼得也曾聘请外国专家培训俄罗斯的经理人，使其具备运行更大的企业所需的知识和技能。但是，传统的企业模式仍占主导地位，俄罗斯企业家继续编织着同政府的关系网络，以便于获得国家的资源分配。

1725 年彼得大帝去世后，俄罗斯开始从弥漫全国的通货膨胀和为补贴工业企业而征敛的沉重税负中复元。1733 年，一份呈交政府的报告证明，私人企业家德米多夫（Демидов）经营的钢铁厂的生产效率远远高于国有钢铁厂。结果政府不仅承认私营企业效率更高，而且尝试着让这些私营企业保证满足政府的钢铁需求。1739 年，国家决定将国有企业转为私营，这在俄罗斯的经济史上被看作是一次由政府推动的私有化尝试。实际上国家只是简单地将日常管理工作从政府官员手中交到公民个人手中，新的经理人照旧必须按照政府强制性的规章制度办事，国家仍然要求企业向政府交纳一定比例的产品和收入，以此控制企业。如果政府确认企业产品质量不合格，就会撤销相关企业的经营资格，或者收回划拨给该企业的农奴工人。结果虽然俄罗斯的私营企业数量有所增加，但企业的经营还是受到国家的高度控制，企业家根据市场条件独立制定决策的水平没有提高，企业生产效率也没有提高。

叶卡捷琳娜二世时期，政府对企业的控制有所减弱，但企业生存和成功的规则仍然出自政府的强大权威。1779 年，叶卡捷琳娜二世废除了国家对工业企业的许可制度，政府不再严格控制工业的规模和产量，工业企业数量增长较快。但由于俄罗斯的消费市场极其有限，所以政府仍然是企业产品的主要消费者，企业得到订单的数量和价值仍取决于企业主和政府的关系。另外，这一时期被称为贵族的“黄金时代”，贵族享有大量特权，他们极力垄断高利润的生产。例如，1791 年政府下达了一笔毛纺军装的大订单，其中 67% 的订单流向 3 家贵族工厂，其余 20 家工厂分割剩余的 23%。[①] 俄罗斯的企业环境在很大程度上仍由政府主宰，严重打击了崇尚市场经济的企业家的信心。

19 世纪后半期至 20 世纪初被视为俄罗斯资本主义快速发展时期，但企业家的许多旧观念和办企业的方式依然保留下来。19 世纪初西欧的企业家广泛使用银行系统、合同、汇兑票据和财务系统，而俄罗斯的企业家们还在因循惯例，用口头承诺还款的方式借贷，大城市的贸易方式同小村子的零售店铺相差无几。在莫斯科，商人也不愿进入政府为其建造的交易大厅，因为他们习惯了在小客栈的酒席上达成交易条件。当然，交易当中经常涉及个人关系的秘密，所以不可能在众目睽睽的大厅里成交。1836 年《公司法》颁布后，俄罗斯出现了第一批股份公司。《公司法》力争将所参照的西欧国家法律所用的语言包含进去，诸如新法人实体的投资者和经理人的有限责任概念。但同时又规定每一个公司的章程都必须经政府批准，而政府部门拥有提供免税、垄断经营权以及财政补贴优惠等权利。[②]根据这部法律，政府期望提高企业效率的同时又要对企业活动实行严格监督，政府目标本身就有冲突。另外，政府有权给予企业特许经营权，使得企业家继续维持同政府官员的亲密关系，寻求途径力争政府的政策对自己有利。沙皇时期的政府官员可以在企业担任要职，为官员们化权利为资本提供了更为便利的条件。19 世纪 80 年代，交通部 1 006 名工程师中，有 330 名在铁路公司兼任职务；财政部有 225 名官员兼任公司经理。[③] 1881 年，财政大臣尼古拉 · 班格（Н. Бунге）试图改变国家对企业的强制干预政策遭到政府内部的强烈抵制。1887 年，伊万 · 维什涅格拉茨基（И. Вышнеградский）出任财政大臣，采取强硬的财政政策和高税赋政策，致使民不聊生。1893 年，维特（С. Ю. Витте）接任财政大臣。在给沙皇的信中，维特认为，加强国家对经济的干预符合俄罗斯的国情，并强调了国家经济作为俄罗斯强大经济主体的必要性。这样，总体上俄罗

① Никулин Н. М. История предпринимательства в России. Издательство《МГИМО-Университет》, 2007, С. 27.

② Никулин Н. М. История предпринимательства в России. Издательство《МГИМО-Университет》, 2007, С. 111-112.

③ [美] 琳达 · 兰黛尔. 不情愿的资本家——俄罗斯向市场转轨的漫漫长路. 刘满贵，等，译. 北京：新华出版社，2004：31.

斯政府拥有足够的力量指引国家工业化运动的方向。①如此，俄罗斯的企业家不得不在一个干预政策影响所有企业领域的环境中打拼。这种环境妨碍了公司竞争力的培育，公司还是不能摆脱关系网络而生存。20世纪初俄罗斯工业增长的重要因素之一是政府控制的军火工业的兴起。这一时期沙皇尼古拉二世由于集中精力防止沙皇专制统治崩溃，所以放松了对企业的控制，俄罗斯企业家得以发展自己的资本来源，减少了对国家的依赖性。1909～1917年，俄罗斯企业界最终从政府获得了自主权，培育了一大批接受西方企业知识和技术知识的经理人，形成了从辛迪加到托拉斯直至康采恩的工业垄断组织，以里亚布申斯基（Рябушинский）、弗托罗夫（Второв）和斯塔赫耶夫（Стахеев）金融工业集团最为著名。但我们应该注意的是，即便是这些接受了西方培训的工业家们，在政府放松了企业管制的环境中，也并没有将市场经济文化的重要价值观引进并适用于企业，而是继续发挥企业同政府之间关系网络的重要作用，“工业集团收买了许多政府官员。由于第一次世界大战在即，军事费用占国家支出的三分之一，因此，军工领域中工业集团与政府的关系尤其密切。”②

综上所述，沙皇专制时期国家在经济发展中的主导作用，对俄罗斯企业文化的形成产生了重大影响。国家将企业置于自己的严格控制之下，企业活动必须服从国家的军事等各种需要。政府在控制企业活动的同时，又以提供政策优惠、改变企业家社会地位等措施扶持国家所依靠的企业的发展。这种环境迫使企业必须同政府建立良好的关系，以获得被政府垄断的商品订单和政策优惠。企业的生存不是依靠企业本身的战略地位和企业家的经营才干，而是严重依赖于企业同政府的关系网的力量，“关系网络”成为企业文化中重要的民间规则，直接影响到传统企业模式的形成。

三、苏联经理人的两套规则

相比沙俄后期，苏联时期企业文化的主体发生了变化：沙皇时代的经理人逐步退出历史舞台，由苏联经理人取而代之。从企业发展环境来说，列宁实施新经济政策时期和斯大林模式形成及以后时期存在明显差别。

布尔什维克刚刚取得政权时，国家百废待兴，经济建设任务十分艰巨，而三年国内战争使新生政权面临更为严峻的考验。就经济建设而言，国家面临两大难题：一是在忠诚的共产党员中企业专家的数量十分匮乏；二是国内绝大多数的工

① Никулин Н. М. История предпринимательства в России. Издательство《МГИМО-Университет》, 2007, С. 124-126.

② Конотопов М. В. , Сметанин С. И. История экономики в России. М. , 2007. С. 197.

程师和工业家对新生政权持怀疑态度，对经济全面国有化颇为反感，初期甚至拒绝服从布尔什维克的命令，致使工业生产急剧下滑。在这种情势下，列宁充分认识到资产阶级专家对国家经济建设的重要作用，因此说服了党组织与经济专家们进行合作，专家们很快进入政府担任要职。例如有著名工业家受列宁之邀进入政府为苏维埃国家制定电气化计划。1919 年在涉及生产的政府主管部门中，半数以上的高级官员是资产阶级专家。1921 年列宁宣布实行新经济政策，国家在控制大型工业企业的同时，重新允许私人企业农业、贸易和小规模加工业的经营，为经理人和专家重返企业管理岗位排除了障碍；同时，政府鼓励开展对外贸易活动和建立合资企业，鼓励外国专家、工程师和商人到俄罗斯来援助国家的重建工作。1921 年，国家建立了计划委员会，“34 名官员中只有 7 名共产党员，其中只有 2 名党员有专业职位。到了 1924 年，该委员会扩编到 500 人，官员中的党员比例仍然仅有 10%，而且大多数党员都在非专业职位上”。[①]可见，这一时期企业发展的环境还是相对宽松的，官员队伍中专家占绝大多数。

1924 年列宁逝世后，斯大林等一些布尔什维克高级领导人并不相信资产阶级经理人、企业家和“资产阶级专家”。从 1928 年起，斯大林禁止任何政治上有疑点的人担任重要职务，尤其是“资产阶级专家”，政府禁止成立“全俄罗斯工程师协会”之类准自治性质的行业协会。随着中央计划体制的建立，中央计划部门的经济决策成为最高命令，经理人被剥夺了决策权，企业领导丧失了自主权和经营控制权。30 年代肃反运动时期，老一代专家们成为重要的打击对象，经理人阶层遭到了灭顶之灾。同时成千上万的苏维埃新经理人被训练成国家计划委员会和各政府部门命令的忠实执行者，取代了老布尔什维克和“资产阶级专家”，成为国有企业的管理者。[②]据统计，到 1939 年，几乎所有的高层经理人都被撤职，为新的经理人所代替。这样，斯大林不仅培养了一批忠诚的政府官员，也为工业部门培养了一大批忠诚的经理人，上级赋予他们的是按期完成计划的重任，一旦失职，这些忠诚的经理人就要遭受撤职甚至于牢狱之灾。因此，苏联经理人不是真正意义上追求企业效率和利润的企业家，他们首先是党的干部，使命是服从命令完成任务，也只有这样他们才能保住官位，求得生存。为了能在如此高压的环境中求得生存，经理们逐渐确立了自己的一套企业规则和企业行为准则，在完成计划的过程中遵循两套规则：一是表面遵守上级指令，接受上层的计划和监督；

---

① ［美］琳达·兰黛尔．不情愿的资本家——俄罗斯向市场转轨的漫漫长路．刘满贵，等，译．北京：新华出版社，2004：45.

② ［美］琳达·兰黛尔．不情愿的资本家——俄罗斯向市场转轨的漫漫长路．刘满贵，等，译．北京：新华出版社，2004：51.

二是为切实保证顺利完成计划，企业之间进行违法的直接交易。经理们之所以能够成功地遵循两套规则，还是有赖于关系网络，但与以前不同的是，此时的关系网更大更紧密，涉及主体更多。

在苏联高度计划经济体制下，企业生产所需的一切物资和设备以及最终产品都由国家统一调拨，企业之间的直接交易是违法的。作为一级官僚，经理们在斯大林的高压统治下服从命令自不待言。然而，中央计划经济经常存在巨大的效率缺口，导致供给滞后，甚至企业完成生产定额所需的原材料也会供应不足。为了保证按时完成生产计划，企业领导必须自己想办法获取物资和储备，这是最令经理人头疼的难题。为了完成计划保证生存，经理人必须在企业之间编织起人际关系网，以便通过私下的实物交易获得必需的生产资料。假如两个能相互满足需要的企业经理是熟人或有良好的关系，这两个企业就可以秘密交易。由于所有资源的流动均由国家计划委员会直接分配，企业直接交易是违法的，所以这种交易方式的成功，还需要依赖企业内部和当地党组织甚至是政府官员的支持。假如经理人或高层经理中缺乏足够的个人能量，经理人也得想方设法搞到生产所需的物资。最流行的方法就是雇佣能量极大的“攻关人”。通常这个人在某个地区或某个行业神通广大，既能将两个或多个企业间错综复杂的产品和原料交易组合在一起，满足每一方的需要，又深谙“摆平”地区政府官员和秘密警察的手段。企业以支付佣金的形式雇佣“攻关人”，并赋予他一个正当职务作掩护。尽管这种雇佣方式属于非法行为，但它解决了个人能量不够的经理人面临的生存难题，因而流行开来，成为企业生存的一种潜规则。这样，企业之间相互支持、相互保护，形成了半家族式的群体结构。如此的企业环境造就了一批善于随机应变的经理人，他们一方面忠实地执行上级的计划命令，从不对上级提出质疑；另一方面铤而走险，努力编织一个非常广泛并能迁就计划经济体制的民间企业关系网络，以完成上级的计划。几乎所有的经理人都遵循着两套规则：在可以按照上级命令办事时就按命令办，按命令行不通时就动用关系网络，否则难以保障自身的生存和发展。由于企业经理人的目标是生存，所以缺乏创新的动力，企业的增长和效率无人关注。

斯大林之后，从赫鲁晓夫至戈尔巴乔夫的各届苏联领导人都进行了经济改革，改革的核心内容均包括扩大企业自主权。然而历次改革都没有触动高度集中的计划经济体制，企业也没有获得真正的自主权，因而关系网络仍然是经理人和企业生存的重要保障。沙皇时期政府和企业是关系网络的主要主体，如果说这一时期企业主要建立的是与政府间的纵向关系，那么苏联时期经理人必须建立的关系网络就广泛和复杂得多，关系网络的主体也多得多：为了保证通过企业间的交易获得生产所需的物资，必须编织企业间的关系网；由于这种交易是违法的，所以企业要与政府的党政机关以及执法部门编织关系网；经理人还必须在企业内部各部门之间编制关系网，以便于共同小心翼翼地维护保障企业生存的机制。

第二节 转型期企业“新”主体的传统行为定式

企业文化的主体主要包括企业管理阶层及员工阶层。“新”主体指20世纪90年代俄罗斯私有化后的企业主体。为了清晰地描述“新主体”的诞生过程及其行为特点，我们有必要首先对90年代的私有化做简要的回顾。

1991年7月1日，叶利钦签发了《俄罗斯联邦国有企业和地方企业私有化法》（以下我们简称为《俄罗斯联邦私有化法》），确立了对国有企业进行所有制改造的法律框架，规定了私有化纲要的基本内容，私有化相关机构的职能、任务与权限，以及私有化的程序、方式和方法等。后来该法律成为俄罗斯推行私有化的基本大法。1991年12月29日，叶利钦发布总统令，签发了《1992年国有和地方企业私有化纲要基本原则》；1992年7月11日，俄联邦最高苏维埃批准了由政府制定的《俄罗斯联邦1992年国有和地方企业私有化纲要》。这是两个具体指导实施俄罗斯私有化的纲领性文件，规定了私有化的目的和目标，企业实施私有化的原则及分类，私有化要实现的指标和任务，私有化方法以及对劳动集体成员的优惠措施等。

私有化要实现以下7个重要目标：（1）形成广泛的私有者阶层；（2）提高企业的经济效益；（3）利用私有化的收入建立社会保障体系；（4）促进国家财政状况的好转；（5）提高竞争力，实现经济非垄断化；（6）吸引外国投资；（7）为私有化创造条件、建立良好的组织体系。按照私有化纲要的规定，私有化每阶段都有主要任务，例如证券私有化阶段的主要任务是通过无偿转让国有资产，形成以小股东为主的广泛的私有者阶层，促进市场经济发展；货币私有化的主要任务是增加政府预算收入，吸引经济的战略性投资，提高私有化效率。①

私有化有两种基本方式：小私有化和大私有化。小私有化指商业、服务业企业即小型工业、运输和建筑业企业的私有化，从1992年起到1993年基本完成，实行小私有化的企业约6万家。而大私有化又分为三个阶段：第一阶段（1992.07~1994.06）为“证券私有化”，通过向公民发放私有化证券无偿转让国有资产；第二阶段（1994.07~1996.12）为“现金私有化”，通过出售企业股票

---

① Счетная палата Российской Федерации “Анализ процессов приватизации государственной собственности в РФ за период 1993-2003 годы”. М., 2004, С. http://rusref.nm.ru/priv00.htm.

有偿转让国有资产；第三阶段（1997 年开始）为“个案私有化”，停止大规模私有化，转为有选择地、个别地进行国有企业的股份改造。

俄罗斯私有化的主要特点是其规模和速度在全球史无前例，因此许多人称之为“闪电式的私有化”。俄罗斯有学者指出：“在西方不曾有过全部财产在极短时间内就从公有或国有变成私有的先例。”[①]在英国，一个大型企业实现私有化，平均需要 6 年的时间，而俄罗斯在 1993~2003 年间共有 96 414 个企业被私有化，其中 1993~1994 年数量最为集中，高达 71 829 个，占私有化总量的 74.5%。1992~2002 年间共有 14.03 万国家和市政企业改变了单一的所有制形式。[②]股份化的进度也非常快，1992~2002 年建立股份公司 31 200 个。[③]

既然这么多的企业变为私人所有，是不是意味着广泛的私有者阶层形成了？企业新主体身份的改变是否带来了企业的高效率发展？私有化的经济目标是否实现了？

关于这一点，无论是俄罗斯政府，还是俄国内外专家均持否定态度。俄罗斯联邦审计局的评估报告指出：“虽然私有化改变了所有制的形式（有 58.9% 的企业变成了私有企业），形成了新的市场组织（股份制、有价证券市场、银行、保险公司等），但是私有化的许多战略目标没有完成”。[④]我们认为，导致私有化许多经济目标落空的因素很多，其中很重要的原因之一是“新”主体的许多传统观念和行为定式没有发生变化。

一、工人私有者对集体和领导的依恋

工人私有者阶层主要是在证券私有化期间通过认领私有化证券和购买私有化企业的股份形成的。

1992 年 7 月，政府开始将国有资产平均分配，通过无偿发放证券的方式，使每个公民成为所有者。至 1994 年 6 月证券私有化结束，俄罗斯有 4 000 万人领到了私有化证券。只要他们将股票投入企业，就可以成为股东，成为私有者阶层的一分子。众所周知，掌握股票后，要真正实现所有权就要参与股份公司的管理、获得股息和红利、出售股票，而参与公司管理一般需要拥有 10% 以上的控股权。这对于每人均分到一张私有化证券、几乎没接触过市场、私有和市场观念淡漠的普通居民来说是不现实的，加上私有化证券的使用时间有限，很多居民根本不知

---

① ［俄］经济问题．1993（10）：64-65//罗伊·麦德维杰夫．俄罗斯往何处去——俄罗斯能搞资本主义吗．徐葵，等，译．北京：新华出版社，2000：208.

② Российский статистический ежегодник. 2003：Стат. сб. / Госкомстат России. - М.，2003.

③ Трансформационная экономика Россиию Под ред. А. В. Бузгалина. М.，2006，С. 239.

④ Счетная палата Российской Федерации. Анализ процессов приватизации государственной собственности в РФ за период 1993-2003 годы. М.，2004，С. http：//rusref. nm. ru/priv00. htm.

道私有化证券有何用，因而他们根本不可能成为真正意义上的私有者。1993 年的一份社会调查表明，13.9% 的俄罗斯人打算用证券购买所在企业或是亲友所在企业的股票；6.9% 购买其他企业的股票；10% 购买投资基金会的债券；20% 打算把私有化证券直接卖掉；38.5% 的居民不知如何使用私有化证券。[①]结果，到了 1994 年直接卖出证券的人更多了。按照丘拜斯的宣传，一张私有化证券可以购买 2 辆伏尔加牌轿车，而 2 年后由于通货膨胀等因素，一张证券只能买到 1 公斤香肠或 1 瓶伏特加酒。1993 年 4 月，俄罗斯居民中有 15% 的被调查者认为"证券私有化"能使自己变成所有者，年底该比例降至 9.6%。1994 年真正获得分红的股民只有 4%～5%。[②]

1993 年底小私有化结束后，政府开始对大中型企业实行私有化。具体方案是先将国有企业注册为开放性的股份公司，然后出售股份。为了获得原企业主体对改革的支持，政府为实行股份制的大中型企业职工和管理层设定了 3 种优惠方案，由企业职工在全体会议上做出决定，从中任选一种。这三种方案分别是：

（1）企业职工可以一次性无偿获得企业法定资本 25% 的无表决权的优先股票，还有权以低于票面价值 30% 的价格购买有表决权的普通股票，但不超过法定资本的 10%。企业领导层有权按票面价值购买占法定资本 5% 的有表决权的普通股票。其余 60% 的股票在拍卖市场上公开售出；

（2）企业职工有权按国有资产委员会规定的出售价购买占法定资产 51% 的有表决权的普通股票；

（3）企业职工可以按 30% 的优惠价格购买相当企业法定资本 20% 的有表决权的股票。如果有部分职工愿意承担改造企业的任务，又不使企业停产或破产，在取得企业职工大会同意的情况下，还可以以票面价格购买占法定资本 20% 的有表决权的普通股票。

结果 75% 以上的企业选择了第二方案，这意味着绝大部分企业的劳动集体保留下来。虽然工人们掌握了控股权，但他们并没有成为企业的实际主人。造成这种局面的原因是多方面的：首先，为争夺企业控制权，旧体制下的官僚以及企业的管理者通过各种方式集中大量股份，变成了市场经济的真正所有者（这部分人大概有 70～90 万，基本属于原来的"权贵阶层"，包括处于金字塔顶尖的人），而工人在后来几年里的持股比例急剧下降（到了货币私有化阶段普通居民更是只落得旁观的身份）；其次，与工人们本身传统的思维方式和行为定式有关。企业私有化是"闪电式"的，但人的思维方式和行为定式不可能随着企业更名而发

① 汪宁．俄罗斯私有化评说．上海：上海外语教育出版社，2001：106.
② 张树华．过渡时期的俄罗斯社会．北京：新华出版社，2001：222.

生“闪电式”的转变，对“股东”毫无概念的工人股东们仍一如既往地依恋于集体并服从于领导。

自古以来俄罗斯人就崇尚集体主义精神，苏联70多年国家计划经济的行政命令体制更养成了人们对集体和领导的依赖心理，形成了工人依赖集体和领导解决问题的行为定式。

在私有化的企业中，工人的社会地位没有发生实质性的改变。俄罗斯审计局对1993~2003年私有化的总结报告显示：在被私有化的企业中，工人的权利得不到保障，为领导滥用职权提供了条件，工人参与企业管理权被剥夺。据专家调查，虽然78%的企业选择了由原职工持有股票，但其中感觉自己是企业共同持有人的只占被调查者的6%，从未感觉自己是共同持有人的占50%，另外30%表示难以回答。“持有多数股票的劳动者仍然感觉自己只是一名雇佣工人，而不是企业的共同所有者”。许多企业存在劳动环境恶劣和生产安全问题，仅工业部门就有370万人劳动环境的卫生条件不符合要求。①

在解决劳动中存在的问题时，工会以及经理委员会等部门的敷衍了事作风没有改变，工人本身也还是像以前一样找上级领导或是采取忍耐顺从的态度，这一点明确反映在专家对萨马拉地区工人的调查中（表4-1）。

表4-1　　工人们解决劳动问题时倾向的方式

倾向的行为方式	%
找上级领导	60
只能靠自己	58
找企业的行政领导	16
通过法院	15
依靠劳动集体和同事们的帮助	10
依靠工会的帮助	8
找政府机构	6
成立工人组织并组织抗议活动	4

（资料来源：Максимов Б. Е. Рабочие в реформируемой России 1990-е—начало 2000-х годов. СПб.《Наука》, 2004. С. 79.）

从表中可以看出，高达60%的人选择了找上级领导解决问题，这是俄罗斯工

① Изменение правового положения наемных работников на приватизированных предприятиях. // Счетнаяпалата Российской Федерации. Анализ процессов приватизации государственной собственности в РФ за период 1993-2003 годы. М., 2004. http://rusref. nm. ru/priv00. htm.

人典型的传统行为方式。“依靠自己”在很大程度上实际上是忍耐；在有着漠视法律传统的俄罗斯，通过法律手段解决问题从来没成为主流；在市场经济条件下的企业中，企业主和雇佣工人的关系呈一定的对立性；工会是工人利益的代表，然而，在俄罗斯，“工会代表工人的利益只是形式上的”。[①]赞同组织抗议活动的工人比例最少，只有4%。

二、诚实企业主恪守的“父道”

俄罗斯资深的私有化社会问题专家A. C. 比姆（A. C. Бим）将企业领导与职工的关系定为“父道”，即企业主像保护子女一样来关心和维护职工的利益，职工则完全依赖于企业经理及其他领导，并用这种关系来代替领导和职工之间的社会对立。关于工人对领导的依赖心理我们在前边讲过，因此这里主要论及企业主对工人的关心和呵护。

“父道”关系是俄罗斯传统企业文化的显著特点之一，企业主“这种责任感并非仅仅起源于苏联时期，其价值观的传承远可以追溯到沙皇时代的经理人”。[②]在俄罗斯，“父道”关系有着极深的传统渊源，贯穿于沙皇与臣民、村社“长老”与村社社员的关系始末。苏联时期企业的关系更是如此，因为一个企业就是一个小社会，要负责的不仅是生产，还包括企业员工的各种福利、医疗及后代教育等等。

历史上，俄罗斯的企业从一开始发展就被置于政府管辖之下。长期以来，企业界和政府之间以及管理者和工人之间就是家族式关系，这种关系使得有责任心的企业经理们在应付政府的改革时，还要考虑到肩负着工人福利的责任。苏联时代，不管工作是什么，工资有多少，几乎所有公民都有得到工作的权利。因此，在私有化之初，部分经理们就持抵制态度。新西伯利亚锡厂经理亚历山大·别克尔（Александр Беккер）在《消息报》撰文写道：“大多数经理都准备冒着违章受罚的危险，设法保住自己的企业不被交到外人手里，因为无论好坏，企业在养活着自己的‘孩子’”。[③]然而，市场化改革取消了工人的就业保障。习惯于以完成上级计划为己任的企业领导人在激进的市场化面前陷入茫然，于是许多企业经理沿袭了旧的管理和组织方法，依然像父亲一样保护着职工的利益。例如，彼得

---

① Изменение правового положения наемных работников на приватизированных предприятиях. // Счетнаяпалата Российской Федерации. Анализ процессов приватизации государственной собственности в РФ за период 1993-2003 годы. М., 2004. http://rusref. nm. ru/priv00. htm.

② ［美］琳达·兰黛尔. 不情愿的资本家——俄罗斯向市场转轨的漫漫长路. 刘满贵，等，译. 北京：新华出版社，2004：8.

③ Беккер А. Железная хватка оловянных генералов// Известия，1994，28 июня.

堡一家长期占据行业垄断地位的大型女装厂的厂长要对 5 000 名员工及其家庭负责。当他感觉到来自政府的支持越来越少时，很为即将打破传统习惯进行裁员而自责。在寻找美国外资合作时，他提出的主要条件是保住工人的工作，但对方寻求的是低成本的生产设施。谈判双方都不能理解对方的目标，谈判在相互指责对方不懂如何办企业的谴责声中破裂。

面临着工厂停工和关闭的情景，企业的厂长们决定，即使产品没有需求工厂也要继续生产，只求保证职工有班可上。例如 1991 年在列宁格勒（现彼得堡）郊区，一家机车车辆厂的经理人就在没有订单的情况下决定继续生产，“工人们能到哪里去？能让他们呆在家里吗？他们在这里干了很多年，甚至很多人的父亲也干了很多年。我不能告诉他们别干了。”①这样，20 世纪 90 年代初期俄罗斯一些大工厂旁边堆满了既没人要，也没人买得起的联合收割机和卡车。很多企业继续着原有的经营方式，亏损企业数目剧增，企业利润率逐年降低。戈德曼在研究俄罗斯私有化后的企业状况时指出：“虽然私有化期间有相当数量的大型企业转为私营，但是其中绝大多数人仍然按照原有方式经营，只是门口和信笺上的企业名称取消了国营等字眼。人浮于事的现象还是存在，特别是大型企业仍依赖从中央银行和政府那里得到的那种有借无还的贷款。”② “俄罗斯文化，70 多年的共产主义以及它造成的新的僵化思想和庞大机构使激进的经济改革成为不可能”。③

市场经济国家对亏损企业实施破产，因为在那里有相应的失业和社会保障制度。俄罗斯也于 1992 年颁布了《破产法》，但在俄罗斯很难做到关闭工厂，甚至难于做到削减产量，因为这些工厂不仅提供成千上万的就业机会，还是所在社区乃至城市的支柱，企业要为员工提供住房，配备教学和医疗等设施，关闭企业的后果不堪设想。《破产法》实际上未起作用。“20 世纪 90 年代中期，尽管有报道说 43% 的俄罗斯公司在亏损状态下运行，但却只有 2 600 家企业进入破产程序。即便在这个数字中，也只有极少数企业有了最终结果。1993 年以来，只有约 400 件破产案上了莫斯科的破产法庭，到 1997 年，仅有 15~20 件案例被结案。”④马歇尔·戈德曼在考察了私有化的俄罗斯企业经理人的行为后写道：“70 年来苏联

---

① ［美］琳达·兰黛尔．不情愿的资本家——俄罗斯向市场转轨的漫漫长路．刘满贵，等，译．北京：新华出版社，2004：125.

② ［美］马歇尔·戈德曼．失去的机会——俄罗斯的经济改革为什么失败．李铁海，等，译．上海：上海译文出版社，1997：140.

③ ［美］马歇尔·戈德曼．失去的机会——俄罗斯的经济改革为什么失败．李铁海，等，译．上海：上海译文出版社，1997：247.

④ 琳达·兰黛尔．不情愿的资本家——俄罗斯向市场转轨的漫漫长路．刘满贵，等，译．北京：新华出版社，2004：157.

的经理习惯于按下达的指令进行生产，对市场条件的变化是不在意的”，“许多俄罗斯国有企业的经理在企业私有化后，根本不能根据市场规则来有效地组织经营。他们仍善于从政府那里找到出路，利用各种补贴和政府支持，就像过去他们赖以生存的那样。旧的做法仍在继续的最好证明就是，那些大的企业，不管是国有的，还是新近私有化的，几乎没有破产的”。①

在向市场转轨过程中，虽然也出现了一些积极适应型的企业，它们依靠自身的力量发展生产，扩大销售，适应市场的需求，但是这类企业少之又少。俄罗斯学者 Г. 吉里盖恩斯基（Г. Диллигенский）于 1995 年 5 月在俄罗斯《世界经济和国际关系》杂志上发表了对 15 家私有化企业的调查报告，证实了“当所有制关系发生变化之后，企业中‘父道’的关系不仅没有受到任何影响，反而更加强化了”，“私有化的实行使这种‘父道’传统更加公开化，更加直截了当”。②

20 世纪 90 年代能够恪守“父道”，被俄罗斯学者称为“文明企业家”③ 者简直是凤毛麟角。对“父道”关系的作用我们应该从两个方面来看。С. 比姆极力主张加强这种传统上就有的“父道”，认为“它是最适合的社会政策模式，既能够适应大多数雇佣劳动者的社会心态，又能达到保障企业内部社会稳定的需要”。④但同时，市场条件下企业领导与工人的关系是“合作伙伴”的契约关系，“父道”与契约关系的截然不同，必定产生企业在适应市场劳动就业模式和理性生产方面的困难。

三、新经济精英的权力资本和关系网络

俄罗斯著名社会学家 Ж. Д. 托先科（Ж. Д. Тощенко）将俄罗斯 90 年代的企业家分为三种类型：（1）原党、苏维埃、共青团的干部和经济工作者；（2）市场经济改革之前因机会有限而从事半合法的影子经营活动者；（3）各类追求财富者，包括有进取心和富于冒险精神者、各种盗窃和掠夺者以及蛊惑者（多为政治家）。⑤这里所包括的企业家类型与下面的社会调查结果大致相符：

俄罗斯独立社会和民族问题研究所所长米·科尔什科夫（М. Горшков）利用社会调查材料描述了俄罗斯居民心目中企业家的社会来源：

---

① ［美］马歇尔·戈德曼．失去的机会——俄罗斯的经济改革为什么失败．李铁海，等，译．上海：上海译文出版社，1997：258.

② 汪宁．俄罗斯私有化评说．上海：上海外语教育出版社，2001：112-115.

③ Петровна К. А. Предпринимательская культура в современном российском обществе. Дисс. Саратов, 1999. С. 104.

④ 汪宁．俄罗斯私有化评说．上海：上海外语教育出版社，2001：112.

⑤ Тощенко Ж. Д.《Как назвать тех, кто правит нами?》. Независимая газета. 1998. 31 декабря.

表 4-2　　俄罗斯百姓心目中俄罗斯企业家阶层的主要社会来源（%）

1. 来自原商业、物资分配系统人员	72.6
2. 来自原苏共和共青团干部	69
3. 来自影子或犯罪集团	51.8
4. 来自国企负责人	46.8
5. 来自有头脑、会经营的人士	31.6

（资料来源：俄罗斯独立社会和民族问题研究所．改革背景中的俄罗斯．1995：96-97//张树华．过渡时期的俄罗斯社会．北京：新华出版社，2001：123.）

表中1、2、4项人员的一个共同特点就是曾为政客或经济领域的领导者，手中都掌握一定的权力，在私有化过程中，他们通过关系网络，化权力为资本，攫取了大量国家资产，摇身一变成为俄罗斯的“管理者——资本家”，成为“新的统治阶级”。①

这些新生资本家是在苏联后期开始诞生的。1987~1988年间，《个体劳动活动法》使得成千上万的小作坊得以建立和从事合法活动，《合作社法》使得私人、国营和经济组织建立了数以万计的贸易、中介合作社，直至建筑和生产联合体。对外贸易的自由化，为通过合作社做成大笔交易提供了机会。今天被列为俄罗斯商业精英的许多人，就是在那时赚到了第一笔上百万卢布和美元。20世纪80年代末，共青团的干部们利用戈尔巴乔夫政府提供的“提取卢布现金”的特权积极参与经济活动，成为改革的“弄潮儿”，成为第一批“新俄罗斯人”。“共青团经济”成了俄罗斯特有的术语，“共青团商业帮”成为俄罗斯特有的经济现象。据统计，过去的共青团干部在20世纪90年代俄罗斯商业精英中占17%，例如大名鼎鼎的霍多尔科夫斯基（М. Ходорковский）和波塔宁（В. Потанин）均在其列。霍多尔科夫斯基曾任莫斯科团市委第二书记，1988年创办的“梅纳捷普”银行是苏联最早出现的私人银行之一；波塔宁曾任莫斯科国际关系学院团委书记，后成为俄罗斯最大的私人银行总裁。二人最终都成为俄罗斯经济和政治生活中举足轻重的“寡头”。

在证券私有化阶段，由于国家的经济管理制度出现真空，使得国有资产的管理权、国家的进出口贸易权以及信贷货币的调配权都直接成为商品和金融投机市场牟取暴利的抢手货。掌握这些权利的国家官僚滥用职权谋取一己之利，演变成新的“资本家”。同时，在证券私有化刚起步时，前苏联的经理厂长们通过各种

---

① Рывкина Р. В. Экономическая социология перехондой России: люди и реформы. М. 1998. С. 311.

途径把尽可能多的财产置于自己的名下，从而成为企业的实际所有者。根据私有化的法律规定，在职工分配51%的股份时，行政领导有权额外得到5% 的股份。除此之外，他们还采用威逼利诱等手段侵占原本属于职工的股份，将股权据为己有。俄罗斯私有化开始时职工掌握了51%的股票，而到了1997年却只剩下20%。厂长经理们的股票持有量却由原来的5%上升为18%，实际量还远远高于此数。[①]“这不是控股，但如果结合到他们所处的地位，甚至几个百分点的股份也能使经理们实际上成为企业的所有者”。[②]厂长经理们还创建各种各样的子公司及下属公司，积聚资金以收购资产。在许多情况下，钱被非法地转到这类下属公司和商行的账上，后来又被投到收购私有化证券上去。一旦时机成熟，即母公司进行证券拍卖时，他们便用私有化证券收购工厂。通过这种简单的行动，经理厂长便成为企业的实际所有者。来自经理层的著名企业家包括“天然气工业”的莱姆·维亚希列夫（Р. Вяхирев）、“卡马斯”汽车制造厂的尼古拉·别赫（Н. Бех）、“卢克石油”公司的董事长瓦吉特·阿列克波罗夫（В. Аликперов）、“首都储蓄-农工”银行和农工银行的亚历山大·斯摩棱斯基（А. Смоленский）。

纵观20世纪90年代企业私有化的全过程，可以说权力和关系资本的作用突出地表现在货币私有化阶段“贷款换股份”（亦称“抵押贷款”）方案的拟订和实施中。出于政治和经济需要，1995年改革派接受了新生金融财团势力的代表波塔宁的“贷换股”方案，即国家将掌握的大企业的股权作抵押，通过“国有资产委员会”进行拍卖和暂时的出让，换取银行或财团相应数额的贷款，以弥补财政赤字。抵押期限为3年，财团有权管理企业，整理并出售企业的股票。3年后，国家可以归还贷款，赎回股权，否则，股票将归买主所有或处理。银行家许诺政府可以获得20亿美元的贷款，用来填补预算亏空。“人人都知道，政府不会归还这些贷款，而会将它的股份抵给银行”。[③]这个方案“是如此贪婪，如此低级拙劣，乃至于许多最聪明的观察家们，特别是西方观察家，都没有把它当回事”。[④] 就连身为寡头的弗里德曼（М. Фридман）自己也觉得不可思议：“这个方案想要用几个小钱就买下价值数十亿美元的财产，好像很不现实……但是它还

---

① ［俄］《消息报》，1997年11月18日。转引自张树华．过渡时期的俄罗斯社会．北京：新华出版社，2001：158.

② 罗伊·麦德维杰夫．俄罗斯往何处去——俄罗斯能搞资本主义吗．徐葵，等，译．北京：新华出版社，2000：261.

③ 伯纳德·布莱克（Bernard Blacr），芮里尔·柯艾克曼（Reinier Kraakman），安娜·塔若索瓦（Anna Tarasova）．俄罗斯的私有化和公司治理：错在何处？．彭冰，译．清华法学：第三辑，203.

④ ［英］克里斯蒂亚·弗里兰．世纪大拍卖——俄罗斯转轨的内幕故事．刘卫，张春霖，译．北京：中信出版社，2004：160.

真的成了现实。”[①]1995年3月30日，该方案在政府内阁会议上得到肯定之后，一位与丘拜斯交好的瑞典经济学家安德斯·阿斯隆德（Anders Aslund）坚信该计划不可能得到实施，因为“这个计划很愚蠢……，这个计划的含义就是，我们应当通过损害国家而使自己致富”。[②]因此他坚信丘拜斯不可能支持这样的掠夺。然而，就是这么一个被认为是天方夜谭般的赤裸裸的掠夺计划却在俄罗斯变成了现实，并改变了国家的政治和经济进程，开辟了俄罗斯的“寡头时代”。我们来看以波塔宁为首的新生资本家和青年改革家们是如何制造出这个“神话”的。

弗·波塔宁是前苏联的“贵族”，其父是当时国家主管外贸工作的高官。1990年他创办的英特罗斯公司是一个只有1万美元注册资本和几个雇员的外贸公司。1992年创办欧奈科斯姆银行，年底他利用关系网接管了国家的国际经济合作银行，免费获得3亿美元的资金，使他有条件一边进行产业化经营，一边为政府管理财务：掌管国家海关总署和一家国有军火贸易公司的钱财，从此财运亨通。这位“最受权贵阶层宠爱的资本家，一个被旧贵族任命的，而不是自己奋斗的大亨”[③]尝到了关系资本的甜头，于是决定建立更大的财团，1994年他将目标锁定在获得诺里斯克镍厂。该厂是俄罗斯最大的有色金属和矿产企业，生产俄罗斯一半以上的铜，年销售额超过250亿美元。波塔宁决定从该厂的银行代理升级为其所有者。为了让这个贪婪的提议更容易被人接受，他决定承诺以“贷款”换取对该企业的“管理”权，这就是“贷换股”方案的由来。

为了成功地实施该计划，取得全部有价值的俄罗斯企业，波塔宁编制了一张秘密的关系网络，网罗了当时负责私有化的政界精英、主要的商界名流以及那些待瓜分企业的管理人员。政界精英主要是副总理索斯科维奇、丘拜斯和科赫。改革精英们之所以同意实施该计划，主要是出于政治需要。用盖达尔的话说：“贷换股制造了一个政治条约。它有助于保证久加诺夫（Г. Зюганов）不能进入克里姆林宫。那是一个必要的条约。”[④]另外，丘拜斯还需要找到国家收入来源，还需要利用未来的寡头彻底击败红色经理们。加入波塔宁联盟的商界精英有：霍多尔科夫斯基、弗里德曼、斯摩棱斯基、维诺格拉多夫，以及由石油和天然气大亨们

---

① ［英］克里斯蒂亚·弗里兰．世纪大拍卖——俄罗斯转轨的内幕故事．刘卫，张春霖，译．北京：中信出版社，2004：160.

② ［英］克里斯蒂亚·弗里兰．世纪大拍卖——俄罗斯转轨的内幕故事．刘卫，张春霖，译．北京：中信出版社，2004：160.

③ ［英］克里斯蒂亚·弗里兰．世纪大拍卖——俄罗斯转轨的内幕故事．刘卫，张春霖，译．北京：中信出版社，2004：117.

④ ［英］克里斯蒂亚·弗里兰．世纪大拍卖——俄罗斯转轨的内幕故事．刘卫，张春霖，译．北京：中信出版社，2004：155.

创办的帝国银行的代表等，这些人后来均成为寡头或次级寡头。这批人很快就大致划分俄罗斯最有价值的企业达成了一致：波塔宁将得到最好的企业——诺里斯克镍厂，霍多尔科夫斯基将得到尤科斯，其余较小的企业分给了其他参与者。据霍多尔科夫斯基的一个合伙人说："我们对谁获得哪个企业达成了协议。我们还同意不要相互妨碍"，"就这点来说，有一种内幕交易的成分"。[①]由于这些企业已被实力强大的经理们控制，所以计划能否变成现实，还取决于商业大亨们是否能与经理们达成一致。结果商人们或是接纳经理人加入集团，或是借助于上述几位政治精英的权力扫除了最后一道障碍。

这样，政府用了短短 4 个月的时间，对俄罗斯经济的支柱——几家巨型企业以极低廉的价格实施了伴随舞弊丑闻的拍卖，此处我们仅举两例。1995 年 11 月 17 日，波塔宁以 1.701 亿美元的价格买下了诺里斯克镍厂 38% 的股份，政府的起拍价是 1.70 亿美元。1995 年该厂在国际市场上镍和铜的销售额高达 24 亿美元，纯利近 4 亿美元。伦敦金属交易所对这一巨型企业的资产评估是 40 亿美元。参加竞拍的三个公司都属于波塔宁，他们互相提供银行担保，另一个强硬的竞争对手"俄罗斯信贷"银行事先被排除在外。几个星期以后，波塔宁又以比政府的起拍价 1.3 亿美元多一点点的价格买下了原油储藏量居俄罗斯第一的西丹科石油公司 51% 的股份。两年以后，英国石油公司为获得该企业 10% 的股份付出了多四倍的价格。1995 年 12 月 8 日，国际石油界的"巨人"——俄罗斯开采量第二的"尤科斯"石油公司拍卖揭晓。结果俄罗斯金融集团"梅纳捷普"银行独领风骚，从国家手中接过了 78% 的控股权。这是一次名副其实的"自编自导"的戏，即由该银行自己负责组织拍卖，自己参加竞拍，所以结果早在预料之中。一年之后，"梅纳捷普"集团又从国家手中赎买了剩余的国有股份，国家在这个巨型石油公司的股份只剩下象征性的 0.1%。

贷换股方案实质上"是一场粗糙的财产与政治庇护之间的交换"，"俄罗斯现在的市场是腐败的、扭曲的、没有效率的，而贷换股既是这种悲剧的原因，也是其标志"，"其最终的结果是一种变态的资本主义，将使整个国家遭受饥馑和苦难"；"俄罗斯确实被掠劫了，但是，最大的犯罪并不是秘密或者依靠暴力进行的，甚至在严格的法律意义上讲根本算不上犯罪。俄罗斯是在光天化日之下被一群商人所抢劫的，他们并没有犯法，他们得到了西方在克里姆林宫的最好的朋

---

① [英] 克里斯蒂亚·弗里兰. 世纪大拍卖——俄罗斯转轨的内幕故事. 刘卫，张春霖，译. 北京：中信出版社，2004：158.

友们——青年改革派的协助”。[①]波塔宁等寡头们之所以能获得成功，是因为他们在政府、新生资本家以及红色经理们之间编织了一张偌大的关系网络，并成功地利用了这张网络中的权力资本满足了各方的政治和经济需要。在控制了国家的经济命脉甚至于政治生活后，深谙权力资本巨大作用的寡头们又进一步攫取了政治权力。由此可见，俄罗斯传统文化中的权力和关系资本的作用被新商业精英们发挥到了极致。为了更直接更清晰地展现 20 世纪 90 年代俄罗斯政界和商业的权力资本结构和关系网络，我们附下列各表：

表 4-3　　俄罗斯大盗的关系网络及其主要资产

大盗及其政治关系	控制的主要公司	控制的主要媒体
瓦吉特·阿列克波罗夫（Вагит Алекперов）［与莫斯科市长尤里·卢日科夫（Юрий Лужков）有关］	卢克石油公司（俄最大的石油公司）；帝国银行（与维亚希列夫一起）	《消息报》（与波塔宁一起）；莫斯科电视六台（与别列佐夫斯基一起）
鲍里斯·别列佐夫斯基（Б. Березовский）［与叶利钦家族和克里姆林宫主任亚·沃洛申（Я. Волошин）有关］	西伯利亚石油天然气公司（控股）；罗卡瓦斯（经销汽车）；俄罗斯航空公司，俄罗斯联合航空公司；自动汽车银行，联合银行	俄罗斯国家电视台（ORT）（和弗里德曼一起）；莫斯科电视六台（与阿列克波罗夫一起），STS 电视台，NSN 电台；《电视广播节目报》，《独立报》，《新闻报》，《商人日报》，《星火杂志》
米哈伊尔·弗里德曼（М. Фридман）（与克里姆林宫主任沃洛申有关）	阿尔法集团控股公司，阿尔法银行，秋明石油公司（控股），阿尔法水泥公司，大量房地产、建筑和石油出口公司	阿尔法电视台，俄罗斯国家电视台（和别列佐夫斯基一起）

① ［英］克里斯蒂亚·弗里兰．世纪大拍卖——俄罗斯转轨的内幕故事．刘卫，张春霖，译．北京：中信出版社，2004：153-155.

续表

大盗及其政治关系	控制的主要公司	控制的主要媒体
弗拉基米尔·古辛斯基（В. Гусинский）（与莫斯科市长尤里·卢日科夫有关）	梅地亚-桥控股公司，桥银行	《今日报》，《新报》（和斯摩棱斯基一起），《共同报》（周刊），《七天报》，《青年报》；“莫斯科之声”电台，NTV 电视台；《总结》和《丽莎》杂志
米哈伊尔·霍多尔科夫斯基（М. Ходорковский）［与前能源部长谢尔盖·戈涅拉洛夫（С. Генералов）有关］	俄罗斯控股公司，梅纳捷普银行，尤克斯和 VNK 石油天然气控股公司，大量制造厂、木材厂和零售公司	《莫斯科时报》，《圣彼得堡时报》，《文学报》
弗拉基米尔·波塔宁（В. Потанин）［与安纳托利·丘拜斯 А. Чубайс、科赫 А. Кох 等有关］	俄罗斯国际控股公司，奥涅克辛姆银行，重建和发展银行，以及在莫斯科所有重要房地产中都有挂名股份	《消息报》（与阿列克波罗夫一起），《共青团真理报》（与维希亚列夫一起），《俄罗斯电讯报》，《专家》杂志
亚历山大·斯摩棱斯基（А. Смоленский）	首都储蓄商业—农业银行，农工银行，与别列佐夫斯基一起拥有西伯利亚石油公司	《新报》（与古辛斯基一起），《国家新闻服务报》，《货币》杂志
莱姆·维亚希列夫（Р. Вяхирев）［与前总理切尔诺梅尔金有关］	天然气工业公司（CEO，挂名股份），帝国银行（与阿列克波罗夫一起），因科姆银行（少数股份），天然气工业银行，国民储备银行，工业建设银行，科米技术石油公司	《共青团真理报》（与波塔宁一起），NTV 电视台（与古辛斯基一起）；《工人论坛》，《劳动报》，《侧面》，许多地方报纸和电视台；梅地亚——桥集团中的少数股权

（资料来源：［美］伯纳德·布莱克，芮里尔·柯艾克曼，安娜·塔若索瓦．俄罗斯的私有化和公司治理：错在何处．彭冰，译．清华法学：第三辑，206-207．有删减。）

表 4-4　　政府机关中的商人们

弗拉基米尔·波塔宁（Владимир Потанин）	1996~1997 年俄联邦第一副总理，“英特罗斯”（ИНТЕРРОС）集团
谢尔盖·戈涅拉洛夫（Сергей Генералов）	1998~1999 年燃料和能源部部长，“尤科斯”（ЮКОС）集团
弗拉基斯拉夫·苏尔科夫（Владислав Сурков）	1999 年至今总统办公厅副主任，“阿尔法集团”（АЛЬФА）
亚历山大·阿布拉莫夫（Александр Абрамов）	1999~2000 年总统办公厅副主任，2000 年以后任俄罗斯国家委员会秘书，“阿尔法集团”（АЛЬФА）
安德烈·波波夫（Андрей Попов）	俄联邦总统办公厅地区管理总局局长，“阿尔法集团”（АЛЬФА）
鲍里斯·别列佐夫斯基（Борис Березовский）	1996~1997 年俄罗斯国家安全委员会副秘书长，1999~2000 年独联体执行秘书
亚历山大·加弗林（Александр Гаврин）	2000 年俄罗斯燃料和能源部部长，“卢克”集团（ЛУКОЙЛ）

（资料来源：Е. Г. Пономарева. Политические институты и отношения в современной России. М.，РОССПЭН. 2007，С. 194.）

表 4-5　　政治家—商人们

彼得·阿文（Петр Авен）	“阿尔法银行”（“Альфа-банк”）的总裁
维克多·伊柳申（Виктор Илюшин）	国际音像（Video International）广告集团总经理
安德烈·科济列夫（Андрей Козырев）	美国国际竞争网络制药公司（ICN Pharmaceuticals）总经理
弗拉基米尔·洛普辛（Владимир Лопухин）	“先锋”（“Авангард”）咨询公司总裁
彼得·莫斯托沃伊（Петр Мостовой）	“俄罗斯铝业”（“АЛРОС”）公司第一副总裁
阿尔弗列德·科赫（Альфред Кох）	“蒙特斯-阿乌里”（“Монтес Аури”）公司总裁

续表

弗拉基米尔·波列瓦诺夫（Владимир Полеванов）	“俄罗斯黄金”（“Золото-России”）投资基金副总裁
奥列格·斯苏耶夫（Олег Сысуев）	“阿尔法银行”（“Альфа-банк”）副总裁
亚历山大·沃洛申（Александр Волошин）	俄罗斯统一电力（РАО ЕЭС）副总裁

（资料来源：Е. Г. Пономарева. Политические институты и отношения в современной России. М.，РОССПЭН. 2007，С. 198.）

俄罗斯的自由主义改革派提出实行私有化的经济理论依据是，向经理、厂长和职工提供新的刺激，以促使他们提高生产率，增加企业利润，从而使他们更可能生产消费者所需的而不是国家要的商品，并可以通过裁员和提高资本效益来更有效地进行生产。由于这种方法能提高企业的利润率，有助于企业不再依赖国家补贴和中央计划。然而，传统价值观的稳定性使得文化转型不可能如制度转型那样一蹴而就，文化转型常常是滞后的。在俄罗斯企业快速私有化过程中，企业主体价值观的转型必定滞后于企业制度的转型，其经济意识不可能一夜之间市场化，其经济行为准则不可避免地带有传统的印记。在私有化过程中，由于权力资本和关系网络等传统民间规则的作用，催生了一批大肆掠夺国家财产的寡头，最终致使市场经济畸形发展。

新生资本家们在攫取了大量国家财产成为企业主之后，并没有像西方市场经济中的资本家那样开始理性的经营，追求企业利润最大化，而是在俄罗斯独特的企业环境中做了另一番同样是理性的选择，其经济价值取向和行为特点充分反映在私有化后的俄罗斯公司治理结构中。由于公司治理结构是企业文化的核心内容，因而我们在第三节中单独进行详细论述。

第三节　转型初期公司治理模式的选择与效果

公司治理结构（又称公司治理）是企业文化的核心内容，广义是指有关公司剩余索取权和控制权分配的一整套法律、文化和制度性安排，这些安排决定公司的目标，以及谁在什么状态下实施控制，如何控制，风险和收益如何分配等问题。狭义指有关公司董事会的功能、结构、股东的权利等方面的制度安排。公司治理分为内部治理和外部治理。内部治理决定企业内部决策过程和利益相关者参与企业管理的方法；外部治理则是以外部市场的力量来约束企业，外部治理的最重要因素是资本市场、银行和政府。内部治理和外部治理相结合，共同促进资源的有效配置。

私有化伊始俄罗斯政府就规定，凡实行私有化的大中型国有企业要改组为开放型股份公司，以便吸引外部投资者和造就广泛的所有者阶层。然而，“俄罗斯私有化过程中股份制公司的一个主流现象是：大多数法律形式上的‘开放型公司’，实际上具有明显的‘封闭型公司’特点”。[①]封闭型公司的典型特点是“内部人控制”的公司治理结构，这种与官方规定相悖的结果是新生资本家们的一种“理性”选择，因为置身于关系网络和权力资本起决定作用的俄罗斯企业环境中，攫取企业资产比追求企业利润最大化容易得多。

一、官方的模式选择

公司治理结构由一系列官方规则（正式规则）和民间规则（非正式规则）组成。官方规则既包括政府颁布的一整套法律、条例（例如《公司法》、《破产法》等），也包括公司章程、条例，以及一系列具体的合同；民间规则是指由文化、社会习惯等形成的行为规范，这些规范虽然不具备法律的强制性，但在现实中却起着很大作用，甚至有时起到主导作用。这一点在俄罗斯 20 世纪 90 年代初形成的公司治理结构中有明显的反映。

对于转轨经济来说，公司治理是微观经济领域最重要的制度建设。建立有效的公司治理结构非常重要，因为：（1）良好的公司治理结构可以保障投资者的权益，保证投资者不“用脚投票”，远离公司；（2）公司治理在通过资本市场将机构和个人资金转化为生产发展资金的过程中起关键作用，可以说，公司治理水平关系到经济增长；（3）公司治理是企业竞争力最重要的基础软件。良好的公司治理结构可以获得投资者的信赖，增强企业的竞争力。据麦肯锡顾问公司（McRinsey&Company）2000 年的调查，对同等盈利水平的公司，投资者愿意为治理机构良好的公司股票多付 20% 以上的溢价；在亚洲金融危机后，投资者在评估亚洲投资潜力时，认为董事会行为质量比财务问题更重要和同等重要的占 75%。[②]

---

① Розинский И. А. Российский предприятия: дилемма внутренних акционеров//Российский экономический журнал, 1996г., No. 2. C. 30.

② 张养志．俄罗斯的企业治理结构与企业文化// 冯绍雷，相蓝欣．俄罗斯经济转型．上海：上海人民出版社，2005：416.

国际上典型的公司治理结构分为英美模式和德日模式。两种模式存在下列差异：英美模式下，人们信奉斯密的市场哲学，推崇“看不见的手”的作用；德日模式下，强调政府对“看不见的手”进行一定的修正。因此，英美政府对企业采取规制态度，政府和企业保持较远的距离，主要是为企业创造稳定的宏观经济环境，并给予适当的政策扶持，而不去干涉企业的行为；德日模式则采取积极促进的态度，政府的经济目标在国家经济生活中占有重要位置，政府和企业进行密切合作。英美模式的主要特点是：（1）公司治理目标是股东利益最大化，公司治理遵循“股东至上”的原则；（2）企业的资金主要通过股票市场获得；（3）机构持股占股权结构的主体，股权高度分散化；（4）公司治理依赖证券市场“用脚投票”的外部治理机制；（5）英美法律禁止银行持有公司股份，银行对公司治理的参与主要通过相机治理机制。德日模式的主要特点是：（1）企业融资将股权和债权相结合，以间接融资为主，公司资产负债率高；（2）股权结构主要以法人之间交叉持股为主，股权集中程度较高；（3）以债权人和利益相关者的利益作为公司治理的目标；（4）公司治理依靠银行“用手投票”的治理机制。

英美公司治理结构由股东大会、董事会和首席执行官构成。股东大会是最高权力机构，主要职能是选举董事会成员，审定公司的年度报告，决定年终利润分配方案，修改公司章程等。董事会是公司决策机构，并承担监督职能；为防止董事会和公司经理人员相互勾结，规定董事会必须有半数外部独立董事，以保护股东权益。首席执行官由董事会聘任，负责公司的日常经营决策。公司不单设监事会，其监督工作有董事会下的内部审计委员会执行，审计委员会全部由聘任的外部独立审计员组成。德国公司实行双层董事会制度，即股东大会——监督董事会（监事会）——管理董事会（董事会）。股东大会是公司的最高权力机构，每年召开一次，主要任务是选举监事会成员，审计公司的年度报告、审计报告，决定年终利润分配方案，修改公司章程等。监事会是股东的代表机构，相当于英美公司的董事会。监事会由股东代表和职工代表共同组成，他们不能进入董事会。董事会领导企业日常经营活动，对外是公司的法定代表，相当于英美同类公司的经理部，成员由监事会任免。日本公司治理结构的框架由股东大会、董事会、经理、独立监察人组成。实际上，股东大会在日本是名存实亡，真正发挥决策作用的是由经营者专家组成的内部董事会。董事会成员主要来自于公司内部，不设外部独立董事，共同治理在日本已演变成为由经营者和内部人控制的局面。

以上两种公司治理结构的模式各有利弊：英美模式的公司治理在强化信息披露的透明度、加强经理层对股东负责、对经理层的激励等方面能够较好地发挥作用，促使经理层更关注股东利益最大化，资本市场的流动性和有效性更强，产生更为活跃的控制权市场，在解决分散化的投资者控制公司方面做得更好，但不利于建立长期稳定的合作关系；德日模式则在减少大部分股东的信息不对称、建立利益相关方长期稳定的关系、提高交易有效性方面有较多优势。但同时使得这些公司更少地进行纵向一体化并购、更多地投资于高效的专业化生产，导致控制权市场不活跃，解决代理问题时比较弱一些。

俄罗斯公司治理选择的是哪一种模式呢？我们先看俄罗斯的官方规则——公司立法情况。

传统上，俄罗斯属于大陆法系国家，私法立法采用民商合一立法体例。包括公司法规在内的商法内容都规定在一部民法典中，然后根据不同的公司类型颁布公司单行法。俄罗斯现行公司立法始于20世纪80年代末90年代初。1990年6月19日，苏联部长会议决议批准《股份公司和有限责任公司条例》，这是自1922年《苏俄民法典》颁布以来首次规定两种形式公司的设立与活动程序。股份公司和有限责任公司是法人，是自己财产的所有权人。该条例为1990年12月25日苏俄部长会议决议批准的《苏俄股份公司条例》所取代，其中规定了开放型股份公司和封闭型股份公司两种形式。同时通过的法律还有《企业和企业活动法》，规定了除股份公司以外的公司类型，包括无限公司、有限责任公司和两合公司。

1991年5月31日，苏联最高苏维埃批准了民事立法纲要，于1992年8月3日对俄联邦生效，规定可以在苏联和俄联邦境内设立的公司有无限公司、两合公司、股份公司、有限责任公司和补充责任公司。此纲要首次规定了拥有自己独立财产的民事主体——法人，根据活动目的，法人分为商业组织和非商业组织。这一规定为1994年俄联邦民法典所继受。纲要第一次在立法层面规定了股票的定义，认定股票为有价证券，其持有人（股东）有权以股利方式取得股份公司的部分利润、参与股份公司的管理和在公司解散时分得公司的部分剩余财产。

1993年10月27日，俄罗斯联邦总统发布《保障股东权利措施》总统令。其中规定，开放式股份公司必须置备股东名册，记载股份变动的全部信息；股份交易无需中介机构的参与，以简单的书面形式即可进行；名册的管理规则应报经俄罗斯联邦有价证券和市场委员会批准；名册可以由股份公司自行管理，也可以委托银行、投资机构、托管人、专业登记人管理。为了更有效地保护股东权利和国家利益，1995年7月31日发布了《关于保障股东权利的补充措施》的总统令，1996年8月18日发布了《关于保护股东权利和保障国家作为所有权人和股东的利益措施》的总统令。

《俄罗斯联邦民法典》第一部分于1994年10月21日通过，自1995年1月1日起施行。但其中有关法人的规定，则自1994年12月8日起生效，集中对几种类型的公司作了规定。民法典第一部分的通过，标志着俄罗斯公司立法进入了一个新的历史阶段，公司作为商业组织，具有法人地位，享有法人财产权，作为民事主体的地位最终确立。

俄罗斯的《俄联邦股份公司法》于1995年12月16日颁布，自1996年1月1日起施行。该法颁布以后分别于2001年、2002年、2004年作了几次重要的修订，2007年新的文本包括了这些修订条款。1998年7月19日颁布了《员工股份公司（人民企业）特别法律地位法》。

由于公司治理问题的复杂性和迫切性，以上规范仍显不足，还需要制定公司内部规范予以调整。2002年4月4日俄罗斯联邦证券市场委员会发布《关于推荐使用〈公司行为规范〉的指令》，“规范”的目的在于完善股份公司管理制度，保障股东的合法权益不受侵犯，保证信息向投资者公开。《公司行为规范》是股份公司有关伦理道德规则的汇编，其基础为世界经济合作与发展组织的相关规则，其意义不仅针对股份公司，而且包括所有公司在内。该规范不具有强制性，但是，公司一旦选择了“规范”，并将其规定在公司文件之中，该规范即成为公司成员必须遵守的强制性规则。[①]

1992年俄罗斯私有化方案命令所有的公司都必须登记成为开放型股份公司。1996年实施的《俄联邦股份公司法》是由美国专家起草的，规定所有含50名以上股东的公司都应该成为上市公司；表现在公司类型设计上也是英美式的，公司的设计为开放型和封闭型股份公司；就公司内部组织结构设计来看，也是英美式的“股东大会——董事会——经理委员会”结构。可以说，从政府最初设计的意义和公司形式上来看，俄罗斯改革者选择的是英美公司治理模式。然而，在90年代的实践中，政府命令执行的结果却是2.7万家股份公司中，只有20%的公司是开放型的，80%是封闭型股份公司。就其内部治理特点来看，股份集中程度高，内部员工持股比例高，内部人控制特点明显；而外部治理的特点是，市场化程度低，产品市场、资本市场、经理市场、劳动市场和技术市场不发达，股份流动性差，政府行为对企业影响巨大等，因此俄罗斯的公司治理模式又具备了德日模式的特点。这样，在俄罗斯经济的微观层面又出现了实践结果与改革预期目标的背离。

二、“内部人控制”特点的形成

“内部人控制”是美国斯坦福大学教授青木昌彦在研究转轨经济中公司治理问题时提出的概念，他在“对内部人控制的控制：转轨经济中公司治理的若干问

---

① 以上关于公司立法的内容主要参考：王志华．俄罗斯公司立法综论．北方法学，2008（6）：105-107. 有改动。

题”一文中写道：“我们所说的内部人控制，是指从前的国有企业的经理或工人在企业私有化过程中获得相当大一部分控制权的现象”。[①]青木昌彦这个定义是将内部人控制看作转轨经济中私有化企业治理的特点。针对内部人控制的潜在可能转化为现实的过程在不同的经济中是不同的，青木昌彦进一步将内部人定义为：“在私有化的场合，多数或相当大量的股权为内部人持有，在企业仍为国有的场合，在企业的重大战略决策中，内部人的利益得到有力的强调。”[②]

在研究内部人控制的问题时，青木昌彦指出，“俄罗斯是管理人员控制的例子。已经事实上把自己的企业变成了一个独立王国的国有企业经理，在计划机器解体后几乎成为不可征服的。任何私有化方案要想行得通，就必须承认经理们事实上的控制权”。[③]根据青木昌彦的定义，本课题涉及的“内部人”我们确定为俄罗斯私有化企业中掌握了大部分股权的企业经理和工人。鉴于实际控制权几乎完全掌握在经理手中，我们将重点锁定在分析经理们内部控制企业的行为。

俄罗斯公司治理结构“内部人控制”的特点主要是在 20 世纪 90 年代前半期形成的。首先，1987~1991 年的自发私有化对经理们获得企业的控制权产生了很大影响。1987 年的《国有企业法》使得企业经理有了自主权，可以提高产品价格和职工工资，却没有制定相关的约束和责任。1988 年通过的《合作社法》，给一些人利用各种经济成分之间的价格差进行套购提供了便利，还有一些人则利用苏联晚期的混乱形势，肆无忌惮地侵吞国家资产，发展个人企业或以亲友名义开办私人买卖。“自发私有化”开始了经济和政治权利集中在少数人手中的过程，为以后建立正常运行的市场机制设置了障碍。1992 年开始实行“证券私有化”，75% 以上的大中型企业职工选择了集体持股 51% 的第二种方案（前文已详述）。始于 1994 年的货币私有化，虽然国家已经制定了基本的法律框架，但是，这一时期的形式与自发私有化有惊人的相似之处，尤为典型的官商勾结的例子是 1995 年波塔宁“以贷换股”方案催生了一批“寡头”，实际控制俄罗斯的经济命脉。

总之，俄罗斯在工业企业私有化过程中，形成了内部人控股的所有制结构。尤其是企业在私有化后的初期内部人持股比例很高。（见表 4-6）

---

① 青木昌彦．对内部人控制的控制：转轨经济中公司治理的若干问题．改革，1994（6）：11.

② 青木昌彦．对内部人控制的控制：转轨经济中公司治理的若干问题．改革，1994（6）：14.

③ 青木昌彦．对内部人控制的控制：转轨经济中公司治理的若干问题．改革，1994（6）：14.

表 4-6　　证券私有化后形成的产权结构（%）

	1994	1995	1996	领导人想拥有的比例
内部所有权	65	55	58	69
管理层	25	16	18	44
所有的高层经理	7	8	10	38
董事长（总经理）	2	3	4.5	13
中层和低层经理	—	8	8	1
非管理层的职工	—	39	40	2.5
外部所有权	21	32	32	24
公民	—	9	6	—
没有关联的商业公司	—	8	11	—
供应商	—	3	2	—
顾客	—	2	1	—
其他公司（多为国有企业）	—	2	1.3	—
投资基金	—	6	5	—
控股公司	—	1	2.6	—
银行	—	1	1.6	—
养老基金	—	—	0.02	—
外国（公司、银行、个人、共同基金）	—	1	1.6	—
国家	13	13	9	7

（资料来源：[美] 约瑟夫.R. 布拉西（Joseph Blasi）. 俄罗斯私有化调查. 上海：上海远东出版社，2000：214-215.）

如表 4-6 所示，证券私有化的制度安排促成了内部人集中持股的局面，而企业领导人的愿望是拥有比现实还要多的内部股权。外部股权主要集中在国家手中，占极少数，外国所占股份微乎其微。这种所有制结构对俄罗斯形成“内部人控制”的公司治理结构产生了深远的影响，使得企业领导可以凭借手中权力和内部控股的优势为所欲为。

俄罗斯私有化后初期企业“内部人控制”的主要表现有以下几点：[①]

第一，股票不上市。俄罗斯在私有化开始时就要求所有的公司都应成为开放

① 张养志. 俄罗斯公司治理结构的文化分析. 俄罗斯中亚东欧研究，2004（4）：30-31. 本书有补充。

型的股份公司，但法律上规定的“开放型公司”，实际上大多数具有封闭型公司的特点。据国家资产委员会的统计资料，3/4 的企业在私有化时选择了第二种优惠方案，由劳动集体控股。至 1994 年 12 月，机械制造业、化学工业、轻工业和食品工业四个领域中私有化的股份公司行政领导和劳动集体平均掌握了 60% 以上的股份。[①]私有化之初，董事长（总经理）们不断地争取，想让政府官员宣布自己的企业为“股份合作制不上市公司”（不上市公司或紧密持股公司，通常是家族公司或由几个彼此熟悉的股东控股的公司）。虽然成功的人只有 3%，但到 1993 年底 90% 的公司还是职工控股的股份公司，许多公司尚无外部股东。例如，作为俄罗斯七大公司之一的西伯利亚石油公司就是一个典型的，由紧密集团控制的企业。国家在该公司中没有股份，也没有黄金股，其股份的绝大部分掌握在一个股东集团手中，据说该集团与别列佐夫斯基有关。

第二，管理者控制股东登记名册。公司私有化后，证明股份所有权的不是股份证明书，而是在“股东登记名册”上登记的所有者姓名。如果姓名不在其中，就说明没有股权，仅此而已。董事长（总经理）把名单保存在企业内部，有时就在他自己的办公室内，由一名委托职员控制。如果他们不喜欢的外部人购买了公司的股票，只要不予登记即可达到阻挠的目的。职工要出售股票也只有征得管理者的同意才能将这笔交易登记在案。这样，外部人很难顾及股票的内部交易，甚至连向谁买都不知道。外部投资者不得不在报纸上做广告，或在公司门口停一辆大轿车来寻找愿意出售股票的人。1993 年和 1994 年大多数股东登记册是保密的。一个非常典型的例子发生在 1994 年底和 1995 年初。当时克拉斯诺雅尔斯克铝厂的厂长拿了股东登记表并把一家外国投资公司——“环球集团”从登记簿中删除了。之所以能删除，是因为登记簿是手写的，因为他在抛出了股票之后后悔了，于是决定再把自己的名字填进登记簿，以恢复原样。

第三，董事会就是经理委员会。大多数情况下，董事会实际上就是一个经理委员会，由总经理及其高级管理职员组成。当然，还有一个地方政府的代表，其意见几乎总与董事长（总经理）的意见一致。尽管 1993 年和 1994 年外部投资人平均在每个公司拥有 21% 的股份，但在董事会中却没有席位。那些掌握着相当大宗股份的外部股东也可能进不了董事会。小股东和在选举中失败的股东也没有在董事会的代表权。1993 年 12 月 24 日，总统第 2284 号令命令实施“累计投票权”，要求所有已私有化的公司在 1994 年 4 月底前用累计投票权的办法选出新的董事会。但 1994 年春季的小型调查和研究表明，97% 的公司根本没有理会这项命令。在 1994 年初，由于 90% 的公司是职工控股，所以内部人几乎总是选举总

---

① Радыгин А. Д. Новый передел//Промышленный вестник России. 1995, No. 3, C. 8.

经理及其高级助理组成整个董事会。

第四，经理们控制一切。大多数俄罗斯公司的经理其实就是原苏联各生产单位的领导人。他们在私有化过程中，获得了企业相当份额的股份，同时利用各种办法也获得了对企业的控制权（例如我们前边讲过的强制代理和控制职工的投票权等），行政权力越强，股权控制额度越高。① 1995 年，阿斯特拉罕地区一家大工厂的董事长购买了 30% 的职工股。莫斯科地区一家肉食加工厂的董事长对自己的目标直言不讳，"它是我拥有的全部财富，工厂就是我的家。我亲自操作私有化……我已经开始向职工购买股票，……我希望成为整个企业的所有者。我拥有 60% 的股票这一事实并不是秘密"。②

第五，不披露财务信息。大多数公司没有经过独立的会计公司的审计，信息的可靠性无从说起，也没有人或机构强制公司披露真实的信息，公司自行决定向谁公开或保密有关信息。恶性通货膨胀也使财务信息失去意义。于是，只有受到优惠的投资人才买股票。1993 年和 1994 年，公司财务报告是"商业秘密"。

第六，以发行新股的方式稀释外部股权。当一个公司出售新股时，买方就掌握了对这部分股票所代表的公司的控制权。新股的出售代表了权力的交易和转移，因此它是公司治理的关键部分。在 1993 年和 1994 年，俄罗斯的经理们公开谈论并实践阻挠外部所有权的策略。这个策略就是向经理和其他职工发行新股，但只象征性地收一点钱，而且拖欠缴纳直到高的通货膨胀率将这一价款几乎消融掉。这样做的"正面意义"是有效地稀释了外部股东的权力。俄罗斯科学院经济和工业生产组织研究所西伯利亚管理咨询和培训中心于 1994 年对 107 个企业的经理进行问卷调查。调查的目的是搞清楚经理委员会是如何运用本企业股份制度开放的机会的。结果显示：只有 39% 的被调查者表示计划发行新股票是为了吸引投资，其中只有 10% 的人认为这是资金来源的主要渠道。在发行新股的企业中，64% 的被调查者计划将新发行股票中的大部分（50% ~ 100%）卖给企业职工。③如此，对于 2/3 的被调查者来说，发行补充股票不是吸引资金的手段，而是保持已经形成的"封闭的"股权结构的方法。最典型的例子是边疆区海运公司，所有新发行的股票全部被原来的持有者购买。④

---

① Розинский И. А. Российские предприятия: дилемма внутренних акционеров//Российский экономический журнал, 1996г. , No. 2. С. 30.

② 许新．转型经济的产权改革——俄罗斯东欧中亚国家的私有化．北京：社会科学文献出版社，2003：97.

③ Коммерсантъ. 1995, No. 5 (116). С. 60-65.

④ Розинский И. А. Российский предприятия. дилемма внутренних акционеров//Российский экономический журнал, 1996г. , No. 2. С. 37.

第七，工人群体和工会没有获得在董事会的独立权力。在已经私有化的公司中，由于工人作为一个群体拥有大宗的股份，因此工人们的地位和权利是考察俄罗斯公司治理不可忽视的一个重要方面。企业私有化大约影响了 2 000 万工人，1.8 万名总经理及其他高级经理。但是，工人的权力很小，工人的作用减弱了。在公司化过程中，职工及工会在董事会中还有一个代表，具有讽刺意味的是，私有化完成、工人作为一个整体拥有了公司近一半的股份之后，他们在董事会中的代表反而被清除出去了。私有化之后，董事长（总经理）就不是由工人选举了（戈尔巴乔夫是由工人选举的），而是由股东选举。工人是股东，但高级管理层迅速控制了他们的投票权。内部人员在董事会中绝大多数由高级经理作为代表，这些高级经理依靠董事长（总经理）获得他们的高级职位，并且控制着股东名册。职工参与董事会的具体方式是：开会之前，经理们与各部门工人会谈，要求他们签署代理投票协议，将投票权转交给经理。平均而言，1995 年全国有 1/3 的工人签署过这样的代理投票协议，实际情况还要高于这个比例。单独行使了投票权的工人们，也受到来自管理层的压力，因为他们发现隐瞒自己的真实意向是不可能的，因为 1/4 以上的公司采取举手表决的方式，采用纸张选票的公司则要求签名。可见，作为群体大股东，工人和工会没有获得在董事会的独立权力。工会只是一个协助管理的机构，而不是工人权力的代表。董事长基本忽略与工人讨价还价后达成的集体协议，没有以大幅度提高工资去迎合工人。

私有化非但没为俄罗斯造就出广泛的所有者阶层，反而造就了一批盗窃攫取国家资产并严重破坏社会生活秩序的寡头。由于大多数俄罗斯企业陷于困境，几乎不可能吸引到任何扭转企业局面所需要的投资和技术。俄罗斯的大商人，包括寡头们与从事理性经营、追求企业价值最大化的市场经济环境中的企业家截然不同，他们利用“关系网络”，化权力为资本，毫无顾忌地侵犯他人利益，追求个人财富最大化。他们都意识到，最保险的赚钱方法不是去浪费时间和精力啃硬骨头，改变那些企业的运行方式。真正的摇钱树是抓住俄罗斯巨大的自然资源宝藏，这是一种经济性的觉悟，俄罗斯那些最大的私人财富，正是在这种觉悟的引导下积聚起来的。但是，对于整个国家来讲，这却是一个最不幸的现实：由于从自然资源中获得的利润数额巨大，而且来得相对容易，俄罗斯最具冒险精神的经营人才被吸引到那里，而不是真正致力于振兴俄罗斯经济中关键性的生产部门。

俄罗斯企业家协会主席安德烈·布尼奇（A. Бунич）在谈到私有化造就的所有者时总结道：极具欺骗性的私有化造就了最劣等的所有者。他们生活在这个国家里，不知道自己虚幻的幸福能持续多久，所以代以投资生产，他们将利润最大限度地转移至国外。[①]确实，俄罗斯新资本家们的财富是利用了改革政治矛盾尖锐、国家法律秩序混乱等条件，通过滥用职权对国家和人民财产轻而易举地攫取的，他们没有西方资本家为积累原始资本而艰苦奋斗的经历。他们很清楚自己资本积累的犯罪性，因此，没有像真正市场经济中的资本家那样把获取的资金投入到生产中，而是首先把资金甚至家眷转移到国外。这就导致了 20 世纪 90 年代俄罗斯一方面政府和民众赤贫化，另一方面大量私人资本外逃的悖论现象。据美国专家估计，以各种名义寄存于西方银行的俄罗斯私人资金约 200 多亿美元，相当于西方 7 国提供给俄政府的援助总额。俄罗斯专家的估计数额更高，仅 1992 年底到 1993 年一年多的时间里，以出卖原材料等手段转移到国外的资金约 400 亿美元。而在 1997 年初俄联邦内务部提交叶利钦总统的一份关于反经济犯罪的报告中指出，1991～1996 年期间俄罗斯流失的外汇约 1 500～3 000 亿美元。[②]“总的说来，转移出俄罗斯的资金超过西方投资商和西方政府投入俄罗斯的资本投资和赠款。”[③]而生产投资水平却急剧下降，1997 年俄罗斯投资总额仅为 1990 年的 23.4%，工业产值的 48.8%。[④] 亏损企业数量上升，1996 年亏损企业占俄罗斯企业总数的 50.6%；企业利润率逐年下降：1992 年有 29.3%，到了 1996 年仅剩下 4.8%；企业的支付能力由 1992 年的 41%下降至 1996 年的 7%。[⑤]

在一项对 2 000 家俄罗斯企业进行的调查中，曾经做过丘拜斯顾问的西方经济学家约瑟夫·布拉西（Joseph Blasi）教授得出结论：“2/3 的中型和大型企业在私有化后，其控制权落到了原来的管理人员手中”。[⑥]这是对俄罗斯资本主义的极大讽刺：由于丘拜斯在推进私有化过程中所做的政治妥协，旧制度的贵族——红色经理们成为旧制度垮台的最大受益者。俄罗斯著名经济学家米·格拉济耶夫在评价私有化这一结果时感叹道：“私有化运动破坏力最大的方面，恐怕还在于它对经济行为方式的形成所产生的影响。由于收购国有财产以及随后做私有化公司股票投机生意，为人们轻而易举地发财致富制造了机会，结果大规模私有化的现成方法不是引导那些最活跃、经历最充沛的企业家去创造新财富，或者去满足

---

① 《Аргументы и факты》, выпуск 05（1266）от 2 февраля 2005 г.

② 张树华．过渡时期的俄罗斯社会．北京：新华出版社，2001：146.

③ ［美］马歇尔·戈德曼．失去的机会——俄罗斯的经济改革为什么失败．李铁海，等，译．上海：上海译文出版社，1997：112.

④ 米·格拉济耶夫．俄罗斯改革的悲剧与出路——俄罗斯与新世界秩序．佟宪国，刘淑春，译．北京：经济管理出版社，2003：38.

⑤ Счетная палата Российской Федерации “Анализ процессов приватизации государственной собственности в РФ за период 1993-2003 годы”. М., 2004, С. http://rusref.nm.ru/priv00.htm.

⑥ 克里斯蒂亚·弗里兰．世纪大拍卖——俄罗斯转轨的内幕故事．刘卫，张春霖，译．北京：中信出版社，2004：82.

社会的需要，而是引导他们去分割不劳而获的财富，去侵吞先前由整个社会创造出来的收入的源泉”。[①]

由于公司治理中存在的上述“内部人控制”现象，尤其经理人为实施内部控制而采取的一系列非规范的做法，严重损害了外部股东和小股东的权益，极大地阻碍了外部资金进入企业，影响了企业竞争力的提高。因此，采取措施完善公司治理结构，成为俄罗斯微观经济治理迫在眉睫的任务。

三、公司治理失败的原因

20 世纪 90 年代上半期出台的有关股份公司方面的基础性文件，对股东权利保护的规定只是一组股东应享有的标准性权利（如参加股东大会的权利，获得股息的权利，和在股份公司破产时获得一份财产的权利等），而股东在其他方面的权利却无法得到保护。为了完善公司治理，保护外部股东权益，俄罗斯政府决定于 1996 年 1 月 1 日实施《俄联邦股份公司法》。

该法是由美国哥伦比亚大学和哈佛大学的法学教授纳德·布莱克（Bernard Blacr）和芮里尔·柯艾克曼（Reinier Kraakman）帮助设计的。两位专家认为，公司法的重要目标在于使投资者利益最大化，无论发达国家还是新生资本主义国家。同时发达国家的实践早就证明，仅仅靠公司法是无法实现这一目标的，必须有竞争性的产品市场和资本市场、活跃的公司控制权市场以及对管理人员的激励措施等。另外，严格的审计和财务信息披露、积极的新闻媒体、严厉的反欺诈法规，以及高水平的法院、行政监管机构和自律性自治也为投资者构筑了严密的防护网。只有在这些外部机制的支持和协同下，公司法所追求的投资者利益最大化的目标才能实现。然而，对于刚刚走出计划经济的俄罗斯来说，上述外部机制是极不健全的，其中司法系统和行政机构的薄弱以及自律组织、信息披露上的欠缺尤为严重，于是，两位专家决心为俄罗斯起草一部既能保护外部投资者权力，又尽量少依赖司法和行政执法的公司法，被称为“自我实施型”的公司法。[②]它具有以下 5 项特征：[③]

（1）公司的运行尽量由公司人员（股东、董事和经理）直接操作，而不必

---

① 米·格拉济耶夫．俄罗斯改革的悲剧与出路——俄罗斯与新世界秩序．佟宪国，刘淑春，译．北京：经济管理出版社，2003：52.

② Пленум Верховного суда Российской Федерации. Постановление от 10.10.2001. No. 12. О вопросе, возникшем при применении федерального закона об акционерных обществах. Акционерные общества ОАО и ЗАО от создания до ликвидации. М., 2007, 558.

③ 王钧．私有化、公司法和公司治理——评俄罗斯的私有化及其股份公司法．比较法研究，2003（4）：88-89.

依靠法官、监管机构、律师、会计师以及财经媒体的参与；

（2）给外部股东更多保护，以对付内部人的机会主义行为；

（3）对有利益冲突的交易，通过程序性规则（如独立董事的批准）解决，而不是一律禁止；

（4）尽量使用简洁明确的规则（而不是抽象的标准）界定适当和非适当行为（这样既有助于当事人适用法律，也降低了法官审理案件的难度，同时还减少了法官枉法裁判的机会）；

（5）确立有效的法律救济和严厉的处罚规则。

该项法律一个无可争辩的优点是其较高程度的细则化，使得与公司活动有关的各方有可能最低限度地参照其他法律文件。法律中突出的一点是对保护股东权利问题给予很大关注，主要包括：①

（1）有权要求拥有不少于10%的有表决权的股东召开不定期股东大会；

（2）在股东人数超过1 000人的股份公司中选举董事会时必须累计表决；

（3）掌握不少于1%的所分配普通股票的股东有权对董事会成员对公司造成的损失向法院提出赔偿诉讼；

（4）掌握优先股的股东在某些情况下有表决权；

（5）实行"独立经理"制度，属于"独立经理"的是股份公司非一人执行机关董事会成员，或者说是集体执行机关成员。这种情况下其直系亲属不在股份公司管理机关担任职务；

（6）继俄联邦公民法典之后，该法又规定，掌握有表决权股票的股东有权优先购买股份公司发行的股票；

（7）在重组、进行大型交易或修改股份公司章程并造成股东的权利状况恶化的条件下，股东有权要求股份公司按照"公平"的市场价格赎买属于他们的股票。在这种情况下，限定股份公司只能赎买其净资产的10%；

（8）首次规定（基本是为了限制收购股票控制额）相关人员在购买30%甚至更多的股份公司普通股票时，必须建议股东们按照不低于此次购买之前6个月以来的平均价格出售他们的普通股票；

（9）严格要求股份公司向股东们公开各种信息。这一点对公司治理结构的进一步发展具有原则性的意义。

这部"自我实施型"的公司法通过扩大股东直接决策事项的范围、提高决议通过票数（如对某些重大事项，需股东大会的特别多数通过，而不是普通多数通过）、规定股东交易权，以及累积投票制选举董事和规定独立董事的一定比例

---

① 朱智文，张养志．俄罗斯的公司治理结构．俄罗斯中亚东欧研究，2003（2）：44.

等措施，保障股东直接参与公司事务。具备了以上特征，设计者相信，即使在司法和行政执法薄弱的情况下，“自我实施型”公司法也会得到有效实施，内部人的机会主义行为也将得到有效控制。

从《俄罗斯股份公司法》的实施效果来看，1996年以后，大中型股份公司的股权结构虽然发生了一定的变化，内部人持股比例有所下降，外部人持股的比例有所增加。然而，比例变化的幅度不大并有回归趋势（见表4-7）：

表4-7 俄罗斯工业的股权分配（为法定资本的%）

	1995年	1997年	1999年	2001年	2003年
内部人股份	54.8	52.1	46.2	48.2	52.8
外部投资者股份	35.2	38.8	42.4	39.7	35.8
国有股份	9.1	7.4	7.1	7.9	6.6

（资料来源：Трансформационная экономика России. Под ред. А. В. Бузгалина. М.,《Финансы и статистика》, 2006, С. 250.）

在评价俄罗斯1996年《俄联邦股份公司法》的实施效果时，公司法的起草者布莱克和柯艾克曼指出：自开始私有化以来就普遍存在的自我交易日益蔓延，私有化造就的新的企业所有者不是致力于创造价值，而是千方百计地窃夺公司和投资者的利益，这种局面在公司法生效以后并未得到有效控制。①而且，就大公司而言，公司治理的总体水平没有得到实质性的提高，“内部人控制”现象没有得到根本的改善。这一点通过俄罗斯非官方独立机构“公司法和公司治理研究所”的研究得以证实。2001年该研究所在网上发表了当年完成的针对25家大公司治理进行的“核心评级”结果。②所谓“核心评级”就是依据特定的大公司一段时间以来在所有权结构、披露信息、董事会和经理层的结构、股东权利、产权被剥夺的风险和公司治理的历史等六个方面的表现进行的综合评价，每个方面由专家以不同的权重打分，计算出综合得分（满分为100分），然后按得分情况排名。

评级的结果表明，俄罗斯大公司治理中仍存在严重的内部人控制现象。在25个公司中，有6个公司的章程中存在不同股东之间的权利歧视；在6个公司中，董事会的一半成员是公司雇员；75%的公司没有给股东提供经理们的收入情况；25%的公司里，经理们非法享有董事会的权力和利益；有5个公司里的股东

① 伯纳德·布莱克，芮里尔·柯艾克曼，安娜·塔若索瓦．俄罗斯的私有化和公司治理：错在何处?．彭冰，译．清华法学：第三辑，208-210.

② 张聪明．俄罗斯企业制度研究．中国博士学位论文全文数据库，83-85.

不能直接接触到审计报告。有的公司章程的某些条款与国家法律相抵触，存在侵犯股东权利的行为，董事会中没有小股东的代表。

由于报告中所述问题颇多，所以我们仅选取几个公司为例，说明俄罗斯大公司“内部人控制”现象依然存在。

（1）苏尔古特石油天然气公司：没有任何信息披露，透明度极低；董事会没有小股东的代表；经理层非法享有董事会的权力，存在利益共同体相互交易的可能性。

（2）卢克公司：董事会和经理层的结构很差，根本没有独立董事；莫斯科电力公司的章程给予内部人以更优越的投票权；

（3）西伯利亚石油公司：所有权结构方面仍存在一些不为人知的所有者；允许发行超过已发行股份50%的新股，因此产权风险很大；没有披露资本结构的有关信息；操纵价格；董事会没有小股东的代表；公司治理历史也最差，曾被联邦证券市场委员会要求停止新股发行。

（4）尤科斯：没有披露资本结构的有关信息；操纵价格和侵占财产；董事会没有小股东的代表。

另外，内部人持股比例下降，主要是由于职工股比例的急剧减少。1995~1999年的4年内，职工股所占比例下降16.4个百分点；同时，内部股份中的经理人员的持股比例却上升了7个百分点。另据资料显示，私有化后的5年里，劳动集体约出售40% 的股份。[①]内部人控制的实际控制权本来就集中在经理人员手中，经理人员持股比例上升为其继续集中控制公司提供了更为便利的条件。

对公司治理颇有研究的美国学者福克斯（Fox M.）和海勒（Heller M.）认为：“良好的公司治理结构是指，企业能够实现盈余的最大化，而当企业为投资者所有时，能够按比例向股东分红。有缺陷的公司治理结构意味着企业没有满足上述一个或两个要素”。[②]按照这一标准衡量俄罗斯公司治理的实际效果，毋庸置疑，俄罗斯的公司治理是失败的。

在总结俄罗斯公司治理失败的原因时，两位公司法的设计者布莱克和柯艾克曼认为其主要原因在于，“那些驱动人们重建私有化企业（而不是掠夺他们）以及创建能从衰败企业中吸收工人的新企业的利润激励，被恶意的商业环境所淹没。在俄罗斯，这种环境包括一套惩罚性的税收制度、政府腐败、黑社会、不友好的官僚机构以及将规避法律视为一种正常甚至是必须行径的商业文化”；私有

① 冯舜华．俄罗斯的股份公司和公司治理．世界经济，2001（11）：10.

② 梅里特·福克斯，迈克尔·海勒．俄罗斯公司治理结构失败的教训．经济社会体制比较，2000（2）：64.

化使得“在私有化之前就已存在的自我交易更轻而易举。在一个恶性循环中，新所有者（一些已与黑手党搭上关系）用到手的新财富收买法官和政府官员，肮脏的私有化又强化了腐败与有组织犯罪。腐败的政府官员与公司内部人士勾结起来抵制进一步的改革”；“规模最大的一批俄罗斯公司以大规模腐败的方式出售给了少数关系户，这些人很快被俄罗斯媒体称为‘大盗’，他们从与政府的私下交易中获得或者直接从政府那里盗取了首批上亿或数十亿财产，再以这些财产为杠杆，用惊人的低廉价格从政府手里购买那些主要公司。”① 显而易见，专家们所说的这一切皆属俄罗斯传统企业文化中的民间规则范畴。可以说，民间规则的主导作用是致使俄罗斯公司治理官方规则流于形式的主要因素。

综上所述，俄罗斯的大中型股份公司具有“人造”性质，它来源于原苏联的生产单位，私有化的无偿赠送性特点使得公司有股东而无资本，企业的技术装备没有变化；企业的“新主体”基本由原班人马构成，其中工人一如既往地依恋集体、服从领导，被排斥在企业管理之外；一部分经理人不懂市场条件下的公司运作，秉承了传统的管理理念，另一部分“大盗”所有者，在获得财富的两种方式——增加公司价值和盗取公司已存在的价值之间选择了后者，相对于俄罗斯的恶性企业环境来说，这是一种私人利益最大化的理性选择，因为这种方式简单易行，被视为捷径。虽然 1996 年的《公司法》针对俄罗斯的制度缺陷制定了一系列详细的措施，但是由于忽视了商业环境和关系网络等民间规则，终究未能达到实际改善公司治理结构的目标。“旧制度是靠关系运行的，因此，在惯性的作用下，新的制度还是如此”。② 可见，传统企业文化中民间规则的作用不可忽视。

第四节 21 世纪以来的公司治理状况

21 世纪初俄罗斯企业家们开始重视完善公司治理问题。他们逐渐清晰地意识到，完善公司治理的立法基础、提高商业活动的透明度、保护投资者和小股东权益等措施可以使公司赢取更多利润，实证研究显示 2000 年以来俄罗斯公司治理的效率不断提高，如图 4-1 所示：

图 4-1 显示，在 2004~2011 年间，俄罗斯公司治理的几项关键指标都得到

---

① 伯纳德·布莱克，芮里尔·柯艾克曼，安娜·塔若索瓦．俄罗斯的私有化和公司治理：错在何处?．彭冰，译．清华法学：第三辑，195-196.

② 克里斯蒂亚·弗里兰．世纪大拍卖——俄罗斯转轨的内幕故事．刘卫，张春霖，译．北京：中信出版社，2004：125.

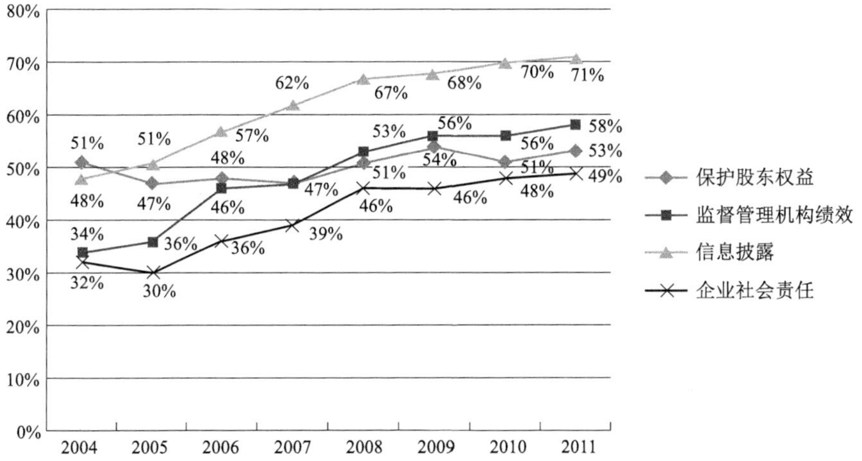

图 4-1　2004-2011 年俄罗斯公司治理发展趋势

（资料来源：Российский институт директоров （РИД）：ИССЛЕДОВАНИЕ ПРАКТИКИ КОРПОРАТИВНОГО УПРАВЛЕНИЯ В РОССИИ：сравнительный анализ по итогам 2004 - 2011 гг. http：//rid. ru/issledovaniya/issledovaniya.）

了明显改善。除了企业家的自觉以外，这种改善还得益于国家在完善公司治理方面的努力。

一、公司治理的完善

21 世纪前十年是俄罗斯公司治理制度完善的关键时期。

首先是董事会开始设立专门的委员会——审计委员会、战略发展委员会、提名委员会、薪酬委员会，这些委员会中也引入独立董事等职位。

为了保护股东权益，1999 年国家证券市场参加者协会（НАУФОР）成立了保护投资者权益协会（АПИ），该协会主要职能有：为董事会提名推荐董事；统一发表投资者意见；公布滥用权力现象。2009 年该委员会成功在 20 家公司董事会获得 23 个席位（2008 年在 21 家公司获得 26 个席位）。[①] 委员会创办了自己的网站，通过法律诉讼，负责监督并公布种种滥用权力行为，保护了小股东利益，减少了滥用权力现象，公司治理效率有所提高。

2002 年 4 月，联邦证券委员会公布了企业行为准则，其中明确规定了国际公认的所有者、管理层与公司股东间相互关系的法则。当下很明显的事实是，无论

① Исследование компонии S&P《Инфраструктура корпоративного управления в России》. 2011. http：//www. standardandpoors. ru.

是作为外部市场调节器的国家，还是企业，在相互隔离的情况下是不能完成构建现代化公司治理模式这个多层次的任务的。

2002 年秋天，根据俄罗斯联邦政府提议，在俄罗斯工业企业家联盟的大力支持下，通过了成立俄罗斯国家公司治理委员会的决定。2003 年 3 月举行了成立大会。委员会成员有国家政府官员、大企业领导以及企业家协会成员。英特罗斯（Интеррос）公司总裁弗拉基米尔·波塔宁被选举为国家公司治理委员会主席。主席团成员都是俄罗斯商界权威代表，例如俄罗斯外贸银行（Банк ВТБ）行长安德烈·科斯金、俄罗斯铁路公司（ОАО《РЖД》）总裁弗拉基米尔·亚库宁、俄罗斯系统公司董事长弗拉基米尔·叶夫图申科夫、俄罗斯 MDM 银行（МДМ-Банк）董事长阿列克·维尤金、俄罗斯工业企业家联盟主席亚历山大·绍欣、现代发展研究所董事会主席伊戈尔·尤尔更斯。国家公司治理委员会的主要职责有：完善公司法，开展公司治理领域的专业研究，系统化分析、有针对性地推广俄罗斯及国外的公司治理实践经验。俄罗斯国家公司治理委员会逐渐成为一个国家与企业就公司治理最紧迫问题交换立场进行协商的平台。

在制度逐步健全的背景下，俄罗斯企业改善治理结构的实践取得了一定的成就。

根据国际评级机构标普数据，俄罗斯公司对所有权结构披露的透明化程度逐渐提高，公开所有者信息的公司从 2009 年的 81.8% 上升到 2010 年的 87.0%。经理薪酬最高的行业是银行业、石油公司和冶金领域，接下来是研发公司和通信行业。2009 年俄罗斯大企业管理层的薪酬平均值是 1 670 万美元，超过了类似规模的美国公司 CEO 的两倍。[①]即使在金融危机时期，高层管理人员的薪酬都没有降低。

一些大公司注重落实战略发展规划，把实际经营权移交给经理层。在提高公司治理水平方面进步最为显著的公司有俄罗斯通信 VimpelCom（《Вымпелком》）、俄罗斯系统公司（АФК《Система》）、卢克石油公司（Лукойл）、诺里尔斯克镍业公司（《Норильский никель》）、俄罗斯外贸银行（Банк ВТБ）、俄罗斯 MDM 银行（МДМ-Банк）等。这些已经发生的积极变化仅仅是俄罗斯公司治理质量提高的初步显现。

俄罗斯企业的红利发放政策得到落实。20 世纪 90 年代国内企业对于股利的分红实践基本缺失。2000 年初始股利开始加算，近年来越来越多的企业通过在内部标准化文件中规定股利分发政策，使之对于投资者来说更加公开透明，有可

---

① А. Г. Дементьева, Особенности развития корпоративного управленения в российских компаниях, Экономика Россия, 2010. С. 168.

预见性。卢克石油公司（Лукойл）是俄罗斯第一家公布自己分红政策执行状况的公司。实践中所有俄罗斯企业在自身的股利政策中规定股利发放的最高限，这一水平通常为企业净利润的 5% ~ 10%。例外的企业有 4 个，分别是欧亚集团（Евразгрупп）、北方钢铁（Северсталь）、米切尔公司（Мечел）、列别姜公司（Лебедянский），这 4 个企业的股利发放水平在 20% ~ 50%。[①] 2010 年对《股份公司法》的修订确定了股利必须发放的统一期限。

20 世纪 90 年代俄罗斯公司的重大决策本着“伙伴原则”，即只由控股的大股东决定，没有小股东的参与。新世纪俄罗斯大公司的决策制度有了实质性的变化。21 世纪以来，一系列大公司如尤科斯、卢克石油、Вимм-Билл-Данн、АФК Система、诺里尔斯克镍业公司（Норильск）披露了对股东有利的信息。俄罗斯公司中的独立董事比例有所增加，其中包括外国企业代表。诺里尔斯克镍业公司率先公布了每个经理会成员的个人奖金数额；统一电力是第一家制定公司股票交易原则的公司。

在一些大公司中出现了“外部股东”（外部人）——持股 3% ~ 4% 的外国股东，为建立新型的战略决策机制——真正的“公司治理”创造了客观条件。外部股东是在合作过程中出现的，而不是大规模私有化和掠夺国家资产的结果。在一定程度上可以说在俄罗斯工业企业的治理中出现了新型股东——外部人，也可以说，俄罗斯公司中出现了“寡头治理”向“公开治理”的过渡趋势。尤科斯是俄罗斯第一个独立董事占经理会成员多数的公司。机械制造工厂联合体（Объединенные машиностроительные заводы）是俄罗斯第一个外国独立董事占多数的公司。

二、公司治理存在的问题

尽管俄罗斯的公司治理实践总体发展趋于良好，但在很多领域的改善措施缺乏综合性、系统性。在大多数情况下，即使某项指标发生了积极的改善，但与其紧密相关的其他指标发展水平却相当低，这减弱了公司治理作为一个体系的整体运作绩效。金融危机前大部分企业将公司治理理解为提升企业形象和声誉的工具，而非保证企业实际竞争优势。建立公司治理体系通常被归结为形式上运用公司治理的标准和准则，结果在金融危机期间公司治理的一系列问题恰好表现在俄罗斯经济中，如未能形成适度的领导层激励机制和正确的企业集团发展动机，就会导致大多数俄罗斯企业集团的支付力低下，甚至在一些情况下根本无力承担

① Исследование компонии S&P《Инфраструктура корпоративного управления в России》. 2011. http://www.standardandpoors.ru.

债务。

尽管各大企业竞相选择具有较高专业素质的公司作为外部审计，而且这一做法已经相当普及（2011 年有 87% 的公司都采取了这一措施），然而与此相关的开展选择外部审计者的竞标活动却未普及（2011 年只有 51% 的公司采取了这一措施）。国有企业在这点上例外，2011 年 97% 的情况下外部审计者的选择都是通过招投标来完成的，企业必须按照现行法律严格遵守各项制度。

董事会定期召开会议频率提高（81% 的公司每半年召开一次或更频繁），然而对这些会议结果的披露程度很低。2011 年仅有 11% 的公司在公司网站上公开会议纪要，在上市公司中是 16%，在国有企业中是 11%。

另外，设立董事会下属审计委员会的公司数量越来越多，然而成员组成质量不高，委员会实际工作效率低下。2011 年设立审计委员会的公司数量整体从 80% 增长到 82%。所有上市公司都设立了审计委员会，但是吸收执行董事或有投票权的外部专家的委员会为数不多，从整体来看 2011 年是 54%，上市公司中比例是 45%。薪酬委员会和提名委员会情况也类似。这些委员会召开会议频率也不高，2011 年全年召开三次及三次以上会议的公司仅占 53%，在上市公司中是 58%，国有企业 43%。

许多公司对董事会及内部执行机构成员的详细信息进行公开（100%），但是对高级管理层人员的薪酬披露程度还是很低。只有 26% 的公司公布董事会成员的个人薪酬，而公开经理薪酬的公司仅有 6%。2011 年披露董事会成员个人薪酬的公司占比 22%（2010 年是 17%），这一比例在上市公司中是 34%（2010 年 25%），国有企业是 22%（2010 年 14%）。而 2011 年对于内部执行机构成员个人薪酬公开披露的公司仅占 4%。①

按照俄罗斯会计准则及国际财务报告准则披露的财务报告并不总是附有外部审计出具的鉴证报告，因此降低了财务报告的价值。几乎所有的公司（2011 年 97%）都会在自己的网站上披露年报，但是年报内容未百分百遵循现行法律法规要求。2011 年共有 79% 的公司年报内容符合法律要求，上市公司中这一比例是 82%，国有企业是 80%。

企业履行社会责任已相当普及，但是只有少数公司制定了履行社会责任原则的相关文件。2011 年，制定专门履行企业社会责任文件的公司占 37%，其中上市公司占 39%，国有企业 19%。

公司治理发展缺乏系统性的一个主要原因是设立公司秘书这一职位的做法还

① Исследование информационной прозрачности российских компоний в 2010г. Исследование компонииStandard & Poor's. http：//www. standardandpoors. com.

不够普及。公司秘书的主要职责是确保公司各机构及相关管理人员遵守公司治理的各项规章制度，董事会运作是否高效也取决于此。根据统计结果，2011 年只有 42% 的公司设立了公司秘书职位，上市公司中 46% 设立了这一职位，国有企业中仅有 33%。

向国际财务报告准则过渡在俄罗斯企业中的进程是相当缓慢的。在国际金融市场上企业以两种方式出具报告：针对纳税人——根据俄罗斯会计准则，针对国外投资者——根据国际财务报告准则或者美国公认会计准则。甚至对于大型企业来说为此耗费的必要的财力、物力、精力都是巨大的。2010 年，根据国际财务报告准则或者美国公认会计原则公开审计报表的大型企业占比为 51%，比 2009 年增长 12%，比 2008 年增长 20% 。[①]根据专业评估，现今近 200 家大型俄罗斯企业积极运用公司治理国际准则并建立了相应体系，近 2 000 家企业运用了其部分元素。[②]

在 2008 年金融危机前俄罗斯国内形成了错误的公司治理绩效评估体系。它体现在运用资本估值指数时不考虑流转的股票数量以及金融市场的低容量。这种评估体系对于大股东是有利的，使其在股票担保下吸引贷款，出售部分资产等；同时也对国有企业的经理有益，在这些企业中产权并不清晰。结果导致在危机期间企业对于证券市场的兴趣降低，大多数企业决定不支付红利。一系列大型控股公司从市场上重新赎回子公司的股份，直到 2009 年末俄罗斯企业都没有转向证券市场寻求出路。

企业对于经济危机的反应没有促进公司治理的进一步优化。市场以及经济环境、政治制度的持续不确定性，导致了企业和其他参与者对规划期限的缩短和对制定战略规划兴趣的降低。国际金融市场的影响（这一影响在近十年来成为公司治理实践发展的愈发重要的因素）在世界证券市场形势恶化的时期也降低了，同样在 2010 年将俄罗斯发行机关在海外发行股票的新限制引入后也是如此。

总体来看，目前完善公司治理主要是作为“蓝筹股”的大公司的任务，其股票在纽约证交所、伦敦证交所及俄罗斯莫斯科银行间外汇交易所上市交易。2008 年爆发的全球金融危机凸显了俄罗斯及国际公司治理实践最明显的软肋：各类风险控制系统的脆弱性，高级管理层及董事会成员缺乏专业素养。这次危机推翻了许多之前公司治理理论及实践中形成的固定模式。

---

① Исследование информационной прозрачности российских компоний в 2010г. Исследование компонии Standard & Poor's. http：//www. standardandpoors. com.

② А. Г. Дементьева, Особенности развития корпоративного управленения в российских компаниях, Экономика Россия, 2010. С. 168.

经济危机对于一国的企业部门也是严峻的考验。立志在市场上占有领先地位的企业意识到，企业成功最基本的因素之一是建立有效的公司治理体系。2009年，国家公司治理委员会连同 KMPG 咨询公司进行了一项研究《金融——经济危机环境下的公司治理》，目的是厘清公司治理领域遇到的主要问题并找到解决问题的办法。在研究中几乎所有的受访者指出了风险管理体系、公司内部调控系统，以及战略规划过程的不完善。公司治理体系中最重要的改革应实施在以下方面[①]：

① 建立行之有效的风险管理体系；

② 促成董事会、股东和投资者之间的积极对话；

③ 严格监管高级经理人的薪酬是否与其对企业的贡献相匹配；

④ 提高披露信息的质量及规模；

⑤ 拓宽董事会的全权范围。

2011 年对《有价证券交易法》和《股份公司法》的修订生效，修订法案的目的是使受益人所有权结构的信息披露更加公开透明，其中也包括小股东（股票份额超过 5%）。新的法律《合并财务报表法》和《反违法使用内幕信息及操控市场法》旨在加固金融市场的完整性。这些修改弥补了俄罗斯现行法律中的部分不足，但是相应的执法机构却尚未完全付诸实践，提高司法体系效率的具体方案仍未提出。

2011 年 12 月，经合组织（OECD）和莫斯科交易所等组织推出了经合组织——俄罗斯公司治理圆桌会议。[②]圆桌会议是建立在俄罗斯和经合组织之间始于 1999 年的长期公司治理合作基础上的。圆桌会议旨在应对俄罗斯面临的公司治理挑战难题，并帮助其建立一个强有力的法律监管框架。通过对话、研究和接触国际专业经验，圆桌会议鼓励改革，对现有规定进行调整，强化有效执行法律法规。圆桌会议有助于促进俄罗斯公司治理的发展，帮助其获得国际认可，得到了俄罗斯经济发展部、俄罗斯银行、莫斯科国际金融中心特别工作组、联邦金融市场服务局以及财政部等部门的大力支持。

2013 年 10 月 22~23 日在莫斯科举行的经合组织——俄罗斯公司治理圆桌会议主要讨论了三个议题：

（1）关于遵守、监督、执行公司治理准则（国际经验）的问题；

（2）关于有效实施新《俄罗斯公司治理准则》的建议；

---

① Корпоративное управления в условиях финансово - экономического кризиса. Совместное исследование НСКУ и KPMG. 2009. C. 5.

② http: //www. oecd. org/russia/corporategovernanceinrussia. htm.

（3）新准则与新的上市要求之间的关系。

在圆桌会议框架下，13 项建议获得多数票通过。[①]

2014 年 11 月 19 日在莫斯科举行的经合组织——俄罗斯公司治理圆桌会议把目光聚焦以下三个俄罗斯需要优先解决的难题：

（1）关联方交易：国际最佳实践经验与俄罗斯概况；

（2）公司治理与诚信经营；

（3）关于公司治理准则遵守情况的报告。[②]

俄罗斯企业在保留国家固有特色的基础上逐渐开始接纳吸收发达经济体的公司治理模式和体系，并把其看作是提高企业形象和声誉的必要措施：

① 提升企业透明度；

② 定期发放股利；

③ 引入独立董事；

④ 在国内外市场上进行 IPO。

图 4-2 显示了俄罗斯公司在选择公司治理模式、方法时参考的信息来源。可以看出，公司内部形成的经验模式占上风（64%），借鉴国际先进经验的有 50%，借鉴本国公司特点的有 47%。

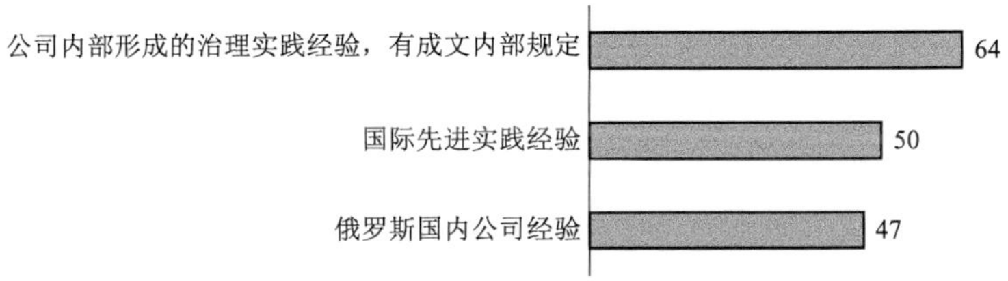

图 4-2　俄罗斯企业制定内部公司治理标准时借鉴的信息来源（%）

（资料来源：KPMG，经理联盟，2011：27.

http：//www. kpmg. com/ru/ru/services/audit/corporate-governance/Pages/default. aspx）

从上图可以得出结论，尽管各方对俄罗斯公司治理体系对企业发展的重要性展开过激烈的讨论，但是不论是在俄罗斯还是其他国家，至今都尚未形成一个典型的俄罗斯基准，可以作为俄罗斯各企业公司治理趋同、统一的标杆。对于企业

① Круглый стол по корпоративному управлению ОЭСР-Россия, 2013 год. http：//www. oecd. org/corporate/bycountry/russianfederation/.

② Summary of Proceedings from the OECD-Russia corporate governance roundtable meeting of 19 November 2014. http：//www. oecd. org/corporate/bycountry/russianfederation/.

来讲，基本的方针路线——广泛研究各国公司治理案例，考虑是否可以应用于自身实践当中，巩固加强有效的方式方法。并且，谈到公司治理问题，俄企业就要注意几大最基本的要素：保护投资者权益、所有权集中程度及监督体系。相应的，具备或缺乏公司治理中某个元素并不能单一说明其公司治理质量高低，因为所有这些元素的一套标准还未形成。

诚然，理想的公司治理模型是不存在的，也不能强制规定股权集中或分散程度应达到怎样一个水平，公司治理结构应符合公司自己的业务目标，通过可度量的绩效标准衡量管理水平，要明确责任划分，根据业务类型及竞争环境等因素来确定股权的集中或分散程度。

三、国有企业治理水平低下

根据俄联邦资产管理署 2013 年的报告，截至 2013 年 8 月 1 日，共有 2 333 家国有股份公司的注册信息。① 由于大约三分之一的俄罗斯企业都是国家直接或间接控股，因此单独分析国有企业的公司治理具有一定代表性和重要意义。

近十五年来俄罗斯国有经济规模在两个相互矛盾的趋势作用下发展变化。一方面，伴随私有化改革，国有企业数量急剧减少；另一方面，近几年又呈现出相反态势：国家开始控股许多大型企业。这一过程的开端是 2004 年 12 月俄罗斯石油公司（Роснефть）购买了尤科斯石油公司最大的子公司尤甘斯克公司（Юганскнефтегаз）的控股权。随后 2005 年俄罗斯天然气工业公司（Газпром）收购了本国西伯利亚石油公司（Сибнефть）。

俄罗斯国有企业的特殊地位不仅与其数量多有关，也与其对公司治理发展以及证券市场发展的影响密切相关。由于国有企业数量大，他们已经是私有企业的风向标。在国有企业中公司治理工具运用的越有效，该项实践在私有企业中也会越普及。国有企业公司治理存在的基本问题与私有企业大体是一致的，解决这些问题需采取的相应措施对于两者也是一致的。然而国家作为一个特殊所有者的角色使得国有企业公司治理不能与一般企业一概而论。首先，与私有企业所有者相比，国家作为一个所有者要实现的目标更复杂、具有系统性，甚至互不相容；其次，国有企业数量庞大；再次，国有企业中的委托代理人通常是国家指派的代表，而他们也不是最终受益人，因此相比之下公司治理在国有企业中往往不够高效。俄罗斯的国有企业并未被严格要求遵守先进的公司治理模式标准以及披露业务信息，这违背了俄罗斯公民作为纳税人（最终所有者）有权获得企业目标、

① Отчет об управлении находящихся в федеральной собственности акциями открытых акционерных обществ/Федеральное агентство по управлению государственным имуществом. – 2013. С. 3.

业绩、运作机制等信息这一原则，同时也导致公司政策发挥的作用达不到国家利益的要求。

根据 2011 年的统计数据，国有企业在公司治理四项指标中都落后于整体水平，如图 4-3：

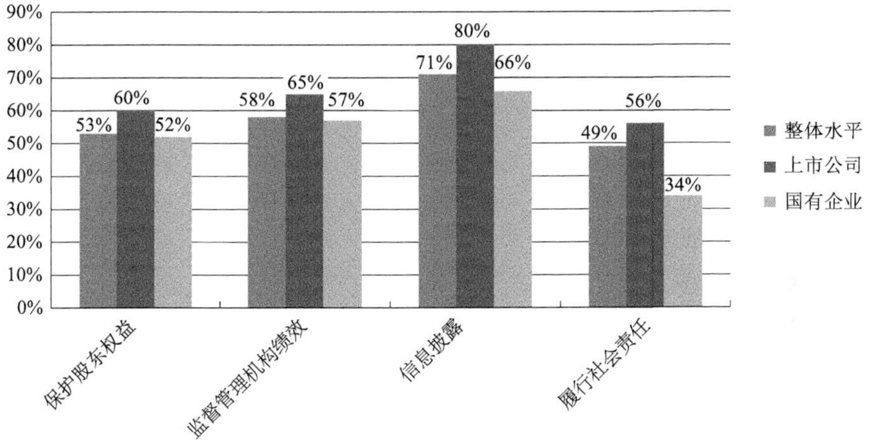

图 4-3　2011 年俄罗斯公司治理的发展水平

（资料来源：Российский институт директоров（РИД）：ИССЛЕДОВАНИЕ ПРАКТИКИ КОРПОРАТИВНОГО УПРАВЛЕНИЯ В РОССИИ：сравнительный анализ по итогам 2004 – 2011 гг. http：//rid. ru/issledovaniya/issledovaniya.）

在俄罗斯，提高国有企业公司治理水平对整个公司治理实践都有极其积极重要的意义，这是因为：

（1）国有企业在国民经济中所占比重很大，不论是直接参与还是间接参与，据各种机构统计，所占比重达到 50%～60%。国家拥有并控制大量资产，使得提高这些资产利用率成为当前最迫切的任务，而实现完成这一任务很大程度取决于运用好公司治理这一工具。

（2）国有企业掌控管理的是国家的公共财产，这就要求其行使为社会公众利益服务的职能。因此对国有资产的管理要求发挥现代公司治理这项工具的效用，建立更有效透明的管理机制。

（3）为实现 2011～2017 年俄罗斯联邦财产私有化方案，须出售国有企业股票，包括在公开市场上发行股票。除此之外，根据《俄罗斯联邦到 2018 年联邦财产管理构想》，计划增加证券市场上公开发行股票的国有企业控股份额，到 2018 年逐步实现国有企业持股份额翻一番。一旦面向证券市场，国有企业要与现今公司治理实践中的领先者——上市公司展开竞争，吸引投资者。

(4) 大型国有企业发展实施创新型项目的一大前提是牢固掌握并应用先进的管理技术，而公司治理就位列其中。

国有企业治理水平落后于其他企业，源于这类企业文化中保留的传统文化因素更多。

总之，21 世纪以来，俄罗斯公司治理水平有了一定程度的提高，尤其表现在法律调节、经营标准和规则方面基本与国际接轨，例如：

(1) 财务报告透明度增加了，信息公开的标准逐步提高；

(2) 商业规划完善，包括战略规划和资金流的管理；

(3) 同投资者的关系清晰了；

(4) 防止盗窃和腐败的资产保管的内部监督程序完善了；

(5) 同子公司的内部交易减少了；

(6) 大公司聘请高水平的国际审计员和有声望的独立董事；

(7) 公司经理对负责招聘的人事部门的信任度高了；

(8) 总经理的奖金与业务挂钩紧密了。

这种变化的原因之一是大公司在国际大型证券市场上市必须通过公司治理标准的严格审核，因此加快了俄罗斯与国际接轨的进程。同时，我们也应该看到，俄罗斯在公司治理水平上与西方还有很大差距，主要表现在：

(1) 俄法律和会计审计环境差，对公司治理产生很大的负面影响；

(2) 透明度虽然有所改善，但相差很远；

(3) 经理向股东，尤其是分散的小股东的报告制度没有成为标准或未被遵守；

(4) 俄罗斯公司实际上没有维护小股东的权益，同子公司的暗箱操作畅通无阻；

(5) 经理经常在交易后期才将业务提交经理会审议，只是为了走形式，让经理会表示赞同或反对，而不是参与制定公司的交易规划设计；

(6) 俄罗斯管理文化中还是以上级领导的集权为主，而不是授权给下级；

(7) 企业管理文化中个人作用很强，个人色彩很浓，秘密很多；

(8) 包括私人公司在内腐败盛行；

(9) 不能保证履行合同义务；

(10) 虽然不是每个商人的攻击性都很强，但攻击性强于其他国家，也是普遍现象；

(11) 对员工的培养和培训不够，业务优化不足。

俄罗斯商业实践和管理文化在很大程度上取决于人的因素，受家长制的影响，企业实行严格的集中管理，极少依靠团队解决问题。[①]

俄罗斯市场建设过程中一体化趋势迫使大型工业企业、工业贸易股份制企业、金融工业集团、控股公司和跨国公司完善公司治理，上述公司是国家经济增长的重要保证。除了国家的政治经济政策等宏观因素外，影响俄罗斯公司治理模式的重要因素还包括法律体系和文化的发展历史及当代特点，如历史形成的传统的国家意识形态和业已形成的企业关系、国家对经济的干预传统和干预程度、家长制作风等等。任何公司治理模式具体制度的建设都受一定国家历史进程和社会经济发展独特环境的限制，不同模式的形成反映了不同国家的传统和意识形态特点。因此，不能期待一次的法律变更就可以使公司治理模式发生快速彻底的转变。

俄罗斯的公司治理模式同市场经济发达国家形成的"经典模式"相比有根本区别，直接机械地将外国模式移植到俄罗斯转型经济体这块"处女地"上，不仅毫无意义，而且会阻碍国家的经济发展。

---

① 《Современное корпоративное управление в России глазами зарубежных бизнесменов и экспертов》, pdf. http：//www. nccg. ru/site. xp/050052048124049052051051. html. стр. 8.

第五章

俄罗斯村社文化传统与土地制度改革

20 世纪 90 年代俄罗斯的土地改革与企业私有化异曲同工，始于土地的行政分配，以造就土地私有者为主要目标，主要方式是发展家庭农场经济。然而至 20 世纪末土地制度改革的结果表明，由于各种原因这一目标并未实现，其中重要原因之一是改革与传统的村社文化经济价值观相悖。

第一节 转型期土地制度的改革历程

苏联时期土地归国家和集体所有。国家将土地分配给农业企业无偿无限期使用，同时有权对农业企业名下的土地进行再分配，有权没收未被用于农业生产的土地，而农业企业将部分土地划拨给农民用于经营副业经济。20 世纪 90 年代初随着国家经济全面转型，政府也开启了土地制度改革的序幕。俄罗斯土地制度改革经历了以下几个阶段：

一、行政化的土地重新分配（1991~1993 年）

这一阶段政府签署大量法令和决议来规范土地关系，但法令和决议多处自相矛盾。

1990 年俄罗斯联邦最高苏维埃颁布特别法令改变了农业土地的使用方式：收回集体农庄和国营农场的农业建筑用地、个人副业用地、宅旁地、草场和牧场，交给乡镇地方自治机构管理。1990 年出台《农场经济法》对俄罗斯苏维埃联邦宪法中的相关内容进行修改，改革将个人副业经济和私人农场经济划分开来，随之国家开始尝试增加农民的土地使用面积。1991 年 1 月部长会议颁布了

《俄罗斯联邦社会主义共和国土地改革纲要》，规定在 1991~1995 年间为农民划拨 550~650 万公顷土地用于农业生产，将宅旁地面积扩大 300 万公顷，并划拨 250 万公顷土地作为果菜园地。同年，为满足居民对土地的需求，又颁布了《加快俄罗斯苏维埃联邦社会主义共和国土地改革的补充办法》，规定可以不经过农业企业的同意，收回他们未使用的土地，必要时可达到其名下农业用地的 10%。

通过了关于增加城市居民用地的一系列专门决议，包括部长会议颁布的《关于保障莫斯科居民用于集体果菜园生产土地供应的首要措施》（1991）。为保证居民能够从所在农业企业分到份地，企业土地受到严格检查。检查不仅在莫斯科郊区进行，也适用于附近的弗拉基米尔、图拉州、特维尔州、卡卢加州、斯摩棱斯克州。

1991 年 4 月颁布的《土地法典》中赋予居民土地的终身继承权，但无所有权。这部《土地法典》适用于 2002 年新土地法出台前的整个 20 世纪 90 年代，期间略有改动。总之，90 年代颁布的很多决议与法典相矛盾，造成了土地关系立法的混乱局面。

1991 年是居民对土地使用权发生变化的关键时期。因为 1991 年 12 月颁布的专门总统令（《实施土地改革的紧急措施》）和政府决议（《关于集体农庄和国营农场的改组办法》）明确了集体份额所有权的概念。每个工人都有权带着企业中属于自己的财产和份地离开企业，份地的大小由各联邦主体决定，面积在 3~20 公顷不等。农业企业在职和退休员工都得到了份地凭证，其中注明了土地面积，但没有划分具体的地段。1992 年获得土地份额权的人员范围扩大了，包括农村教师、医生、通信业及商业的从业人员。

居民可以带着自己的份地凭证加入集体企业，这也成为绝大多数农村居民的最终选择。因此，实际上土地还是由企业支配，份地只允许转卖给本企业的同事或企业主。但对于少数坚持退出集体农庄的人，他们也还是有机会获得土地甚至购买邻居的份地进行自主经营。份地分配后剩余的土地划入地区土地再分配基金会，集体企业拥有的份地之外的土地也划入该基金，这部分土地企业可以租赁使用。土地再分配基金会的主要任务是向私人农场和公民供应土地。

这次改组的主要成就是废除了多年以来国家对土地的垄断。超过 85% 的农业用地从国家所有转为农业企业集体所有。改革前集体农庄和国营农场的土地不是法人所有，而是归企业内所有自然人（企业在职和退休人员）共同所有。尽管土地依然归集体农庄支配，但农民还是拥有无偿分得土地的权利。企业领导经常把最差最远的土地分给欲离开者，以阻止其离开。农民将自己的份地租给企业使用，就有权依法获得红利。然而由于集体企业经营危机，以及大多数企业领导依然带着苏联时期的心态，红利一般不以现金的形式发放，甚至在盈利的企业也是如此。

从1992年开始允许宅旁地归个人所有。1993年颁布了多个总统令，规定给居民划拨土地的补充措施。1993年5月30日颁布了《俄罗斯公民买卖地段的办法》的政府决议。1993年的宪法取消了对其他使用者买卖土地的限制，从此国家土地立法的混乱局面加剧。总统以颁布专门法令的形式废除1991年土地法典中近一半的条款，却未出台新的法律来代替。由于俄联邦宪法第72条规定，土地法需由联邦政府及各联邦主体共同实施，联邦主体有权自行解释联邦法律中没有明确规定的条款，这刺激了各联邦主体最大限度地扩大自己的立法权。

二、建立土地管理市场的尝试（1994~1995年）

尽管《土地支付法》在1991年就已经出台，但实际上在1994年政府决议《土地标准定价办法》的颁布之前未得以实施。《土地标准定价办法》规定，土地价格相当于土地税的200倍，其计算方法取决于土地的质量和位置（从此出台了土地税率索引年表）。税率导致了农业用地标准价格的差异化，个人副业用地、别墅和果园附带的土地价格在此基础上通过一定比率计算得出。若这些土地位于居民区和疗养区价格一般会更高。

同时，由于市民对在城郊购买第二套住房的需求增加，以及允许出售个人副业用地、果菜园地等原因，在大城市周边形成了真正的土地交易市场。由于立法混乱，并没有规定城乡居民获得土地和可能出售土地的程序。人们可以无偿或几乎无偿获得（按照标准价格购买）土地，然后按照市场价格出售。城市近郊的土地市场价格非常高，甚至达到1公顷数十万美元，成为一些家庭的收入来源，因此每个家庭都竭力通过各种渠道获得更多地段。这种情况使得掌握土地分配权的各级官员极其有利可图，如果说整个社会围绕土地私有权的战斗还带有些许政治色彩的话，那么长期保持土地关系的不明确性使官员们轻而易举地攫取了大量固定资产。

三、土地流通范围的扩大（1996~2002年）

1996年3月7日颁布的总统令《落实宪法赋予公民的土地所有权》规定除宅旁地外还允许份地自由流通。该总统令的初衷是将土地所有权集中到有效能的生产者手中，规定所有集体企业要在一年内购买或租赁本企业份地所有者的地段。这使企业和居民间的土地关系得到了调整，同时大批法人和个人开始积极收购穷人或无生产能力者的土地份额。该法令还拓宽了个体经营的可能性。农民用于副业生产的份地面积可达5公顷，亦即5公顷以内的农业生产活动不需注册农场经济，后者需要交纳的税额很高。可以认为从这时开始私人农场和个人副业经济间的界限又变得模糊了。

1998 年 9 月颁布了专门法令《保证联邦公民从事个人副业生产及其经营独立性的权利》，承认个人副业和田地（政府划拨给农民用于农产品生产的地段，不允许有建筑物——作者注）是与集体企业和私人农场地位平等的农业生产方式，但不属于企业经营活动。该法律规定，宅旁地和属于个人副业生产用地可以自由流通。而田地流通则有条件限制：（1）在 3 年之内必须使用，否则土地收回，公民有可能失去所有权；（2）禁止雇佣工人，“由本人及其家人（配偶、子女、父母及其他共同居住的亲属）从事个人副业生产活动”。个人副业及田地用地面积的上限由各地方自治机构根据本联邦主体的相关法律规定。一般来说，个人副业用地与农村聚居地有关，但俄罗斯的城市特点使很多城市居民在农村有大量别墅和宅旁地。所以在 1998 年关于个人副业的法律中废除了上述限制。

值得注意的是，俄罗斯农民和城市居民的个人副业经济不仅仅是个体经济。根据 1998 年颁布的法令，他们不仅可以进行农产品的联合生产、加工、储存及剩余产品销售，也可以从事保险、贷款、提供物资技术及服务，联合组成农业企业和消费合作社，建立个体经济联盟。

四、农业用地的自由流通阶段（2002 年以后）

经过长期的辩论，2002 年国家杜马终于颁布了简版的土地法典，规定除农业用地外所有土地均可买卖，这标志着土地改革进入第四阶段。简版土地法典的效力随着 2003 年 1 月《农用土地流通法》生效而截止。《农用土地流通法》规定，在俄罗斯的任何人（外国人除外）都可以获得土地所有权并买卖土地。然而私有农用土地面积的上限和本法的实行机制由各联邦主体决定。这导致了联邦法律被拖延执行和被曲解，在法律颁布 2 年后很多地区没有实现农用土地的自由流通。

从 2003 年起根据联邦法律，1 200 万土地所有者不仅可以从企业获得土地使用权，还可以公开出售自己的份地。这些规定未导致大量份地退出集体农庄，当然，在土地需求旺盛的大城市郊区和南方地区除外。出售份地并非易事，因为购买土地的优先权在企业的共同持有者和行政管理者手中。将土地作为储备几乎是不可能的事情，因为对农业用地使用性质的新要求越来越严格了：如果土地在 2 年内不耕种，将通过法院判决收归国有。也就是说，这种所有权依然是有条件的，并非如所有者所愿可随意支配土地。此外，办理土地份额所有权的手续非常复杂，官员们为农民设置了很多障碍，包括经济障碍（仅编制土地纳税人名册的成本就高达 1 万卢布）。即便如此，如果有公司能够有偿办理好所有文件，人们也愿意出售份地，因为与土地的价格相比，办理手续的费用微不足道。

根据俄罗斯不动产局的统计，在有权获得土地的居民中92%的人得到了土地所有权，但其中有60%的份地归不在农业企业工作的人所有。大部分土地所有者将土地或租赁给农业企业使用，或计入农业企业的注册资本。只有4%的所有者获得份地用于私人农场或个体经济的经营。四分之一的土地所有者从未支配过自己的土地，其土地依旧归企业使用。

国家和私人土地的“斗争”并未止于此。新的土地法典给城乡宅旁地所有者增添了新的麻烦：如果不仅想继续使用，而且想支配宅旁地（用于继承、买卖）的话，那么就需要对其进行私有化。如此一来，即使份地的所有者们不想离开企业，也不得不重新办理土地所有权，否则如果企业破产（这在对土地需求量大的地区是一种普遍现象），他们的土地会被拿来拍卖。该法虽然没有激发农民使用或支配自己份地的热情，但还是引发了其对宅旁地私有化的兴趣。

尽管交易费用很高，大量城市居民还是涌向相应办事处对自己的别墅和小块土地进行私有化。如果在土地委员会或者农村的行政单位还保留20世纪90年代初期发放的份地证明或所有权临时证明就比较好办，如果没有的话就需要准备大量的补充文件来证明自己对土地的所有权。尽管政府延长了对个人所有的小块土地、别墅及菜园地的私有化期限，人们还是害怕行政和经济上的阻碍会加大（尤其是莫斯科周边地区），所以都想尽快获得土地证明。由于在土地法典中没有规定任何私有化细则，所以具体规则依旧由地方官员制定，他们又开始了和人民之间的利益争夺，官员们习惯于用繁杂的手续将私有化过程变成自己的盈利手段。排队办理完所有文件通常需要一年多时间，2005年国家用于征收土地税和土地测量服务的费用是平均退休金的4~5倍。

经过四个阶段的改革，俄罗斯农业开始呈现多种经济成分并存的局面。农村居民可以选择：（1）只发展宅旁地经济；（2）从集体企业中抽取自己的份地发展个体经济、租赁或出售；（3）建立私人农场经济。其中有96%的农民选择了第一种方式。农业经济成分的多样性在新旧经济成分并存的过渡时期表现得十分明显，20世纪初主要有4种经济成分：逐渐衰弱的地主经济、小商品经济、资本主义经济及新生的社会主义经济。农业领域在经历了70多年的社会主义制度之后，也产生了4种经济成分：（1）集体企业，是集体农庄和国营农场的继承者（生产合作社、国有企业、开放型和封闭型股份公司及其他农业生产组织）；（2）大型农业控股公司，包括一些农业企业、农产品加工企业、贸易公司及一些基本同农业生产无关的企业；（3）小型个体经济；（4）私人农场经济。俄罗斯农业经济形成多种经济成分并存的局面。大型农业控股公司作为组织生产的特殊形式在国家统计中的表现并不突出，同其他由集体农庄和国营农场演变而来的农业企业没有差别，通常和集体企业一并被视为大中型农业企业。

第二节 私人农场经济的建设与村社文化

俄罗斯激进的农业改革目标是通过土地私有化建立西方式的私人农场，并使之成为农业市场经济的主体。然而俄罗斯的私人农场从一开始就带着本国的历史文化色彩，至今未能担当起农业生产主体的重任。

一、私人农场建立的途径

20世纪90年代初，大力发展私人农场，建立以私人农场为主体的农业经营体制，是俄罗斯农业私有化改革的基本目标。1991年4月25日，政府颁布了《俄罗斯联邦土地法典》，宣布取消单一的土地国有制，确立土地国家所有制、集体共同所有制、集体股份所有制、公民所有制并存的土地所有制结构。根据俄罗斯联邦第323号总统令《关于实现土地改革紧急措施的命令》（1991年12月27日）、《关于调节土地关系和发展土地改革的命令》（1991年12月27日）、《关于改组集体农庄和国营农场的办法》（1991年12月29日），俄罗斯土地私有化全面展开。然而，俄罗斯的土地私有化并未按期完成，私人农场也未如改革者预期那样成为农业经营的主体，“农场成为国家农业生产的基础这一目标没有实现”。①

按照法律规定，俄罗斯建立私人农场本着个人自愿兴办的原则。政府给农民三种选择：

（1）经营宅旁地经济，同时在集体农庄或其他企业工作，或者不在任何企业工作；

（2）携自己的土地份额退出集体农庄（或者用土地份额将自己的自留地扩至5公顷），但不注册农场企业（这可以看作是个体和农场经济的中间形式）；

（3）退出集体农庄并用自己的土地份额注册农场，可以从政府的土地再分配基金中获得土地，或从邻居手中购买份地。

可见当时的私人农场主要是通过两条途径建立的：一是原集体农庄和国营农场将土地等财产以股份形式分给每个成员，成员有权携带股份退出并注册私人农场；二是从政府的土地再分配基金获得土地，或收购他人的股份。1993年以前，城市居民若愿意兴办农场，可以免费从土地再分配基金获得土地，以后则必须购买。结果，尽管法律条件很宽松，但选择农场经济的农民只占2%，另有2%的农民选择了退出集体农庄，96%的农民还是选择了第一种方案。到1992年7月，

---

① ［俄］Рывкина. Р. В.：《Экономическая социология переходной России》，М.，1998，С. 346.

农村居民兴办的农场少于城市居民兴办的农场数，只占总数的三分之一左右。

为了鼓励私人兴办农场，国家承诺免费提供土地、优惠贷款、免税及政府津贴等诸多优惠条件，但全国注册农场的数量不理想。1991 年底叶利钦又签发总统令，限期集体农庄和国营农场重新登记，进一步明确土地等财产的股份分配和个人退股原则。在此之后，全国登记注册的农场数量增多，1996 年达到高峰，共计 28 万个。1999 年，俄罗斯进入普京时代，政局日趋稳定，经济形势转好，为土地私有化提供了有利条件。2001 年 10 月普京政府的新《俄罗斯土地法》允许耕地以外的土地进入流通领域。2002 年 6 月又颁布《农业土地流通法》，明确包括农业土地在内的土地私有化原则和土地买卖程序。这两部法律最终确立了俄罗斯土地私有权和土地流通制度，俄罗斯制度层面上的土地所有权制度确立。然而，这些法律的实施效果并不乐观，也没有促进私人农场经济的发展。2000 年私人农场数量下降至 26.2 万个，2001 年是 26.5 万个，2005 年初又降至 26.1 万个，2006 年 25.5 万个，近两年基本没变。①

根据私人农场的经营方式、农场主的身份特点等，俄罗斯学者们对农场进行了分类。本课题采用俄罗斯学者涅费多娃（Нефедова Т.）按照经营方式对农场的分类，因为经营方式更直接地体现出农场经济的特点。

（1）集体农庄——假农场。这类农场只是原来的集体农庄经过重新登记更名而已，以便享受国家免除债务的优惠政策。这样的农场数量不是很多，但农场的规模很大。

（2）农场——实际上还是集体农庄。这是集体农庄的领导和行政人员离开原集体农庄后重新组建的。他们将农庄的农用机械和场地进行了私有化，招聘了原来的部下，利用原来的行政关系。这样的农场像第一类一样，数量不多，但规模不小，延续着原来的管理模式。

（3）雇佣劳动力的农场。这种形式的农场比较普遍。农场主一般雇佣 10~20 个工人，有专用或是租用的农业用地，拥有农业机械。从再分配基金获得或租用居民的土地数量依不同地区和不同专业化方向，从几十到上千公顷不等。农场主们认为，要想靠 100 公顷土地建立稳定的商品市场是很难的，对南方产粮区的农场主来说最佳数量是不低于 500 公顷。这类农场的创建者往往是地方高官或高级农业专家。

（4）临时雇佣劳动力的农场。实际的农场主中大多数属于这种类型。他们没用固定的雇佣劳动力，平时主要靠自己，只在农忙时临时雇佣劳动力。农场的

① ［俄］ НефедоваТ.，Джудит Пэллот：《Неизвестное сельское хозяйство，или Зачем нужна корова?》М.，2006，С. 202.

土地面积不大，主要经营畜牧养殖或蔬菜种植。农场主大多是原集体农庄中的一般专家和知识分子。大部分农场近于亏损，只有少数人在市场中找到了自己的位置。

（5）个体农场。在正式登记注册的农场中绝大部分根本不能算作真正的农场。他们的土地面积很小，生产的农产品也不计入区或州里的统计。许多农场处于经济半自给状态，粮食产品自给自足，只有极少量产品用于出售。这类农场实际上与个体家庭经济没有差别，农场主是为了尽可能地利用国家赋予农场的一些优惠条件，例如，1990 年初，许多人利用国家提供给私人农场的优惠政策争相购买农业机械。现在，他们不是将这些源于优惠政策的所得用于耕种自己的土地，而是出租给同村人，以此作为自己的主要收入来源。这样的农场被认为是名义上的农场。

从以上分类中可以看出，在俄罗斯形成的私人农场并非具有生产专业化和商品化特点的真正意义上的农场，很大部分只不过是集体农庄和国营农场重新登记更名而已，被学者们称为“假农场”①，这是俄罗斯农场的一大特点。那么这些农场经营情况如何呢？

二、俄罗斯私人农场的发展状况

俄罗斯改革者改变土地所有关系的初衷是要建立大量的私人农场，使之成为农业市场经济的主体。但由于各种原因，大部分农场或没有经营农产品生产，或经营不久即告破产，能够生存下来并正常经营的农场寥寥无几。下面我们以俄罗斯著名的农业区为例透视当代俄罗斯农场经济的发展状况。

萨拉托夫州是俄罗斯著名的农业产区。该州雷索戈尔区在 20 世纪 90 年代末生产型农场数量为全州之首，这里的农场主是主要的土地使用者。农场共有 10 万公顷土地，集体企业有 2.5 万公顷，个体经济有 1.2 万公顷土地。该区的农场运动比其他地区进行的要快。承包队和集体农庄的领导是当地经济的骨干力量，他们率先注册私人农场，部分庄员紧随其后，也将自己的财产和土地份额（14.5 公顷）从集体农庄抽出来，这样，集体农庄的所有债务就全部落到没走的人身上。法律规定，只要注册农场就可以免除债务，因而部分余下的集体农庄也进行了农场化。如此，一些大型集体企业，除了名称改为农场外，没有任何实质性的变化，保留了 4 000~6 000 公顷土地、以前的行政班子和上百名工人。这样的半集体农庄半农场性质的假农场占地很多，占全区农场耕地面积的 1/3。全区有

---

① ［俄］ НефедоваТ.，Джудит Пэллот：《Неизвестное сельское хозяйство，или Зачем нужна корова?》М.，2006，С. 204-205.

372 个农场经济主体，但有农产品生产报告的只有 270 个。其余 100 多个农场也是假农场，实际上根本不耕作土地。这类农场占全区农场土地的 15%。另外，一些仅能够维持生存的个体农场只耕作自己的土地，有的甚至连自己的份地也放弃了。

利别茨克州地处俄罗斯著名的中央黑土区，拥有得天独厚的自然条件。其中多尔戈卢基区在土地私有化开始后登记的农场共有 120 个，经过 3 年左右，大部分宣告破产，目前该区仅有 4 个农场在经营。多数农民的主要收入来自于家庭副业。

斯塔夫拉波尔边疆区农场经济在生产中的作用比较明显，例如其西部的新亚历山大区登记注册的农场有 1 120 个，但其中也只有一半在经营，实际的生产者不超过 20%。那里一个村被称作农场新村，有 100 多人带着自己的股份——14 公顷地离开了国营农场，注册了私人农场，目前大部分都已经破产或濒临破产，只有 5 个农场发展比较顺利，生产水平与附近的国营农场不相上下。

俄罗斯私人农场平均占地量少，占农业生产比重小。据统计，俄农场平均占地量仅 69 公顷，其中 57% 的农场占地不足 20 公顷。占地 100 公顷以上的大型农场只有 13%，200 公顷以上的占 6%。[①] 1994 年，国家、集体和股份制农场占用 88% 的土地生产了 60% 的产出，私人农场用 5% 的土地生产了 2% 的农业总产出，而农户个体经济只用 2.8% 的土地就提供了 38% 的总产出。1997 年，28 万个农场生产的农产品仅占全国产量的 2%。[②]

表 5-1　　1995～2003 年农场占俄罗斯农产品生产的比重（%）

	1995 年	2001 年	2003 年
粮食	4.7	11.0	14.4
土豆	0.9	1.2	1.6
蔬菜	1.3	2.3	3.3
奶	1.5	1.9	2.5
肉	1.5	1.9	2.1

（资料来源：［俄］Т. Нефедова，Джудит Пэллот：《Неизвестное сельское хозяйство，или Зачем нужна корова?》，М.，Новое издательство，2006，С. 210.）

总之，私人农场没有成为俄罗斯农业市场经济的主体，反而是农民个体经济

① Сельское хозяйство 2004，М.，：Федеральная служба государственной статистики，2004，98.

② ［俄］Рывкина. Р. В.：《Экономическая социология переходной России》，М.，1998. С. 351.

（家庭副业为主）渐居主导地位，这一点已经严重偏离了农业私有化的预期目标。

三、私人农场经济发展不利的文化根源

俄罗斯土地私有化远未实现改革者的预期目标，甚至出现了偏离改革初衷的危险，家庭副业式的生产越来越盛，而农场经济的发展严重受阻。2002 年在西伯利亚州进行的调查结果显示，只有 30% 的农民愿意在有启动资金、降低税率、优惠的生产资料、政府信守承诺等条件下从事个体经营或农场经营；40% 的农民无论如何也不愿从事农场经营。①导致这种状况的原因是多方面的。除了俄罗斯当代经济、法律和其他条件相关的客观原因外，根本原因在于国家的历史，在于农民的心态。②传统的农民个体经济和市场化的农场经济实质的区别是：个体农户表现的是消极的适应性经济行为，而真正的农场主则表现出积极的市场经济行为。俄罗斯村社文化培育的农民心态对私人农场经济的发展起了阻碍作用。

1. 俄罗斯农民的集体主义和平均主义价值观念

价值观念是民族文化传统的内核，决定了人们的行为取向。俄罗斯的封建社会历时千年，而村社制度始终与之相随。村社是典型的宗法组织，集体主义和平均主义是维持村社内部秩序的公认原则，也是村社成员信奉的美德。尽管后来的阶级关系和所有制发生了变化，但是村社精神和原则却保存下来，即使在十月革命后，村社制度也只是在制度层面中断，集体农庄土地公有制只是村社土地公有制的变体。③因此集体主义和平均主义思想深深植根于农民的世界观。一方面，在俄国农民处于被多重奴役的悲惨境地时，村社更好地维护了农民的利益，农民自然对村社产生了依赖心理。但另一方面，村社集体主义和平均主义思想表现在经济生活中则是个人创造力和奋斗精神受到极大压抑，这一点恰好与市场经济理念相悖。

作为农庄庄员经营时，农民随时可以得到农庄的行政帮助。20 世纪 90 年代土地私有化一开始，农场和集体农庄在专业化、产品销售和租用农民土地等方面就成为了竞争对手，因此，独立经营的农民是不可能指望得到农庄的行政支持（除非农庄的管理干部也是农场主），甚至是农庄庄员的帮助的。习惯依赖集体的农民自然而然地要求农场履行相应的社会功能，然而，并不是所有的要求都会得到满足。因为农场主首先是一个企业家，其主要目标是增加收入、缩减成本。

---

① ［俄］Калугина З. И.《Сельское предпринимательство в современной России：институциональные основы и социальные практики.》Новосибирск：Наука，2003，С. 55.

② ［俄］НефедоваТ.，Джудит Пэллот：《Неизвестное сельское хозяйство，или Зачем нужна корова?》М.，2006，С. 251.

③ 翟羽艳．俄罗斯村社传统对土地所有权制度变迁的深层影响．北方论丛，2007（4）：107.

他们在保证生产效率最大化、经济组织最佳的同时，需要尽可能少地雇佣工人，以获得利润最大化。而农民的集体主义和平均主义意识与此格格不入。土地私有化之初，96%的农民选择留在集体中突出反映了农民对集体的依赖心理。而在集体企业经历了十年危机之后，农庄80%以上的工人还一如既往地倾向于集体生产的方式，喜欢将集体农庄与个体经济相结合的经济形式。①在新西伯利亚州进行的民意调查显示，多数家庭认为失去集体农庄的支持是经营私人农场最大的障碍。②

2. 农民缺乏企业家精神，很难独立有效地发展经济

向农场经济转化不仅仅涉及土地和所有权问题，还涉及企业家的素质问题。作为农场经济主体的农场主必须具有良好的职业素养和高等教育水平，必须具有冒险精神，避免保守主义，要善于发挥主动性，接受新的经营理念，降低生产费用，追求利润最大化。因此，农场主的行为应是积极的市场行为，而作为个体经济主体的农民则不然。俄罗斯农民不具有市场经济所要求的企业家精神，例如在斯塔夫罗波尔和萨拉托夫州，尽管当地政府和企业采取降低租金、提供农业机械等措施，鼓励农民租地进行商品化生产，但是收效甚微。因为俄罗斯农民“只在有高于生存的需要时，他们才会愿意冒险。穷人不想参与竞争，是因为他靠集体农庄能够赖以生存”。③19世纪70年代，著名的农业学家、农业企业家A. H. 恩格尔哈特（Энгельгардт А. Н.）曾写道：“许多农民不仅不能成为好的管理者，而且不在别人的命令下就不会好好干活。虽然绝大多数农民从小就被训练成了干农活的好手，但却不善于独立处理事务，只会在别人的命令和领导下工作……”④著名经济学家恰扬诺夫（Чаянов А. В.）在《农民的经济组织》一书中总结了俄罗斯不同于西方的农村劳动组织模式。他认为，村社传统培育出对个人生产力和个体劳动效率蔑视的态度。只为挣够当天的口粮而劳动，不为未来不确定的利润冒险，这是俄罗斯农民的特点。

普里亚尔金（Пуляркин В. А.）认为，农民经济的特点是自给自足和经济的

---

① ［俄］Калугина З. И.《Парадоксы аграрной реформы в России: Социологический анализ трансформационных процессов.》Новосибирск, 2001, С. 57.

② ［俄］Родионова Г.: Приватизация земли: выжить или преуспеть?《Отечественные записки》. 2004. No. 1, С. 24.

③ ［俄］Родионова Г.: “Приватизация земли: выжить или преуспеть?”《Отечественные записки》. 2004. No. 1, С. 100.

④ ［俄］米罗诺夫 Б. Н. 俄国社会史：下卷. 张广翔，等，译. 济南：山东大学出版社，2006：416-417.

封闭性，这里影响力最大的是传统。[①]农奴制度和村社的集体经济体制压抑了农民个性发展和理性的形成，至苏联时期集体农庄和国营农场所提供的各种保障加重了人们对集体的依赖心理。由于俄罗斯大多数农民只求生存的心理不能要求其具有冒险精神，因此，其经济行为是消极适应性的。不仅是农民，历史上俄国地主身上也同样不具有企业家精神。1804~1805 年，自由经济联合会通过 29 个省行政当局进行了专门的调查，结果发现：只有少数地主在经营中具有创新和改良精神，此种情况 100 年后也没有明显变化。1861 年改革前夕，只有 3% 的地主在观念上发生了理性转变，其余则固守传统。[②]

著名学者卡卢金娜（Калугина З. И.）在研究俄罗斯当代农业改革后指出，当代俄罗斯农村还没有实现从传统和价值理性行为（韦伯的概念）向工具理性行为的转变，后者是实现经济目标的动机。[③]没有培养出企业家精神的俄罗斯农民在改革浪潮中终未担负起发展农场经济的重任，而是选择了符合自己心态的个体副业经济。

3. 农民缺乏土地私有权观念

在俄罗斯千年的历史进程中，土地所有权的制度经历了村社公有，村社公有与贵族私有并存，单一的国家所有和国家、集体、私人所有四个阶段。但在任何阶段俄罗斯土地公有的文化传统始终以自己的方式在俄罗斯社会中展现，农民始终没有成为土地的主人。而且在俄国社会和政治思想中，在农民和知识分子的意识中，一直是反对土地私有制的观念占上风。列夫·托尔斯泰认为“土地有如太阳和空气，不可能变为私有财产”。[④]与西欧不同，俄国绝大多数居民、自由党派和社会主义党派都不认为私有权是公民的基本权利。

俄罗斯科学院社会学研究所总结 20 世纪 90 年代以来居民对私有权所持的态度表明，大多数俄罗斯人心目中私有财产的范围很广，不仅包括生产资料，也包括消费品。多数居民认为住房、汽车、别墅、私家车库以及自留地等应归私人所有，而关系到国计民生的生产资料则应归国家所有。[⑤] 可以说，在农村对转入市场经济的主观准备不充分、客观条件也不具备的情况下，俄罗斯土地私有化自然

---

① ［俄］Пуляркин В. А.：《Локальные цивилизации во времени и пространстве（взгляд географа）.》М.：Эслан，2005，С. 211.

② ［俄］Рожкова М. К.《Очерки экономической истории первой половины 19 века》，М.，1959，С. 18.

③ ［俄］Б. Н. 米罗诺夫．俄国社会史：下卷．张广翔，等，译．济南：山东大学出版社，2006：63.

④ ［俄］Пивоваров. Ю. С.：《Русская политическая традиция и современность.》М.，2006，С79.

⑤ ［俄］Горшков М. К.：《Собственность и бизнес в жизни и восприятии россиян.》М.：Наука，2006，С. 19-21.

引起社会极大反响，土地私有化的进程也充满曲折。

4. 农民对国家的不信任根深蒂固

民众与政权的疏远是俄罗斯社会最突出的问题之一。俄罗斯农民一直处于被奴役的地位，18 世纪初尤其如此。国家对农民的长期奴役，使得农民害怕政权就像害怕瘟疫一样。20 世纪农村经历了灾难，农业集体化和赫鲁晓夫改革的不良后果等又加深了农民对政权的不信任。长期以来，小人物与强大的国家相对抗，一方面使得人们对政府的任何行为都采取了绝对不信任的态度，另一方面也迫使农民学会了适应，学会了在国家强加的关系范围内以非正式的方式实现自己的利益。例如作为农场，必须做财务报表，定期报告自己的经营活动，农民最怕这一点。一是不会做报表，二是有史以来国家经常使得农民不堪重负，而农民则采取欺骗国家的手段来对应。虽然现在的报表已经简化了不少，但农民对官僚的恐惧感还是丝毫未减。

一项在普斯科夫州（Псковская облась）的调查显示，3/4 的人害怕从事农场经营，因为他们不相信政府，对目前政府政策的长久性没有信心，而且过去没收富农财产的手段令其心寒胆魄。农民对国家的不信任直接影响了农业改革政策的贯彻实施。

俄罗斯改革初期选择的是彻底抛弃传统，全盘西化，试图从社会主义公有制一步过渡到全面私有制。改革者盲目全面照搬西方的政治、经济制度，无视本国国情特点，导致本国历史文化传统与引进的制度发生剧烈冲突，这是沉痛的历史教训。任何国家忽视传统孤立地进行产权改革都是行不通的。俄罗斯改革之初，很多人似乎有一种幻觉，好像只要引入市场制度，市场机制就会自动发生作用。这种幻觉自然也反映在农业改革中，以为只要土地私有化了，集体农庄就会自动消失，变成私人农场。然而，俄罗斯 20 世纪 90 年代开始的农业改革不仅没有促进农业发展，反而使农业陷入危机中。同工业企业私有化一样，土地私有化导致国有资产大量流失，普通百姓几乎一无所获，涌现了一批靠土地私有化发家的“新贵”。例如利别茨克州的一些农民拥有份地 6~7 公顷，每年所得的红利仅有 3~10 公担粮食（当地每公顷地大约产粮 30~50 公担）。① 虽然在政府的推动下，确立了私有化的土地产权制度，但农业经营机制并没有发生根本性变化。因为制度层面的所有权制度一旦与制度背后的文化传统脱节，制度本身的意义就会受到影响，即“当法律规定和根深蒂固的态度及信念之间展开鸿沟时法律就不能改变人的行为。”②正如黑格尔所说：“一个民族的国家制度必须体现这一民族对自己

① 本课题作者于 2008 年 4 月在实地考察访谈资料。

② ［美］埃尔曼．比较法律文化．上海：上海三联书店，1990：277.

权力和地位的感情，否则国家制度只能在外部存在着，而没有任何意义和价值。”①

俄罗斯以土地私有化为核心的农业私有化进程的主要目标之一是建立以私人农场为主体的农业经营机制。然而，土地私有化远未实现改革者的预期目标，私人农场经济的发展严重受阻。导致这种结果除经济、法律环境因素之外，根本原因在于改革者无视国家的传统经济文化，尤其是无视农民的心态，一味照搬西方经济制度，致使国家农业发展陷入严重危机。

第三节　农业发展的新战略——重振农工综合体

21 世纪以来，普京政府在农业领域进行了较为系统化的改革，把农业定为国民经济发展的优先领域，推行大农业政策，使农工综合体得以重建。农工综合体为农业发展注入了新的动力，俄罗斯由农业落后国家一跃成为国际市场的粮食出口大国。俄罗斯联邦国家统计局的数据表明，2013 年俄罗斯的粮食总产量为 9 130 万吨，较上年度增加 29%，居世界第四位；肉类产量居世界第五位；奶制品产量居世界第六位；糖料作物、蔬菜等农产品产量居世界前列。②

为什么俄罗斯的土地制度改革没有实现家庭农场经济的快速有效发展，而农工综合体在经历了 20 世纪 90 年代衰退之后能够很快得以复兴并带动了国家的农业发展？纵观俄罗斯历史上的历次农业改革，经济文化传统应是重要的影响因素之一。

一、俄罗斯农工综合体的发展历程

农工综合体作为一种重要的农业生产模式，是指将包括农产品生产、加工、相关农业技术设备以及仓储、物流、销售、信贷等多方面内容相结合的农业产业化生产经营模式。它是农业发展的重要生产模式之一，在许多国家都得到广泛的发展和应用，如欧美许多发达国家都是以发展农工综合体推动农业的现代化。目前，农工综合体在俄罗斯的农业发展中占有极为重要的地位，涵盖了十余个从事农业生产活动的跨经济部门联合体，吸收了 3 870 万农业生产者，生产了国内 70% 以上的农产品。③其发展经历了曲折的历程。

---

① 黑格尔．法哲学原理．范杨，张企泰，译．北京：商务印书馆，1982：291-292.

② http：//commerce. dbw. cn/system/2014/02/08/000804244. shtml.

③ 徐兴泽，龚惠平．俄罗斯农业在变革．北京农业，2007（10）：50.

（一）农工综合体的初建阶段（20世纪70~80年代）

苏联时期的农业是国家经济的薄弱环节。为了解决农业发展问题，政府决定建立农工综合体，提高农业和工业的一体化水平，以推动农业的现代化进程。

苏联时期政府建立农工综合体基于以下原因：

第一，传统的村社经济不能适应农业生产力发展的需求，也无法满足工业发展的原料需求，同时也无法实现大规模的机械化生产，不利于发挥农业机械化的功能。

第二，随着经济的发展，工农业之间的联系愈加密切，农业领域的专业化程度也逐渐提高，包括土地和种子改良，种畜繁育，饲料、化肥、农药的生产，农机维修等多个子部门的活动也日趋专业化。如果割裂工农业之间的联系，容易因计划不周导致某种农产品过剩，或者农业原材料供给不足而影响相关工业部门的生产。同时，随着农产品商品率的提高，一半以上的商品要通过采购、加工运输、保管和销售等部门才能进入消费领域，工农业之间的经济联系不断加深。而建立农工综合体，将农业和工业的多个部门整合为统一体，正是顺应了这一客观趋势，有利于提高农业的专业化水平，促进农业发展。

第三，发展农工综合体可以把国营农场和集体农庄的资金集中起来，通过物质或资金入股的方式建立大型的专业化生产单位，实现从生产、储存、物流到加工、销售各个环节的协调配合，有利于提高资金利用率，进而实现工农业的协同发展。这种分工和经济联系的加深，使得农业及其相关部门联结成统一整体，即农工综合体，亦即农业由相对独立的部门变成农工综合体的一个组织部分。

勃列日涅夫执政后主要以增加对农业投资和实行农业机械化、电气化、化学化等推进农业集约化。1976年5月28日，苏共中央通过了第一个关于发展农工综合体的决议——《关于在跨单位合作和农工一体化基础上进一步发展农业生产专业化和集中化的决议》，其中较为详细地规定了农工一体化的原则、实现途径和办法。[①]正式将跨单位合作和农工一体化作为农业发展的主要方向，将集体农庄、国营农场等农业组织形式与其他工业企业和组织相结合，以物质或资金入股的形式建立统一的农产品生产和服务联合公司，以期实现农业集约化、专业化和现代化，提高农业和工业的协同效应。这一决议的通过，标志着苏联农工综合体进入了初步发展阶段。1977年4月14日，苏联部长会议批准了《农业跨单位企业（组织）总条例》。1981年苏共二十六大通过的“十一五”计划，第一次把“农工综合体的发展”单独列章。1982年，苏共中央五月全会决议决定从上到下建立农工综合体管理体系，规定将农工综合体作为独立的经济单位进行组建。从

---

① 杨云忠．苏联加快农工综合体发展的基本措施．农业经济问题，1987（5）：24.

政策来看，开始将农业综合体作为计划工作的对象，不是把农业而是把农工综合体作为单独的一章；从组织管理上来看，从中央到地方都成立了农工综合体管理机构，专门负责协调农业和工业各部门之间的经营关系。

苏联政府除了进一步增加直接用于农业生产的投资外，还增加了为农业生产服务部门的投资。到 20 世纪 80 年代初，苏联农业投资的增长速度不断加快，用于农工综合体的投资占国民经济总投资的比重将近 40%。

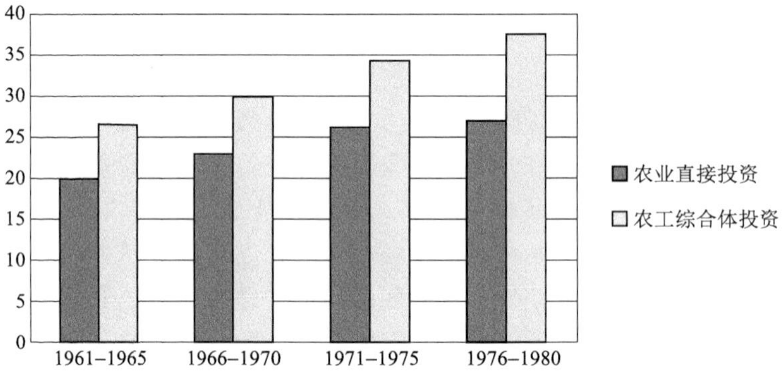

图 5-1 勃列日涅夫时期农业投资占国民经济总投资的比重（百分比）

（资料来源：李仁峰．苏联农业统计资料汇编．北京：农业出版社，1981：76.）

“十一五”期间，农工综合体吸纳就业人数达 4 500 万，集中了 30% 的固定资产，占用了国民经济全部投资的三分之一。农工综合体生产的食品占苏联全国食品供应量的 95%，商品零售额达 70% 以上。“十一五”期间，国家农工综合体固定资产共增长了三分之一。①

1986 年 1 月 23 日，苏共中央召开了农业会议，作出关于《在采用农业组织经济核算制的基础上提高农业劳动生产率的措施》的决议。这次会议的内容表明，苏联已经深刻认识到农工综合体在苏联的“加速发展战略”中的重要地位，经济改革已经开始由以工业为主转变为工农业并进。为了实施农业集约化的发展战略，苏联制定了加快农工综合体发展的一些重要措施。其中包括：

（1）健全和完善各级农工综合体管理组织，力求克服机构臃肿和官僚主义，为发展农工综合体扫清行政管理障碍。

（2）改进计划型的经济管理模式，利用价格等经济杠杆调节和刺激农工综合体的生产与流通。

（3）逐步实行经济核算制，使农工综合体企业成为自负盈亏的经济实体。

① 杨云忠．苏联加快农工综合体发展的基本措施．农业经济问题，1987（5）：23.

把农业及其相关部门从经济利益上联结起来，把农业企业工作人员的收入同其对应的工业企业经营成果联系起来。

（4）国家在工资、信贷等方面为农工综合体提供一些优惠政策，使其享有更多的自主权。

（5）推广集体承包和家庭承包制，发展公民的副业经济。

（6）加速实行农工综合体与科学技术一体化进程，加大对农业科技投资及对农业技术人才的培养力度。

1986 年，苏联农工综合体获得了显著发展，由于广泛开展联合和实行集约化，苏联粮食总产量当年创了 1978 年以来的最高水平，达 2.1 亿吨。农业劳动生产率提高了 6.9%，食品工业和加工业提高了 5.2%。[①]

这期间虽然农业获得一定程度的发展，但粮食产量十分不稳定。1979 年到 1982 连续四年出现粮食歉收。1973 年苏联成为粮食净进口国，净进口 1 904 万吨，70 年代末成为世界上最大的粮食进口国，1985 年进口 4 420 万吨，1989 年进口 3 700 万吨。[②]可见，农工综合体的发展并没有达到预期效果。原因包括：僵死的计划经济体制无法提供市场经济条件下完善的银行信贷体制、财政体制及价格体系，使经济体制改革远远落后于农工综合体发展的要求；由于机构冗余、管理混乱和官僚主义作风等问题的存在，农工综合体管理机构并没有起到预计的管理效果，反而阻碍了农工综合体企业的发展；虽然在决议中提出要逐步建立经济核算制，企业应自负盈亏，但由于市场没有放开，企业活力未能得到激发，企业自主权难以实现。

这期间苏联农工综合体的特点是一体化程度不高，主要集中在一些专业化水平较高的大企业。由于农工综合体的发展依然是由政府部门控制和管理，而各个管理部门的基本投资、规划、发展速度均不同，导致其内部结构比例失衡，物质、资金等分配不均，不利于农工综合体的整体发展。由于工人和农民平均主义思想严重，推行集体承包制和家庭承包制的阻力较大。

（二）农工综合体的衰退阶段（20 世纪 90 年代）

20 世纪 90 年代是苏联解体、俄罗斯社会经济转型艰难的十年。在农业领域，叶利钦政府主要进行了以土地产权改革为中心的农业改革，通过一系列法律和行政手段改变土地所有权，发展多种经营模式。此阶段农业改革主要包括对土地产权改革及对经营主体改组两方面。具体而言，就是对土地的非国有化和私有化，

---

① 杨云忠．苏联农工综合体的现状及发展趋势．苏联问题参考资料，1987（4）：24.

② 江宏伟．俄罗斯（苏联）农业改革研究［D］．华东师范大学博士论文，2007：180.

对集体农庄和国营农场的私有化，以及对农业加工、服务等企业的私有化。①

苏联时期的农业部门只有两种主要的产权形式——集体所有制企业（集体农庄）和国营企业（国营农场、国营农产品加工和服务企业）。除此之外，还有农工综合体及少量的个体副业经济。

1992 年颁布《农工综合体企业与组织的私有化与重组办法》决议及《集体农庄、国营农场重组与国有农业企业私有化条例》，提出成立专门的改组委员会，对农工综合体实行股份化和私有化改造。改组后 66% 的农业企业改变了自己的组织法律地位，而 34% 的农业企业保留了原来的经营模式。在改组的基础上建立了 300 家封闭式股份公司、1.15 万家工贸组织、1 900 家农业合作社、400 家附属企业和组织、900 家农业联合组织、8.16 万家农场、2 300 家其他形式的农业企业。有 3 600 家集体农庄和 6 000 家国营农场保留了自己原来的组织法律地位。②

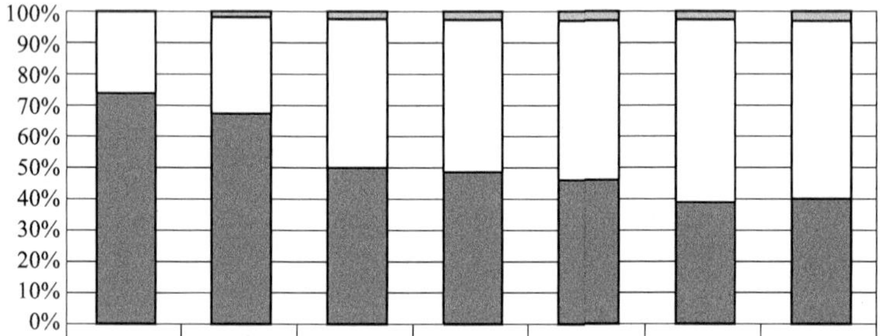

	1990	1992	1995	1996	1997	1998	1999
家庭农场	0	1.1	1.9	1.9	2.4	2.1	2.5
居民经济	26.3	31.8	47.9	49.1	51.1	59.2	57.2
农业企业	73.7	67.1	50.2	49	46.5	38.7	40.3

图 5-2　1990-1999 年各种经济形式占农业总产值的变化

（资料来源：俄罗斯国家统计局和农业部网站 http：//www.gks.ru/，http：//www.mcx.ru/.）

从上述图表可以看出，经过 20 世纪 90 年代的农业产权改革，家庭农场经济占农业总产值的比重有所增加，但总量依然很小；居民经济和农业企业依然是农业发展的主要模式，但农业企业经过改组后在农业总产值中的占比下降了近一半。90 年代农业改革并没有取得预计的效果，俄罗斯农业总体上一直处于衰退状态：农业总产值几乎年年下滑，在不到 10 年的时间里，农畜产品产量下降了一半，粮食作物种植减少了 25%。食品生产的下降，导致居民的人均食品消费量不断减少、居民生活水平降低，严重影响了社会稳定和国家粮食安全。

① 江宏伟．俄罗斯（苏联）农业改革研究［D］．华东师范大学博士论文，2007：142.

② 申玉华．简析叶利钦时期的俄罗斯农业改革．民族论坛，2006：25.

表 5-2　20 世纪 90 年代俄罗斯农业发展的基本趋势（1991 年农业产量=100%）

1991	1992	1993	1994	1995	1996	1997	1998	1999
100	90.6	86.6	76.6	70.1	66.6	67.5	58.6	61.0

（数据来源：魏凤．俄罗斯粮食安全及其政策评价．农村经济，2009（8）：115.）

1991~1999 年，农业总产出几乎下降了 50%，在 1998 年世界经济危机之后达到最低点。同时，种植业、畜牧业等各大主要农业部门产量都大幅度下滑，1998 年的粮食产量锐减到 40 年来的最低水平，仅为 4 700 万吨。1999 年的粮食收成亦保持低产指标。

表 5-3　农业生产企业年纯收入动态

（按实际价格　单位：万亿卢布，1998 年后为 10 亿卢布）

指标 \ 年份	1995	1996	1997	1998
企业纯收入	1.345	-22.847	-26.817	-37.691

（数据来源：Госкомтат России. Селвское хозяйство в России: Стат. сб. 2000. с. 28.）

从上表可以看出农业生产企业在 20 世纪 90 年代后半期纯收入不断下降，亏损比例不断增大。

20 世纪 90 年代农业改革失败的原因有很多，主要包括：

第一，国家放弃对农业领域宏观调控。

俄罗斯的农业基础薄弱，需要大量的资金和先进技术的扶植。而且农业本身是一个需要长期投资才能获得收益的生产部门，农业发展离不开国家的大力扶植。然而在转轨阶段，政府从计划经济模式突然转型，直接将基础十分薄弱的农业抛入市场经济体制下，在农业最需要国家支持的阶段放弃计划经济指令，停止了对农业的财政投入和财政补贴，使农业陷入发展困境。苏联中后期对农业的直接投资和农工综合体的投资占到国民经济总投资的三分之一以上，但在 20 世纪 90 年代经济转轨时期，国家对农业的总投资额占国家预算的比例从 1990 年的 19%降至 1999 年的 1.59%。1998 年，联邦预算对农业企业的实际拨款只为计划的 27%，而对农工综合体进行优惠贷款的专项基金只拨出了 18%。①

第二，中央联邦和联邦主体的法律矛盾。

在国家立法层面上，20 世纪 90 年代颁布的农业改革法和行政法规非常混乱，

① 乔木森．俄罗斯农业的问题在哪里．欧洲，2000（3）：42.

甚至自相矛盾。1991 年 12 月 27 日，叶利钦签署《关于土地改革的紧急措施》总统令，废除了 1991 年《土地法》中近一半的条款，却没有出台新的法律代替旧法，这导致在法律上出现真空。同时，由于俄联邦宪法第 72 条规定，土地法需要由联邦政府及各联邦主体共同实施，联邦主体有权自行解释联邦法律中没有明确规定的条款，这引发了地方立法上的严重分歧，刺激各联邦主体最大限度地扩大自己的立法权，导致国家和地方就土地所有权改革的矛盾激化。

第三，农业产权改革与民众的经济价值取向相悖。

长期以来，村社是俄罗斯农业生产活动的主体，苏联时期的集体农庄和国营农场实质上是村社的延续，集体主义精神和共同耕作的生产方式没变。此次土地所有制改革是在农民习惯于集体生产、缺乏独立经营的经验和技能、缺乏市场经济意识的情况下开展的，农民突然被要求发展私人农场经济，结果可想而知。

第四，私人农场经济与发展规模经济不相适应。

俄罗斯的农业长期以来都是走发展规模经济的道路。国营农场和集体农庄的生产规模都很大，使用的都是大型农业机械，机械化水平已经达到一定程度，粮食作物的种植与收获已全部机械化，畜牧业综合机械化水平已达到 70% ~80% 。[①] 而搞小规模的家庭农场经济，需要小型农业机械，在当时没有国家财政支持，整体经济水平下滑，人民生活质量下降的情况下，无论是国家还是个人都无法出钱投资购买小型农业机械。因此，即使叶利钦政府极力想要走私有化道路，大力鼓励农户经济发展，但实际上，农场经济占整个农业产值的比重不足 10% 。1999 年农户（农场）经济生产的粮食占俄粮食总产量的 7. 1% ，其在畜牧业中的比重也很小，如在大牲畜中饲养头数只占 1. 8% ，在整个农业产值中仅占 2. 5% 。

（三）农工综合体的复兴阶段（21 世纪初）

21 世纪初普京政府对转型路径进行了调整，俄罗斯政局日趋稳定，经济呈现恢复性增长，为农业复苏提供了有利条件。政府总结了前期改革的经验和教训，改变了农业发展战略。新战略从本国国情出发，深化土地所有制改革，加大国家对农业的扶持，走“大农业发展”之路。普京强调的发展大农业即依托农工综合体推动农业的现代化进程，在市场经济体制下实现各生产组织形式之间的一体化和合作化。为此普京政府采取的具体措施包括：

（1）立法层面提高对发展农工综合体的重视程度，制定农业发展规划并单独制定农工综合体发展纲要。

就任总统前夕普京在《千年之交的俄罗斯》一文中强调：“没有俄罗斯农村

---

① 陆南泉．俄罗斯农业改革及其启示．理论学刊，2008（1）：74.

的复兴，没有农业的发展，就不可能有俄罗斯的复兴。”① 2002 年他又明确指出俄罗斯农业的未来属于大生产者。在各种会议上俄总统多次强调发展农工综合体的重要性，指出“振兴农工综合体是发展国内经济的最重要途径之一，同时也是关系农村千百万公民生活前景的问题”。② 2003 年政府制定了《2001-2010 年俄罗斯联邦政府农业食品政策基本方针》，提出的首要任务是发展高效有竞争力的农工综合体，以保证国家粮食安全，为俄罗斯农业与国际农产品市场接轨创造条件。2005 年 8 月，政府制定了《联邦农工综合体发展的国家纲要》，把发展农工综合体列为和卫生、教育、住房同等重要的四大国家优先发展项目之一。

（2）加大对农工综合体的政策扶植力度。

有了上述农工综合体发展的纲领性文件，俄罗斯政府不断加大国家对农业和农村发展的扶持力度，包括加大中央和地方预算投入、提高对农业的财政补贴、提供优惠税收政策和金融信贷政策、稳定收购价格以及削减进口配额等。另外，还通过将直接补贴变为信贷补贴的方式，优先对有生产能力和高效的农工综合体企业发放优惠贷款和贴息贷款。

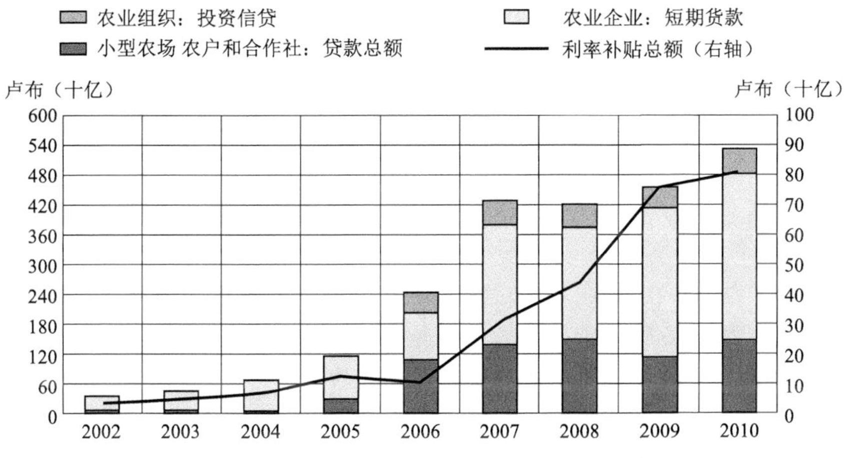

图 5-3　俄罗斯 2002-2010 年农业优惠贷款情况

（资料来源：俄罗斯农业部网站 http：//www.mcx.ru/.）

从图中可以看到从 2002～2010 年政府为农业提供的优惠信贷总额显著提高，其中短期信贷的比重最大，且在逐年增加，这对促进俄罗斯的农业发展有较大帮助。

---

① 乔木森．俄罗斯解决“三农”问题的途径．俄罗斯中亚东欧市场，2004（3）：25.

② 乔木森．普京执政以来的俄罗斯农业．东欧中亚研究，2003（8）：48.

政府的具体扶持措施还包括：

① 税收方面，国家于 2004 年颁布了《统一农业税法》，对税种进行了精简。用统一农业税代替了过去的增值税、利润税、财产税等多项税种，农业企业只需缴纳统一农业税和土地税即可，大大减轻了企业的纳税负担。

② 金融方面，对企业进行债务重组。2002 年俄罗斯通过了《改善农业商品生产者财务状况的决议》，成立专门的联邦委员会和地区委员会对企业债务情况予以核实和债务重组。包括完全勾销违约罚金，延期和分期偿还主要债务及其利息。这一措施极大地减轻了农业企业的负担，改善了农业企业的财务状况。政府为农业发展成立专门的银行、租赁机构和保险机构。2003 年成立俄罗斯农业银行，其主要职能是为农工综合体企业融资。截至 2009 年底，俄罗斯农业银行已为农工综合体企业和农户提供了 8 590 亿卢布贷款，是配合国家农业专项计划最有效最直接的信贷手段。2002 年成立俄罗斯农业租赁公司，该公司的法定资本来源于国家预算，通过购买农业机械和良种，再以优惠条件租给农业生产者和农业企业使用。[①] 2004 年国家从联邦预算中拨款 19 亿卢布，专门用于对农作物提供保险，为农民和农业企业分担风险，提高了农民和企业的生产经营积极性。

③ 培养农业技术人才，鼓励农工综合体的科技创新活动，推广农业科研成果在生产中的应用。俄罗斯的农工综合体企业已经同 30 多个城市的 40 多个农业科技园建立联系，有 700 余家农工综合体创新性小企业进入科技园，提高了农业的科技创新水平。[②]

（3）加大对农工综合体的资源整合力度，提高农工综合体企业的竞争力。

由于规模经营、高度集约化等特点，各国大型农业企业在国际农业市场上具有很强的竞争力。目前美国 50% 的商品是由占农产品生产者总数 4.7% 的大农场生产的，而欧盟国家 50% 的商品农产品是由 10% ~ 15% 的大农场生产的。普京政府致力于大农业经济的发展，提高农业的资源整合力度。具体措施是对国营农场和集体农场采取股份制改造，将大部分农业用地交由国家、集体和股份制农场进行企业化经营。同时，加强上下游关联企业和不同经济部门的一体化合作，通过资源整合，促进资本和土地集中，将小型关联企业合并，由大生产者对其进行现代化管理和规模经营。目前俄罗斯农工综合体在农业的各个生产领域均有大型龙头企业，其数量虽然不多，但对俄罗斯农业的贡献极大。在 2013 年粮食生产中，农工综合体企业的产量占粮食总产量的 74.3%，占向日葵生产总量的 70.4%，占甜菜总产量的 89.4%。

---

① 林曦．俄罗斯农业改革措施与现行管理体制．中国科技论坛，2009（12）：117.

② 徐兴泽，龚惠平．俄罗斯农业在变革．北京农业，2007（10）：50.

经历了衰退的农工综合体努力适应市场经济文化，发挥企业家的首创精神，引进先进的组织管理经验和技术，提高自身竞争力，这是当代俄罗斯农工综合体得以发展的重要原因。

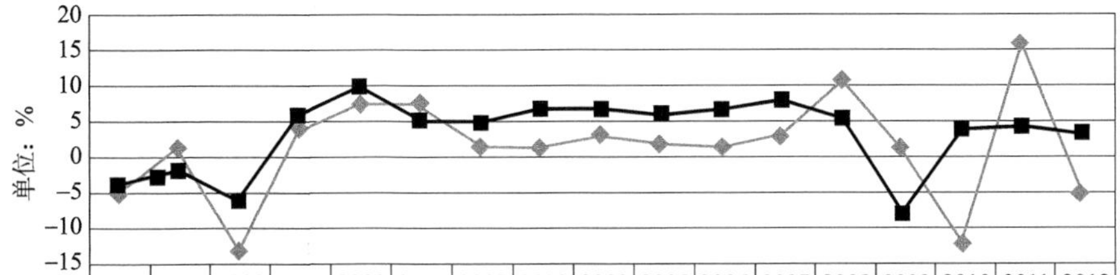

	1996	1997	1998	1999	2000	2001	2002	2003	2003	2005	2006	2007	2008	2009	2010	2011	2012
农业增幅	−5.1	1.5	−13.2	4.1	7.7	7.5	1.5	1.3	3.1	2	1.5	3.3	10.8	1.2	−11.9	16.1	−5.35
GDP增幅	−3.8	−1.6	−6	6	10	5.3	5	7	6.9	6.1	6.8	8.1	5.6	−7.9	4	4.3	3.4

图 5-4　1996-2012 年俄罗斯农业与 GDP 增长率

（数据来源：作者据俄罗斯联邦统计局及俄罗斯农业部网站数据整理。网站：http：//www. gks. ru/，http：//www. mcx. ru/.）

从上图可以看出农业增长和 GDP 的增长走势大体相同，从 1999 年开始，农业开始企稳回升，2000 年基本保持比较稳定的增长态势，仅在 2010 年和 2012 年由于自然灾害的影响出现了负增长情况，证明普京政府的农业政策确实发挥了积极作用。

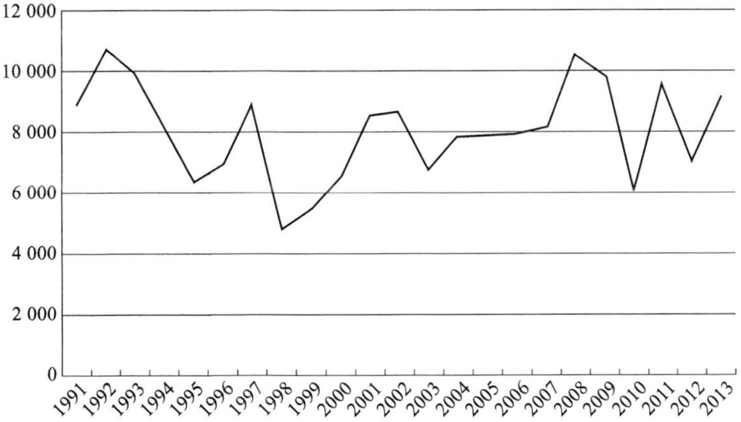

图 5-5　1991-2012 年粮食产量（单位：万吨）

（资料来源：俄罗斯国家统计局网站：http：//www. gks. ru/.）

通过对过去 20 年俄罗斯粮食产量的数据分析，可以发现 20 世纪 90 年代粮食产量基本处于下滑趋势，1998 年受经济危机的影响大幅下降至 4 800 万吨，达到历史最低点。从 1999 年起，粮食产量开始逐步回升，2008 年达到峰值，为 10 817 万吨，除了 2010 年和 2012 年受到旱灾影响出现减产之外，近几年俄罗斯的粮食产量基本都维持在 8 000 万吨左右。俄罗斯平均年粮食需求量在 7 000～7 500 万吨。2001 年开始，俄罗斯实现了粮食自给，实现了从粮食净进口国向粮食出口国的巨大转变。近年来俄农业生产虽有波动，但总体保持平稳，粮食出口依然保持较高水平。玉米、大麦、甜菜等农产品的产量也位于世界前列，其在国际农产品市场中的地位更加巩固。其中，农工综合体的产量基本保持在粮食总产量的 70% 以上，可见普京政府大力发展农工综合体方针的正确性。

二、传统经济文化对农工综合体发展的影响

21 世纪以来农工综合体能够复兴发展，得益于俄罗斯政府考虑到本国国情和历史文化特点，制定专门的农工综合体发展战略，选择了适合俄罗斯农业经济发展的道路。国家主导经济的传统和村社文化价值观是俄罗斯传统经济文化的两个重要因素，在不同阶段一直影响着农工综合体的发展。

（一）专制国家主导经济的历史传统

从宏观经济文化来看，经济形态、制度和国家的发展战略都会对农工综合体的发展产生影响。俄罗斯特殊的社会经济条件使其产生了专制国家主导经济的历史传统。

15 世纪末，俄国封建地主经济开始得到发展。1497 年伊凡三世颁布法典，限制农民的自由流动和依附关系的转换，每年只有在尤里节（旧历 11 月 26 日）前后一星期内才允许农民脱离原来的封建地主迁徙到其他地方，首次从法律上确定了农民对封建地主的依附关系。到 16 世纪 80 年代俄国政府颁布“禁年令”，宣布禁止农民在尤里节前后自由迁徙的规定，农民最后的合法权益被剥夺。1649 年法典给予农奴主对农民的无限期占有权，农民完全沦为农奴主的私有财产，至此，国家从法律上确立了农奴制度。农奴制是维护专制集权制度的经济基础。随着农奴制的确立和发展，俄国的专制统治也不断走向巅峰。18 世纪农奴制在彼得大帝时期获得了前所未有的发展，沙皇的权力更加集中，绝对专制的君主制度加速形成。叶卡捷琳娜二世为巩固统治地位和发展农奴制，给予农奴主更多的权力，被称为“农奴主的女皇”。虽然 1861 年农奴制被废除，但存在了数百年的经济文化意识已经深深植根于社会各阶层。在高度中央专制集权制度下，国家运用行政手段对经济事务进行管理成为传统。

苏联时期的计划经济体制延续了国家主导经济的传统，农业亦不例外，一直处于国家的计划经济管理。从多方面来看，农工综合体的建立也是完全由国家主

导的。首先，农工综合体的建立是通过行政命令和决议方式进行的。从组织管理模式上看，苏联从中央到地方都成立了农工综合体管理机构，专门负责协调农业和工业各部门之间的经营关系。生产任务和组织管理工作都是从中央到地方的专门管理机构进行层层传达。从资金来源上看，农工综合体的主要资金来自国家预算拨款。由此可见，苏联时期农工综合体的发展直接受到高度集中的计划体制影响。对于初建的农工综合体来说，国家给予资金和政策扶植，对农工综合体的快速发展起到了促进作用。

在 20 世纪 90 年代经济转型初期，国家完全放弃对经济领域的干预，在农业领域进行土地产权制度改革，发展私人农场经济。然而在村社经济文化熏陶下的俄罗斯农民，缺乏市场经济的竞争意识和企业家的进取精神，加之经济困难，根本无法进行独立自主的经营活动，即俄罗斯国民趋向于东方模式的经济心理特点与西方模式的经济制度难以契合。普京政府对转型路径进行了调整，选择的大农业发展道路更符合本国的经济文化传统，因此取得了明显的成效。

（二）村社文化的核心价值观

从微观经济文化的角度来看，俄罗斯的传统经济文化也对其社会经济发展造成了双重影响。村社文化是俄罗斯传统文化的重要部分，村社文化传统对俄罗斯的民族心理、道德伦理及思维方式都产生了深远的影响。

村社是俄罗斯的一种特殊现象，是俄罗斯农村最基本的社会经济组织形式。村社是一种自然形成的，以习惯强力为基础的血缘、地缘、宗教缘的集体纽带。在不利的自然地理条件下，农户联合成村社组织，进行劳动协作，是在人少地多、自然条件恶劣的情况下的必然选择。村社制度的特点是土地公有、集中居住、政社合一，通过连环保的方式以集体为单位对国家负责，向国家纳税。在封建农奴制时期成为履行国家义务的基层行政管理组织。村社内部有较高的自主权和独立性，实行土地公有。拥有公仓、公牧、公共基金，也有村会审判和村会选举，负责村社内一切事物的管理，有权分配土地、管理组织生产、行使司法权力、审理民事案件。对于从出生就被禁锢在同一块土地上的俄罗斯农民来说，村社对他们就意味着家园，意味着生活生产中的方方面面。1861 年国家废除农奴制，颁布了《赎地法》，农民虽然得到了自由，但却没有得到土地。《赎地法》规定农民在未交清份地赎金之前不得离开村社，无权自由流动和迁徙。而高额的份地赎金以及长久以来形成的村社集体主义观念，导致实际上绝大多数农民依然生活在村社中，大部分土地保留了村社土地使用制，即全部土地归村社所有，由村社定期分给农户耕种。也就是说，在农奴制结束之后，村社不仅依然存在并保持着对农民生活、生产等各方面的权威地位。20 世纪初，24% 的农民占用土地，但不是土地所有者。在斯托雷平改革时期，也只有四分之一的农民退出村社。①十月革命胜利后，苏联共产党将所有的土地重新国有化。20 世纪 30 年代初又实行了农业集体化，一直到 90 年代之前，俄罗斯实行的都是土地公有制度，建立了大规模的集体农庄和国营农场，采用集体劳作的形式，实际上这也是村社制度的延续。因此可以说，村社在俄罗斯的存在一直延续到了 20 世纪 90 年代经济转型之前。互助精神、集体主义和平均主义是村社文化的核心价值观，也是维持村社内部秩序的公认准则。由于村社的长期存在，村社文化影响着农民的经济行为和经济意识。村社文化的核心价值观，对于俄罗斯的农工综合体发展有很大的影响。在村社文化的影响下，农民对土地和村社都有很强的依赖性，习惯于大规模集体化的农业生产模式，而不是自行组织生产，发展私人农场经济。改革之际大部分农民选择了集体经营，不愿脱离集体发展私人农场经济。因此尽管按照国家法令集体农庄实行了改组，但实质上依然以大规模的集体生产方式为主。21 世纪普京政府大力发展农工综合体和大农业的政策，符合传统的集体主义价值观，顺应了集体作业和发展大农业的要求，因此得到了民众的支持，农工综合体顺利复兴发展，并推动了俄罗斯农业的长足发展。

① 乔木森．俄罗斯农业的问题在哪里．欧洲，2000（3）：43.

结　论

20 世纪 90 年代俄罗斯以激进的方式开始实施经济转型。自由主义改革者们彻底否定原来的计划经济制度遗产，将西方的基本经济制度以强行的方式“嵌入”俄罗斯，结果“淮南之桔”变为“淮北之枳”。被俄罗斯自由改革派奉为经典的西方资本主义在俄罗斯变成了“等级制资本主义”、“官僚资本主义”、“寡头资本主义”、“封建割据资本主义”、“犯罪的资本主义”，以及“虚幻的市场经济”[①] 等。一个国家的经济转型是一项宏大的社会历史进程，与政治和社会转型紧密相关，因此，经济转型失败的原因绝不是单一的。正如冯绍雷教授所说，对这个问题的分析“不仅需要从传统的政治学、经济学、历史学、社会学、哲学等大学科知识领域出发进行分析，而且也务必从一些新兴的、本身具有交叉学科性质的学科门类入手对转型现象进行认知……”[②]本书正是依据经济文化学这一交叉学科理论对始于 20 世纪 90 年代的俄罗斯经济转型进行认知的一次尝试。

由于俄罗斯的经济转型始于制度变迁，因此分析该问题又涉及文化和体制的关系。就短期而言，体制的变更往往是由政治促成的，长期而言，“文化是体制之母”。[③]因此，正式经济制度的建立必须充分考虑到社会文化特点，考虑社会大众的心理承受力。经济转型或制度变迁的实质就是制度设计和制度移植，而制度移植是否成功，取决于移植的正式制度和本土非正式制度的叠合程度。二者叠合程度越大，制度移植的“成活率”就越高；叠合程度越低，“成活率”也越低，

---

① 冯绍雷，相蓝欣．俄罗斯经济转型．上海：上海人民出版社，2005：6.

② 冯绍雷，相蓝欣．俄罗斯经济转型．上海：上海人民出版社，2005：3.

③ ［美］劳伦斯·哈里森．文化为什么重要//载塞缪尔·亨廷顿，劳伦斯·哈里森．文化的重要作用——价值观如何影响人类进步．北京：新华出版社，2002：16.

甚至于完全失败，即所谓的“移植失灵”，进而使制度变迁掉入制度陷阱。

本书涉及的非正式制度包括俄罗斯经济主体的传统经济价值观、经济行为准则和行为定式以及企业环境等，具体表现为专制制度、村社文化和东正教文化背景下形成的国家垄断经济、经济生活服从于政治生活、经济主体法制观念淡漠、排斥私有制、重精神追求而轻财富积累、重集体主义和平均主义而轻视个人进取的价值取向等等。这些特点与西方市场经济文化的竞争意识、私有观念、法制观念、提倡个人主义和理性经济等截然对立，并且一直贯穿于俄罗斯的经济发展历史。即使在资本主义发展相对较快的19世纪末和20世纪初，俄罗斯的传统经济文化的影响力丝毫没有减弱。苏联时期，由于实行高度集中的计划经济体制，以上特点得到了明显的加强。在90年代的经济转型中，这些非正式制度在经济生活中起了主导作用。关于这一点俄罗斯学者也进行了深刻的反省，认为激进式的制度转型与俄罗斯社会非正式制度的叠合程度太差是导致资本主义在俄罗斯发展畸形的根本原因之一。①例如俄罗斯经济学家普罗济齐娜指出：“俄罗斯文化中‘成功’首先指的是顺利和走运的结果，而不是个人长期努力的结果；更准确地说是个人关系的结果，而不是客观过程发展的结果。渴求致富和私有财产在民族文化中被视为是负面的价值观；自由没有被理解为独立自主，而是为所欲为（无政府和任性）。所以，在面对市场经济转轨的困难时大多数民众的反应自然是逃避，而不是去适应。”②俄罗斯传统经济价值观与市场经济价值观的对立是显而易见的。

既然俄罗斯的传统经济文化与市场经济文化有很多对立之处，说明这个国家并不具备移植西方市场经济制度的文化基础和环境，为什么俄罗斯的改革精英们要搞硬性的制度移植呢？是他们不懂得制度移植的必要条件吗？当然不是。叶利钦政府将西方在自由市场经济长期演进基础上形成的资本主义制度强行引入俄罗斯社会，根本原因是为了满足自身的政治诉求。换言之，激进的自由主义者大力推行的激进式经济转型的动因并不是造福于国家多数公民，而主要是为了满足其政治斗争的需要，使得向资本主义制度转型的进程成为不可逆转，这一点我们在前文已经涉及过。既然经济转型不以提高人民生活水平为目的，而只是政治斗争的工具，激进主义的改革者们也就根本不去考虑民众是否经受得起激进转型的巨大冲击力，更不会去考虑向市场经济的激进转型是否符合传统的民众心态。为了尽快取得政治斗争的胜利，以盖达尔和丘拜斯为首的自由主义改革精英们根本无

---

① Курце И. Организационные формы сельско - хозяйственного производства в Сибири// Экономист. 2001, No. 4, C. 92-96.

② Плотицина Л. А. Некоторые особенности трансформационных процессов в России в условиях глобализации. Из《Экономическая теория на пороге 21 века》, том 7—《Глобальная экономика》. Под редакцией Ю. М. Осипова и т. д. 2003, Юристь, М. С. 473.

视俄罗斯的传统文化对市场经济改革的促进和阻碍作用，他们只要俄罗斯首先从制度上变为资本主义。至于这个资本主义在俄罗斯会发育发展成什么样则不在他们关心之列。对此丘拜斯坦言道："1991 年至 1996 年期间，在俄罗斯为私有化和其他市场经济基础开路的时候，我们很少考虑这样的问题：'俄罗斯应当建设什么样的资本主义'"；"我们根本就谈不上道路选择问题。我们需要解决的是一个问题：凡是有助于国家脱离共产主义，有助于在国内消除共产主义意识形态和共产主义制度基础的东西，就应该能做多少就做多少"；"我再说一遍，在进行改革时，我们没有因为对采用某种模式的必要性感到怀疑和苦恼过。根本顾不上这个。"① 自由主义改革者们并非不懂得两种经济文化的差异，从西方人设计的私有化广告在俄罗斯的宣传不成功这件小事中他们总结道："西方的许多传统方法不适合俄罗斯的土壤"，"私有化的宣传必须符合俄罗斯大众意识的特点……"②那么经济转型这一涉及国计民生、民族兴衰的大事怎么就可以不考虑适应性而盲目照搬呢？另外，这里还有责任心问题。韦伯在总结资本主义文化时写道："一个人对天职负有责任乃是资产阶级文化的社会伦理中最具代表性的东西，而且在某种意义上说，它是资产阶级文化的根本基础。"③遗憾的是，对国家和民众的责任心在政府的这些代表身上没有体现。从俄罗斯经济转型的出发点来看，这种不以民生为重的经济转型也必定遭致失败。对于俄罗斯来说，这种统治者为满足政治利益进行自上而下的经济改革也是一种文化传统，自由主义改革者们身上的西方情结也是俄罗斯政治精英传统心态的表现，这些文化因素在 20 世纪 90 年代的经济转型的进程中继续发挥作用。

20 世纪 90 年代俄罗斯向市场经济转型主要是通过企业私有化来实施的。俄罗斯私有化被自由主义改革者们当成政治运动，以"大规模"和"快速"而著称于世，也以造成巨大社会灾难而令俄人痛彻心扉。无论从私有化的动机还是从私有化的方式来看，俄罗斯的私有化都犯了"大忌"。联合国开发计划署在其《1993 年人类发展报告》中曾列出可能导致私有化失败的 7 个因素，其中包括：④

（1）不要把获得短期收入作为私有化的首要目标。相反，它的目标应该是创造一个竞争性环境；

（2）不要在市场功能不灵或政府仍然对企业进行武断干预的条件下进行私有化，否则会出现私人垄断取代政府垄断的不良后果；

---

① ［俄］安纳托利·丘拜斯．俄罗斯式的私有化．乔木森，等，译．北京：新华出版社，2004：281-283.

② ［俄］安纳托利·丘拜斯．俄罗斯式的私有化．乔木森，等，译．北京：新华出版社，2004：205.

③ 马克思·韦伯．新教伦理与资本主义精神．西安：陕西师范大学出版社，2002：16.

④ 参见"论著摘要"．拉丁美洲研究，1994（2）：62.

（3）不要在没有透明度的状况下进行私有化，不然会诱发营私舞弊的行为；

（4）不要将私有化收入用来弥补财政赤字，而是应该用于削减债务；

（5）政府不要在进行私有化时发放高利率、低风险和免税的政府债券，否则会使资本市场上的资金更为紧张，也不要仅仅向外国投资者出售股票，而是应该对本国投资者和外国投资者一视同仁；

（6）政府不要对工人做出虚假的承诺，而是应在私有化之前与工人就敏感的裁员问题进行公开和自由的谈判；

（7）不要用行政命令来仓促地实施私有化，而是要利用议会的民主程序，在政治上达成最大的共识。

对照俄罗斯的实际情况，我们可以看到，俄罗斯的私有化几乎犯尽这“七忌”。俄罗斯的私有化尤其是货币私有化的重要目标之一就是弥补财政赤字；俄罗斯人传统的集体主义和平均主义意识，以及关系网络等民间规则的作用排斥了竞争环境的创造；俄罗斯在不具备市场功能的基础上，依靠总统令等行政手段强行推行私有化；俄罗斯经济文化中的诸多民间规则引发了私有化的大量犯罪行为；在私有化之前，在广大民众根本没有市场概念的情况下，政府向全国人民允诺了建设资本主义的“美好前景”；在传统企业文化的影响下，俄罗斯的企业形成了“内部人控制”的治理结构，排斥了包括外国投资者在内的外部股东。

宏观经济转型计划最终要通过微观主体来实现。20 世纪 90 年代俄罗斯微观主体——企业家和工人的经济价值观、经济行为方式继承了传统企业文化的特点，家长式管理和工人的依赖心理与市场文化的独立进取精神格格不入；俄罗斯企业文化中错综复杂的关系网络、内部人控制、口头交易、地下经济等在转型中占了主导地位；法律随意性极强的企业环境使得新生资本家们做出以掠夺方式追求个人利益最大化的理性选择；转型初期包括寡头在内的大量企业家通过与政府的关系控制了资源分配，进而控制了国家的经济命脉。所以俄罗斯市场企业制度的移植过程同样受到了传统企业文化中民间规则的挑战，琳达·兰黛尔总结道：“仅仅为摧毁旧制度、创建新制度而扮演改革的角色未必能够确保成功。在美国可以见到的由制度上司法上的制约与平衡体制提供的监控和实施组织，在俄罗斯的企业环境中并不存在，而缺乏这一本应顺势而立的体制，致使在改革中产生了普遍的腐败和越轨现象。假若经理人和企业实体所做出的反应和决定对确定市场改革的长期成功非常关键，那么，在毫无支持性监控的情况下制定、颁布法律，反而会使对新秩序的所有积极期待受到妨碍。”①

---

① ［美］琳达·兰黛尔．不情愿的资本家——俄罗斯向市场转轨的漫漫长路．刘满贵，等，译．北京：新华出版社，2004：6.

我们不是“文化决定论”者，但我们强调文化是影响经济发展的重要因素。许多人常将传统经济文化视为稳定的保守力量，认为是现代化的阻力。这种观点是片面的，传统文化是一把双面刃之剑。我们赞同这样的观点：“传统和现代并不是互相排斥的，相反，在所有的文化中，传统与现代都是互相渗透、互相支持的两个方面”。[①]美国学者 C·布莱克（C·Black）也明确反对现代性与传统性截然对立的观点，认为每个社会的传统性内部都有发展出现代性的可能，现代化是传统的制度与价值观念在功能上对现代化不断适应的过程。[②]我们将传统与现代看作是相互渗透、相互支持的两个方面。我们研究传统经济文化在经济转型过程中的反映及其作用，旨在强调这些传统经济文化因素不会因为体制的变化而立刻消亡，相反会继续发生作用，与新体制所要求的观念发生冲突。无视和否定传统文化的作用必然会使新体制或流于形式或受到扭曲，这是俄罗斯经济改革的教训。

传统经济文化对经济转型既有积极作用，也有消极作用。关键是如何发挥积极因素的作用，缩减消极因素的作用。对于俄罗斯来说，“传统文化中的重精神轻物质的价值取向、互助的集体主义传统等是积极因素，而法制观念和私有观念淡漠、关系网络、家长制作风的残余等是消极因素”。[③]集体主义完全可以像日本企业一样积极加以利用。同时俄罗斯政府应该加强企业环境的建设，因为它直接影响到企业家的价值取向。美国地缘战略家兹·布热津斯基（Zbigniew Kazimierz Brezinski）曾写过这样一段话：“俄罗斯朋友对我说：‘不错，我们的寡头是窃贼。但美国上世纪（指 19 世纪——作者注）90 年代不是也有像洛克菲勒和卡耐基这样的大盗吗？’我的回答很简单：他们是偷了，但他们把钱都投资到美国了。你们俄罗斯的‘伯爵们’把钱弄到哪儿去了？或转移到塞浦路斯等地，或是在伦敦、弗罗里达和加利福尼亚置了不动产，总之没投向俄罗斯。这就是美国和俄罗斯的不同。”[④]这种不同的主要原因在于企业环境不同。俄罗斯转型初期的悲剧在于经济转型过程中丢掉的是传统经济文化可以利用的积极因素，而得到发扬光大的是消极因素，并且传统经济价值观的负面影响被成倍放大。俄罗斯在开始进行改革的时候，就应当研究国际上的经验，从别人的错误和失败中吸取教训，然

---

① A·巴洛齐齐．发展的社会心理学分析．二十世纪西方现代化理论文选，上海：三联书店，2002：730-731.

② 谢立中，孙立平．二十世纪西方现代化理论文选．上海：三联书店，2002：5.

③ Стратегия реформирования экономики России. Аналитический доклад ИЭ РАН//Вопр. экон. 1996. No. 3. C. 18.

④ Бжензинский З.《Я не считаю, что нынешняя Россия распадется...》//Независимая газета. 1998. 31 декабря.

后再围绕改革展开艰苦复杂，却未必始终带有预见性的工作。毫无疑问，“即使是这样，也不能保证没有错误、失误和重大失误。但错误总会少些，即使犯了错误，其破坏性也不会大到破坏经济稳定和国家独立的地步”。[①]雷夫金娜也强调要立足于俄罗斯的现实，不能完全否定传统文化，她指出：“我们应该清楚，能理顺我们经济的不是外国人，只能是俄罗斯人自己，是现有的、有着各种优缺点的、有现有水平的俄罗斯人，因为没有第二条路可走。你不可能从热那亚或者是澳大利亚拽来‘俄罗斯的资本主义建设者’……不是西方发达国家特有的所有市场经济现实在俄罗斯都会被适应，也不是苏联时期的一切都会被丢掉，而是相反，苏联时期会有很多东西转入市场之中，俄罗斯市场也会继承苏联社会主义的某些特征”。[②]马歇尔·戈德曼在总结俄罗斯经济转型教训时指出：“不仅应更多地注意共产主义和非共产主义世界其他国家改革的成功或失败，而且还应更多地注意俄罗斯独一无二的文化和经济基础。即使在世界上其他国家行得通的方法，也可能不适合俄罗斯”。[③]我们认为这一点不仅适于俄罗斯，也适于任何一个进行经济转型的国家。

最后，我们借助法国著名历史学家弗兰克依斯·古佐特（Francois Guizot）的名言结束本书的写作：“一个有过漫长而光辉历史的民族，不论做什么，都不会与过去完全决裂；越试图破坏与过去的联系，越会感受到过去的影响；即使在光辉耀眼的改革中，历史中发展而成的性格和命运依然存在。即便是最为大胆、有力的改革，也不可能废除长期存在的民族传统。因此，不论是为了满足好奇心，还是为了在处理国际关系问题时做出更好的决策，知道和了解这些传统是最重要的。”[④]

---

① 俄罗斯的新方针：前提与目标．1996：16// ［俄］米·伊·科金．风雨兼程——俄罗斯转型启示录．刘燕明，邢艳琦，译校．北京：中央文献出版社，2004：21.

② Рывкина Р. В.：Между социализмом и рынком：судьба экономической культуры в России. М.：Наука. 1994. С. 6-7.

③ ［美］马歇尔·戈德曼．失去的机会．李铁海，等，译．上海：上海译文出版社，1997：235.

④ ［美］耶鲁·瑞奇蒙德．解读俄罗斯人．北京：中国水利水电出版社，2004：3.

参 考 文 献

中文参考文献

（一）译著：

[1] [俄] Л. И. 阿巴尔金. 俄罗斯发展前景预测——2015 年最佳方案. 周绍衡，等，译. 北京：社会科学文献出版社，2001.
[2] [美] 阿马蒂亚·森. 以自由看待发展. 任赜，于真，译. 北京：中国人民大学出版社，2002.
[3] [俄] 阿纳托利·丘拜斯. 俄罗斯式的私有化. 乔木森，等，译. 北京：新华出版社，2004.
[4] [美] 安德鲁·库钦斯. 俄罗斯在崛起吗？沈健，译. 北京：新华出版社，2004.
[5] [俄] 安·米格拉尼扬. 俄罗斯现代化之路——为何如此曲折. 徐葵，等，译. 北京：新华出版社，2002.
[6] [美] 阿瑟·刘易斯. 经济增长理论. 周师铭，等，译. 北京：商务印书馆，2002.
[7] [俄] 鲍利斯·叶利钦. 午夜日记——叶利钦自传. 曹缦西，张俊翔，译. 北京：译林出版社，2001.
[8] [美] 伯纳德·布莱克，芮里尔·柯艾克曼，安娜·塔若索瓦. 俄罗斯的私有化和公司治理：错在何处？彭冰，译. 清华法学：第三辑.
[9] [美] 戴维·霍夫曼. 寡头——新俄罗斯的财富与权力. 冯乃祥，王维，译. 北京：中国社会科学出版社，2004.
[10] [俄] 德·C·利沃夫. 通向 21 世纪的道路——俄罗斯经济的战略与前景. 北京：经济科学出版社，2003.
[11] [俄] 弗·沃·日里诺夫斯基. 俄罗斯的命运. 李惠生，等，译. 北京：新华出版社，1995.
[12] [俄] 格·萨塔罗夫，等. 叶利钦时代. 高增训，等，译. 北京：东方出版社，2002.
[13] [波] 格泽戈尔兹·W·科勒德克. 从休克到治疗——后社会主义转轨的政治经济. 刘晓勇，应春子，等，译. 上海：上海远东出版社，2000.

[14] [俄] 根纳季·久加诺夫. 全球化与人类命运. 何宏江，等，译. 北京：新华出版社，2004.
[15] [美] 杰里·霍夫. 丢失的巨人. 徐葵，等，译. 北京：新华出版社，2003.
[16] [英] 克里斯蒂亚·弗里兰. 世纪大拍卖——俄罗斯转轨的内幕故事. 北京：中信出版社，2004.
[17] [俄] П. Я. 科萨尔斯，Р. В. 雷芙金娜. 俄罗斯：转型时期的经济与社会. 石天，董英辅，等，译. 北京：经济科学出版社，2000.
[18] [美] 琳达·兰黛尔. 不情愿的资本家. 北京：新华出版社，2004.
[19] [俄] Н. О. 洛斯基. 俄国哲学史. 贾泽林，等，译. 杭州：浙江人民出版社，1999.
[20] [俄] 罗伊·麦德维杰夫. 俄罗斯往何处去——俄罗斯能搞资本主义吗？徐葵，张达楠，等，译. 北京：新华出版社，2000.
[21] [美] 梅里特·福克斯，迈克尔·海勒. 俄罗斯公司治理结构失败的教训. 经济社会体制比较，2000（2）.
[22] [美] 露丝·本尼迪克特. 文化模式. 北京：华夏出版社，1987.
[23] [美] 玛格丽特·米德. 三个原始部落的性别与气质. 宋践，等，译. 杭州：浙江人民出版社，1988.
[24] [德] 马克思·韦伯. 新教伦理与资本主义精神. 于晓，陈维纲，等，译. 西安：陕西师范大学出版社，2006.
[25] [德] 马克思·韦伯. 宗教社会学. 康乐，简惠美，译. 桂林：广西师范大学出版社，2005.
[26] [英] 马林诺斯基. 文化论. 费孝通，译. 北京：华夏出版社，2001.
[27] [美] 马歇尔·戈德曼. 失去的机会——俄罗斯的经济改革为什么会失败. 上海：上海译文出版社，1997.
[28] 米·格拉济耶夫. 俄罗斯改革的悲剧与出路——俄罗斯与新世界秩序. 佟宪国，刘淑春，译. 北京：经济管理出版社，2003.
[29] [俄] А. Ю. 莫罗佐夫. 俄罗斯经济文化研究的基本任务. 国外社会科学，1995（8）.
[30] [俄] 米·伊·科金. 风雨兼程——俄罗斯转型启示录. 刘燕明，邢艳琦，译. 北京：中央文献出版社，2004.
[31] [俄] Б. Н. 米罗诺夫. 俄国社会史——个性、民主家庭、公民社会及法制国家的形成：上下卷. 张广翔，等，译. 济南：山东大学出版社，2006.
[32] 尼·别尔嘉耶夫. 俄罗斯思想. 雷永生，邱守娟，译. 上海：生活·读书·新知三联书店，2004.

[33] 尼·别尔嘉耶夫. 俄罗斯的命运. 汪剑钊, 译. 昆明: 云南人民出版社, 1999: 25.
[34] [俄] 尼·伊·帕甫连科. 彼得大帝. 斯庸, 译. 北京: 国际文化出版公司, 2002.
[35] [美] 皮特·斯特恩斯, 等. 全球文明史: 上、下册. 赵轶峰, 等, 译. 北京: 中华书局, 2006.
[36] 普京文集. 北京: 中国社会科学院出版社, 2002: 4.
[37] 青木昌彦. 对内部人控制的控制: 转轨经济中公司治理的若干问题. 改革, 1994 (6).
[38] [苏] B. T. 琼图洛夫, 等. 苏联经济史. 郑彪, 等, 译. 长春: 吉林大学出版社, 1988.
[39] [美] 塞缪尔·亨廷顿. 发展的目标//罗荣渠. 现代化: 理论和历史经验的再探讨. 上海: 上海译文出版社, 1993.
[40] 塞缪尔·亨廷顿, 劳伦斯·哈里森. 文化的重要作用——价值观如何影响人类进步. 北京: 新华出版社, 2002.
[41] [日] 森岛通夫. 透视日本——兴与衰的怪圈. 天津编译中心, 译. 北京: 中国财政经济出版社, 2000.
[42] [美] 斯塔夫里阿诺斯. 全球通史 1500 年以后的世界. 吴象婴, 梁赤民, 译. 上海: 上海社会科学院出版社, 1999.
[43] [美] 汤普逊. 理解俄国: 俄国文化中的圣愚. 杨德友, 译. 上海: 生活·读书·新知三联书店.
[44] 特瑞·伊格尔顿 (Terry Eagleton). 文化的观念. 方杰, 译. 南京: 南京大学出版社, 2006.
[45] [俄] 维克多·安德里亚诺夫, 亚历山大·切尔尼亚克. 叶利钦传. 周荣广, 等, 译. 辽宁: 辽宁人民出版社, 2001.
[46] [美] 威廉·A·哈维兰. 文化人类学. 瞿铁鹏, 张钰, 译. 上海: 上海社会科学院出版社, 2006.
[47] [美] 威廉·阿瑟·刘易斯. 经济增长理论. 梁小民, 译. 上海: 上海三联书店、上海人民出版社, 1994.
[48] [俄] 谢·格拉济耶夫. 俄罗斯改革的悲剧与出路——俄罗斯与新世界秩序. 佟宪国, 刘淑春, 译. 北京: 经济管理出版社, 2003.
[49] [俄] 亚历山大·季诺维也夫. 俄罗斯共产主义的悲剧. 侯艾君, 等, 译. 北京: 新华出版社, 2004.
[50] [俄] 亚·尼·雅科夫列夫. 一杯苦酒——俄罗斯的布尔什维主义和改革运

动．徐葵，张达楠，等，译．北京：新华出版社，1999.
[51] [英] 约翰·格雷．伪黎明：全球资本主义的幻象．张敦敏，译．北京：中国社会科学出版社，2002.
[52] [美] 约瑟夫．R．布拉西（Joseph Blasi）．俄罗斯私有化调查．上海：上海远东出版社，2000.
[53] [美] 耶鲁·瑞奇蒙德．解读俄罗斯人．郭武文，等，译．北京：中国水利水电出版社，2004.
[54] [意] 朱利叶托·基耶萨．别了，俄罗斯．徐葵，等，译．北京：新华出版社，2000.

（二）中文原著：

[55] 蔡俊生，陈荷清，韩林德．文化论．北京：人民出版社，2003.
[56] 辞海．上海：上海辞书出版社，1980：1533.
[57] 陈峰君．当代亚太政治与经济析论．北京：北京大学出版社，1999.
[58] 陈庆德．经济人类学．北京：人民出版社，2001.
[59] 冯绍雷，相蓝欣．俄罗斯经济转型．上海：上海人民出版社，2005.
[60] 傅铿．文化：人类的镜子——西方文化理论导引．上海：上海人民出版社，1990.
[61] 冯舜华．俄罗斯的股份公司和公司治理．世界经济，2001（11）.
[62] 关雪凌．艰难的历程——俄罗斯经济转轨八年．北京：中国人民大学出版社，2000.
[63] 郭连成．俄罗斯经济转轨与转轨时期经济论．北京：商务印书馆，2005.
[64] 何兆武．文化漫谈——思想的近代化及其他．北京：中国人民大学出版社，2004.
[65] 胡凡．大国首脑及他们的幕僚．广州：长虹出版公司，2007.
[66] 胡键．转型经济新论——兼论中国俄罗斯的经济转型．北京：中共中央党校出版社，2006.
[67] 季志业，冯玉军．一波三折俄罗斯人．北京：时事出版社，1997.
[68] 姜国．经济发展与文化动因．求是学刊，1993（4）.
[69] 江宏伟．俄罗斯（苏联）农业改革研究．华东师范大学博士论文，2007.
[70] 蒋庆．政治儒学——当代儒学的转向、特质与发展．上海：三联书店，2003.
[71] 金克木．文化的解说．北京：中国人民大学出版社，2007.
[72] 金雁，秦辉．经济转轨与社会公正．郑州：河南人民出版社，2002.

[73] 姜国. 经济发展与文化动因. 求是学刊，1993（4）：58.
[74] 娄芳. 俄罗斯经济改革透视——从“休克疗法”到“国家发展战略”. 上海：上海财经大学出版社，2000.
[75] 李大农，李福钟. 经济文化学. 北京：北京师范大学出版社，2002.
[76] 李静. 民族心理学研究. 北京：民族出版社，2005.
[77] 李景阳. 基本经济制度转变中的社会冲突——对俄罗斯的实证分析. 北京：东方出版社，2002.
[78] 李英男，戴桂菊. 俄罗斯历史之路——千年回眸. 北京：外语教学与研究出版社，2002.
[79] 联合国教科文组织世界文化与发展委员会报告. 文化多样性与人类全面发展. 张玉国，译. 广州：广东人民出版社，2006.
[80] 刘力臻. 市场经济“现代体制”与“东亚模式”. 北京：商务印书馆，2000.
[81] 陆南泉. 苏联经济体制改革史论——从列宁到普京. 北京：人民出版社，2007.
[82] 陆南泉，左凤荣，等. 苏东剧变之后对119个问题的思考. 北京：新华出版社，2012.
[83]“论著摘要”. 拉丁美洲研究，1994（2）.
[84] 马仲良. 论加强经济文化理论研究的现实意义. 社会科学辑刊，1995（6）.
[85] 毛增余. 斯蒂格利茨与转轨经济学. 北京：中国经济出版社，2005.
[86] 潘德礼. 十年巨变——俄罗斯卷. 北京：中共党史出版社，2004.
[87] 庞大鹏. 从叶利钦到普京——俄罗斯宪政之路. 长春：长春出版社，2005.
[88] 乔木森. 俄罗斯农业的问题在哪里. 欧洲，2000（3）.
[89] 覃光广，等. 文化学辞典. 北京：中央民族学院出版社，1988：721.
[90] 申玉华. 简析叶利钦时期的俄罗斯农业改革. 民族论坛，2006 .
[91] 盛邦和，[日] 井上聪. 新亚洲文明与现代化. 上海：上海学林出版社，2003.
[92] 王春生. 关于俄罗斯制度移植的评析. 俄罗斯中亚东欧研究，2007（4）.
[93] 汪建钊. 别尔嘉耶夫集. 上海：上海远东出版社，2004.
[94] 汪宁. 俄罗斯私有化评说. 上海：上海外语教育出版社，2001.
[95] 王钧. 私有化、公司法和公司治理——评俄罗斯的私有化及其股份公司法. 比较法研究，2003（4）.
[96] 汪应曼，等. 经济转型与道德发展. 北京：中国财政经济出版社，2004.
[97] 王玉德. 文化学. 昆明：云南大学出版社，2006.

[98] 王云龙. 现代化的特殊性道路. 北京：商务印书馆，2004：231.
[99] 王志华. 俄罗斯公司立法综论. 北方法学，2008 (6).
[100] 夏建中. 文化人类学理论学派——文化研究的历史. 北京：中国人民大学出版社，1997.
[101] 谢立中，孙立平. 二十世纪西方现代化理论文选. 上海：上海三联书店，2002.
[102] 许新. 转型经济的产权改革——俄罗斯东欧中亚国家的私有化. 北京：社会科学文献出版社，2003.
[103] 徐凤林. 俄罗斯宗教哲学. 北京：北京大学出版社，2006.
[104] 徐宗华. 现代化的政治文化维度. 北京：人民出版社，2007.
[105] 杨云忠. 苏联加快农工综合体发展的基本措施. 农业经济问题，1987 (5).
[106] 姚海. 俄罗斯文化之路. 杭州：浙江人民出版社，1992.
[107] 尹伊君. 社会变迁的法律解释. 北京：商务印书馆，2004：176.
[108] 俞文钊. 当代经济心理学. 上海：上海教育出版社，2004.
[109] 余英时. 文史传统与文化重建. 上海：生活・读书・新知三联书店，2004.
[110] 曾盛聪，等. 伦理的嬗变——十年伦理变迁的轨迹. 北京：人民出版社，2005.
[111] 张达明. 俄罗斯东正教与文化. 北京：中央民族大学出版社，1999.
[112] 张聪明. 俄罗斯企业制度研究. 中国博士学位论文全文数据库，2002.
[113] 张建华. 俄国史. 北京：人民出版社，2004.
[114] 张江明. 经济文化——一个崭新的研究课题. 学术研究，1995 (1).
[115] 张树华. 私有化是祸？是福？北京：经济科学出版社，1998.
[116] 张树华. 过渡时期的俄罗斯社会. 北京：新华出版社，2001.
[117] 张养志. 俄罗斯的企业治理结构与企业文化//冯绍雷，相蓝欣. 俄罗斯经济转型. 上海：上海人民出版社，2005.
[118] 张养志. 俄罗斯公司治理结构的文化分析. 俄罗斯中亚东欧研究，2004 (4).
[119] 张永庆，乔冠华. 略论经济文化. 龙江社会科学，1994 (3).
[120] 郑羽，蒋明君. 普京八年：俄罗斯复兴之路 (2000-2008) 经济卷. 北京：经济管理出版社，2008.
[121] 周浩然. 经济文化发展研究. 北京：中国社会科学出版社，1995.
[122] 周全. 21 世纪的俄罗斯经济发展战略. 北京：中国城市出版社，2002.
[123] 周新城. 苏联建立农工综合体管理体制的原因和做法. 苏联东欧问

题，1983.
[124] 朱达秋，周力. 俄罗斯文化论. 重庆：重庆出版社，2004.
[125] 庄孔韶. 人类学通论. 大同：山西教育出版社，2005.

另外本书还参考了“全国优秀博士论文数据库”中的论文，如胡红生的《社会心态论》、张聪明的《俄罗斯企业制度研究》等，以及本课题作者于2008年3~5月在利别茨克州实地考察的访谈资料。

俄文参考文献

[126] Абалкин Л. И. Спасти Россию. М. , 1999.
[127] Аргументы и факты, выпуск 05 (1266) от 2 февраля 2005 г.
[128] Андреев Л. Российский социум на фоне реформ: общество, государство, наука//Мировая экономика и международные отношения. 1999: 5.
[129] Балабанова Е. С. , Особенность российской экономической ментальности, Мир России, 2001-3.
[130] Бердяев Н. А. Истоки и смысл русского коммунизма, Париж, 1995.
[131] Беккер А. Железная хватка оловянных генералов// Известия, 1994, 28 июня.
[132] Бердяев Н. А. Философская истина и интеллигентская правда//Вехи. М. 1909.
[133] Березовая Л. Г. , Н. П. Берлякова: История русской культуры, Москва, 2002.
[134] Бжензинский З. Я не считаю, что нынешняя Россия распадется//Независимая газета. 1998.
[135] Боенко Н. И. Экономическая культура: проблемы и тенденции развития. СПб, 2005.
[136] Бойков В. Э. Историческая память российского населения: состояние и проблемы формирования. http: //www. ecsocman. edu. ru/db/msg/8985. html.
[137] Буайе Р. Теория рекуляции: критический анализ. М. , Наука для общества, 1997.
[138] Бунич И. Золото партии. СПб, 1993.
[139] Бурышкин П. А. Москва купеческая. М, 1991.
[140] Бычков В. 2000 лет христианской культуры, том 2, Москва—Санкт-Петербург, 1999.

[141] Веденеев Ю. А. Организационные формы государственного управления промышленностью СССР: историко-правовое исследование (1957—1987гг.). М.: Наука, 1990.
[142] Володин В. М., Л. Н. Дубова, Кооперация и интеграция в АПК, ПГУ, 2005.
[143] Восленский М. Номенклатура, господствующий класс Советского Союза. М, 1991.
[144] Воловикова М. И., Гренкова Л. А. Современные представления о порядочном человеке //Российский менталитет: вопросы психологической теории и практики. М., 1997.
[145] Восленский М. Номенклатура. М, МП "Октябрь", 1991.
[146] Всеобщий бич-низкая кредитная культура//Известия. 1994] 19 апр.
[147] Вьюнов Ю. А. Русский культурный архетип——страноведение России. М., 2005.
[148] Горшков М. К. Собственность и бизнес в жизни и восприятии россиян. М.: Наука, 2006.
[149] Горшков М. К. Российское общество в условиях транформации. М. 2000.
[150] Готовы ли мы к капитализму: Социальные уроки скандала с АО МММ// Культура. 1994г., 20 авг.
[151] Громыко М. М. Мир русской деревни, М, 1991.
[152] Даль В. И. Пословицы русского народа. М, 1957.
[153] Дениэл Ранкур-Лаферьер. Россия и русские глазами американского психоаналитика. М., 2003.
[154] Десять лет социологических наблюдений. Под ред. А. А. Ослона. М., Институт фонда Общественное мнение, 2003.
[155] Егоров Б. Ф. От Хомякова до Лотмана. М, 2003.
[156] Егоров В. Ф. А. Д. Кошелев. Из истории русской культуры, том Ⅳ, том Ⅴ, Москва, 1996.
[157] Елисеева Н. В., Писаревская Я. Л. От СССР к РФ. 1985—2001. http://postsov. rsuh/ru/hrest/g13. shtml. 14. 01. 2007.
[158] Забияко В. Р. Начала древнерусской культуры, Москва, 2002.
[159] Зарубина Н. Н. Социально-культурные основы хозяйства и предпринимательства. М, 1998.

[160] Заславская Т. И. Социетальная трансформация российского общества. М. : Дело, 2002.

[161] Зеленовский А. А. , Синельников В. М. , Экономика предприятий АПК, БГАТУ, 2006.

[162] Институт комплексных социальных исследований РАН. Граждане новой России: кем себя ощущают и в каком обществе хотели бы жить? (1998-2004) М, 2004.

[163] Калтахчян Н. М. История рыночных отношений в России. М: 1992.

[164] КПСС в резорюциях и решениях съездов, конфереций и пленумов. М, 1970. Т. 2.

[165] Калугина З. И. Сельское предпринимательство в современной России: институциональные основы и социальные практики. Новосибирск: Наука, 2003.

[166] Калугина З. И. Парадоксы аграрной реформы в России: Социологический анализ трансформационных процессов. Новосибирск, 2001.

[167] Капустин М. Конец утопии? Прошлое и будущее социализма. М. : Новости, 1990.

[168] Ключевский В. О. Курс русской истории. М, 1957.

[169] Колесова В. В. и др. Домострой. М, 1990.

[170] Коммерсантъ. 1995, No. 5 (116).

[171] Кондаков Н. В. Введение в историю русской культуры. М, 1997.

[172] Кондаков Н. В. Культуралогия: История культуры России. ОМЕГА—Л, М, 2003.

[173] Конотопов М. В. , Сметанин С. И. История экономики России. М, 2007.

[174] Капустин М. Конец утопии? Прошлое и будущее социализма. М: Новости, 1990.

[175] Косалс Л. Я. , Рывкина Р. В. Народ и власть//Сибирская газета. 1990. 7 января. М. : Наука. 1994.

[176] Косова Л. Б. Разочарование в реформах в различных социальных группах//Мониторинг общественного мнения. 1995, No. 4.

[177] КПСС в резорюциях и решениях съездов, конфереций и пленумов. М. , 1970. Т. 2.

[178] Красильникова М. Д. Ежеквартальный социологический мониторинг по-

требительского поведения в условиях роста цен, 2 квартал1993г. М: ВЦИОМ, 1993.

[179] Кудрявцев Н. В.. Нравы общества переходного периода. //Вестник РАН, том 72, No. 3, (2002).

[180] Кудрявцев В. Н.: Преступность и нравы переходного общества. М, 2002.

[181] Кулишер И. М. История русской торговли и промышленности. Челябинск, 2003.

[182] Кундиус В. А., Экономика Агропромыщленного Комплекса, Издательство АГАУ, 2007.

[183] Курце И. Организационные формы сельско-хозяйственного производства в Сибири// Экономист. 2001, No. 4.

[184] Лапин Н. И. Пути России. М, 2000.

[185] Левада Ю. А. "Человек советский" десять лет спустя // ВЦИОМ. Мониторинг общественного мнения. М, 1999. No. 3.

[186] Лисичкин Г. С. Тернистый путь к изобилию. М, Советский писатель, 1884.

[187] Максимов Б. Е. Рабочие в реформируемой России 1990-е—начало 2000-х годов. СПб. Наука, 2004.

[188] Меньшиков. С. Катастрофа или катарсис? М: Интер Версо, 1990.

[189] НефедоваТ., Джудит Пэллот: Неизвестное сельское хозяйство, или Зачем нужна корова? М, 2006.

[190] Никулин Н. М. История предпринимательства в России. М, МГИМО, 2007.

[191] Наумова С. А. Типология работников: вопросы управления//Социологические исследования. 1991, No. 2.

[192] Общественное мнение в цифрах: Информ. Бюлл. М, 1992. Вып. 2.

[193] Общественное мнение о ключевых проблемах перехода к рыночной экономике. М, 1992.

[194] Пайпс Р. Собственность и свобода. М, 2001.

[195] Петровна К. А. Предпринимательская культура в современном российском обществе. Дисс. Саратов, 1999.

[196] Пивоваров Ю. С. Российская политическая традиция и современность. М, 2006.

[197] Платонов О. Экономика русской цивилизации. М, 2008.

[198] Пленум Верховного суда Российской Федерации. Постановление от 10. 10. 2001. No. 12. О вопросе, возникшем при применении федерального закона об акционерных обществах. Акционерные общества ОАО и ЗАО от создания до ликвидации. М, 2007.

[199] Плотицина Л. А. Некоторые особенности трансформационных процессов в России в условиях глобализации (471 - 480). Из Экономическая теория на пороге 21 века, том 7—Глобальная экономика. Под редакциейОсипова Ю. М. и т. д. М., Юристь. 2003.

[200] Помпеев Ю. А. Экономическая культура в истории цивилизационного развития России. Дисс. СПб., 1999.

[201] Пономарева Е. Г. Политические институты и отношения в современной России. М, РОССПЭН, 2007.

[202] Пуляркин В. А.: Локальные цивилизации во времени и пространстве (взгляд географа). М: Эслан, 2005.

[203] Радыгин А. Д. Новый передел//Промышленный вестник России. 1995, No. 3.

[204] Родионова Г.: "Приватизация земли: выжить или преуспеть?" Отечественные записки. 2004. No. 1.

[205] Рожкова М. К. Очерки экономической истории первой половины 19 века, М, 1959.

[206] Розинский И. А. Российский предприятия: дилемма внутренних акционеров//Российский экономический журнал, 1996г., No. 2.

[207] Российский статистический ежегодник. 2003: Стат. сб. / Госкомстат России. -М., 2003.

[208] Рывкина Р. В. Драма перемен. М., 2001.

[209] Рывкина Р. В. Между социализмом и рынком: судьба экономической культуры в России. М.: Наука, 1994.

[210] Рывкина Р. В., Косалс Л. Я., Павленко С. Ю., Суховский М. Л.: Управленческие кадры АПК: ориентация и поведение, готовность к перестройке. Новосибирск: Наука, 1987.

[211] Рязанов В. Т. Экономическое развитие России. Реформы и российское хозяйствов 19-20 вв. СПб., 1998.

[212] Седов Л. Перемены в стране и отношение к переменам//Мониторинг об-

щественного мнения. 1995, No. 1.

[213] Сельское хозяйство 2004, М: Федеральная служба государственной статистики, 2004.

[214] Сербиненко В. В. Русская философия. М. , 2006.

[215] Сергеева А. Русские стереотипы поведения, традиции, ментальность, Флинта и наука. М. , 2004.

[216] Симчера В. М. Развитие экономики России за 100 лет . М, , 2006.

[217] Скворцова Е. М. Теория и история культуры. М. , 1999.

[218] Соловьёв В. М. Тайны русской души. М. , 2003.

[219] Социальная цена либерального реформирования. М. , 2001.

[220] Социолистическая дисциплина труда: Сб. документов. М. : Политиздат, 1984.

[221] Степун Ф. А. Пролетарская революция и революционный орден русской интеллигенции // Интеллигенция. Власть. Народ. М. : Наука, 1993.

[222] СтефоненкоТ. Г. Этнопсихология. М. , 2003.

[223] Стратегия реформирования экономики России. Аналитический доклад ИЭ РАН//Вопр. экон. 1996. No. 3. Счетная палата Российской Федерации "Анализ процессов приватизации государственной собственности в РФ за период 1993-2003 годы" . М, 2004, С. http: //rusref. nm. ru/priv00. htm.

[224] Стратегия реформирования экономики России. Аналитический доклад ИЭ РАН//Вопр. экон. 1996. No. 3.

[225] Сусоколов А. А. Культура и обмен. Введение в экономическую антропологию. М. : Русская панорама. 2006. Троицкий Е. Русская этнопсихология. М. , 2003.

[226] Счетная палата Российской Федерации "Анализ процессов приватизации государственной собственности в РФ за период 1993 - 2003 годы" . М. , 2004, С. http: //rusref. nm. ru/priv00. htm.

[227] Тощенко Ж. Д. Как назвать тех, кто правит нами? . Независимая газета. 1998] 31 декабря.

[228] Трансформационная экономика Россиию. Под ред. А. В. Бузгалина. М. , 2006.

[229] Флеровский. Н. Положение рабочего класса в России. Серия: История русской экономической мысли. М: Соцэкгиз, 1938.

[230] Франк С. Л. Элита нигилизма: к характеристике нравственного мировоз-

рения русской интеллигенции. //Вехи. Из глубины. М, 1991.

[231] Ханин Г. И. : Анализ тенденций экономического развития СССР (1928 - 1985гг.) //Экономическая социология и перестройка. М. , Прогресс, 1989.

[232] Чернов В. М. К вопросу о положительных и отрицательных сторонах капитализма// Абалкин Л. И. (ред.) Образ будущего в русской социально-экономической мысли конца ⅪⅩ—начала Ⅹ Ⅹ века. М, 1994.

[233] Шанин Т. Революция как момент истины. М, 1997.

[234] Шаповалов В. Ф. Россиеведение. М, 2001.

[235] Шимов Я. Митинг обманутых на Тверской//Известия. 1994. 12 апр. Красин Л. Б. Долой уравниловку. Известия, 1990.

[236] Широбоков В. Г. , Иновационное развитие аграрной сферы АПК, Диссертации кандидата, Воронеж, 2012.

[237] Щекочихин В. В. Монолог частного предпринимателя//ЭКО. 1991, номер7.

[238] Ястребов А. Богатство и Бедность. Аграф, 1999.

后　记

当本书付梓之时，距我酝酿写作整整十年，期间畏缩、迷惘与辛苦自不待言。因为古今中外学界对文化的概念界定不下数百种，而我却欲用经济文化学这门新兴的交叉学科理论阐释一个令人瞩目的经济现象，何等不自量力！对科学和前人的敬畏之心每每让我驻足不前。幸得良师鞭策提携、挚友督促鼓励、至亲关爱支持，终使我鼓足勇气斗胆尝试。今日拙作出版，我满怀感恩之情。

本书涉及20世纪90年代俄罗斯转型初期的内容是以我的博士论文为基础，经过沉淀补充而成。在此首先要对我的导师李英男教授致以崇高的敬意！除了学术上的指引，李老师怀瑾握瑜、不磷不缁，使弟子明钝学累功之理而不敢疏懒浮躁。戴桂菊教授本是益友，但于我亦为良师，自她可体会山以凌尺故能高。陆南泉教授知识渊博，评阅点拨醍醐灌顶。

感谢大学同窗张成武和学生刘越，他们在莫斯科工作期间曾数次到俄罗斯研究机构为我索取第一手资料。感谢莫斯科大学的塔吉杨娜. Б.，高访期间她带我至俄罗斯农村考察家庭农场建设情况，实地感受俄罗斯的文化气息。感谢学生王丹辉和赵丹宁，本书第四、五章中分别有她们的智慧和汗水。书中借鉴并引用了许多学者的研究成果（见参考文献），在此一并谢忱。

感谢母校北京外国语大学和诸位恩师，本科加博士八年的时间里为我打下了坚实的俄语语言功底，并将我引入俄罗斯文化殿堂。感谢对外经济贸易大学和诸位恩师，硕士学业期间让我与经济学结缘。

感谢教育部人文社科基金的项目资助，感谢对外经济贸易大学外语学院的出版资助。本书部分内容还参与了张海森教授主持的国家自然科学基金面上项目“中国对非洲农业官方发展援助三方合作研究”（项目批准号71173037）。

本书部分内容曾以论文形式发表。

2015年6月作者于北京